Friedrich Grimm

Einfamilienhäuser unter 250 000 Euro

Individuelle Traumhäuser,
die Sie sich leisten können

Friedrich Grimm

Einfamilienhäuser unter 250 000 Euro

Individuelle Traumhäuser,
die Sie sich leisten können

CALLWEY

Inhalt

6	Vorwort
7	Einleitung
19	Die Projekte

Deutschland

20	■ **Kleine Villa ganz groß**	Massivbau in Berlin-Heiligensee | Clarke und Kuhn Architekten
24	■ **Zwei Baukörper im Dialog**	Wohnhaus und Tonstudio in Berlin-Falkensee | Augustin und Frank Architekten
28	■ **Monolithisches Vorstadthaus**	Massivbau in Berlin-Hohenschönhausen | Clarke und Kuhn Architekten
32	■ **Erdverbunden**	Massivbau in Dortmund | Thomas Schmidt
36	■ **Präzision als Programm**	Holzbau in Kronberg | Wolfgang Ott
40	■ **Ländlich, pragmatisch, schön**	Wohnhaus mit Atelier in Gleißenberg | Florian Nagler Architekten
44	■ **Introvertiert**	Atriumhaus in Lehrensteinsfeld | bau|werk|stadt
48	■ **Elternhaus mit Kinderhaus**	Wohnensemble in Pleidelsheim | Architektur 109
52	■ **Außen klein, innen groß**	Wohnhaus in Gaggenau-Oberweier | Martin Volz
54	■ **Maßgeschneiderte Funktionalität**	Starterhaus in Pforzheim | Möller.Gloss.Architekten
58	■ **Höhe gewonnen**	Wohnhaus in Winnenden-Hanweiler | Andrea und Markus Stockert
62	■ **Oberflächen im Kontrast**	Holzbau in Aalen-Fachsenfeld | Kai Bodamer
66	■ **Im Dialog mit Stadeln**	Holzrahmenbau in Teugn | fabi-krakau architekten
70	■ **Mit Holz, Charme und Blechdach**	Wohnhaus in Ostfildern-Nellingen | Architektur 109
74	■ **Gut bedacht**	Holzbau in Starzach-Wachendorf | Beyer-Weitbrecht-Stotz
78	■ **Länge läuft**	Stahlbau in Offenburg | Lehmann Architekten
82	■ **Klare Linienführung**	Holzbau in Öschingen | Martina Schlude Architekten
86	■ **Intelligent konstruiert**	Holzbau in Vogtsburg-Schelingen | schaudt architekten
90	■ **Klein aber fein**	Holzbau in Glottertal | schaudt architekten
94	■ **Haus mit Wespentaille**	Holzbau in Villingen-Schwenningen | Architekten Linie 4
98	■ **Wohnen auf fünf Ebenen**	Massivbau in Villingen-Schwenningen | Architekten Linie 4
102	■ **Die Kunst des Fügens**	Wohnhaus in Waal | Stadtmüller.Burkhardt.Architekten
106	■ **Mit landschaftstypischem Dachüberstand**	Massivhaus in Leutersberg | Manfred Morlock und GMS Architekten

| 108 | 🟨 **Illuminiertes Volumen** | Holzbau in Gaienhofen | Atelier Ruff Weber
| 112 | 🟨 **Archetypisch einfach** | Holzbau in Konstanz-Istein | Torsten Gabele
| 116 | 🟥 **Leichte Schale, harter Kern** | Massivbau in Dogern | Bäuerle.Lüttin Architekten
| 118 | 🟦 **Traditionell und zukunftsweisend** | Wohnhaus in Martinszell | becker architekten

Österreich

| 122 | 🟨 **Kompakte Leichtbaubox** | Holztafelbau in Mauerbach | querkraft architekten
| 126 | 🟥 **Für Genießer** | Massivbau in Neustift am Walde | archiguards projects
| 130 | 🟥 **Bewohnbares Faltwerk** | Massivbau in Wien | mark gilbert architektur + Holodeck.at
| 134 | 🟨 **Weniger kann mehr sein** | Holzbau in Steyr-Münichholz | Hertl.Architekten
| 138 | 🟥 **Mehr sein als scheinen** | Massivbau in Steyr-Gleink | Hertl.Architekten
| 142 | 🟨 **Das Haus im Haus** | Holzbau in Münchendorf | querkraft architekten
| 146 | 🟨 **Das Haus, das mit dem Tieflader kam** | Holzbau in Jois | P.ARC, Peter Raab und Johannes Kaufmann
| 148 | 🟨 **Baumhaus mit Aussicht** | Wohnturm über dem Bodensee | k_m architektur Daniel Sauter
| 152 | 🟦 **Nachverdichtet** | Wohnhaus in Lauterach | Hermann Kaufmann
| 156 | 🟨 **Präzise wie ein Holzmöbel** | Holzbau in Wolfurt | bauarchitektur ing. gerold leuprecht
| 160 | 🟨 **Alpenländisch modern** | Holzbau in Altenmarkt | LP architekten
| 164 | 🟨 **Mit der Landschaft verklammert** | Wohnhaus in Schlins | k_m architektur Daniel Sauter

Schweiz

| 168 | 🟥 **Abgetreppt am Hang** | Lofthäuser in Volketswil | Peter Kunz Architektur

| 172 | Architektenverzeichnis und Bildnachweis
| 174 | Internet-Informationsdienste und Herstellerverzeichnis
| 175 | Danksagung, Impressum
| 176 | **Kosteneinsparung – vom Keller bis zum Dach**
      Checkliste Kostenpositionen, Bauzeitenplan

🟨 Holzbauweise 🟥 Massivbauweise 🟦 Mischbauweise 🟩 Stahlbauweise

Vorwort

„My home is my castle" – dieses geflügelte Wort von Sir Edward Coke (1552–1634), einem englischen Juristen und Politiker, stammt aus einem seiner zeitgenössischen Kommentare zum englischen Recht und hebt Eigentum und Freiheit des einzelnen Bürgers hervor. Auch im 21. Jahrhundert, 370 Jahre nach dem Tod von Sir Edward Coke, haben die Ideale von Freiheit und Unabhängigkeit nichts von ihrer Gültigkeit verloren.

Die Einfamilienhäuser in diesem Buch sind ein Statement für die zeitgemäße Gestaltung einer privaten Sphäre, die beste Voraussetzungen für die Entfaltung individueller Lebensentwürfe schafft. Bezeichnend ist jeweils die erfolgreiche Zusammenarbeit von Bauherr und Architekt, denen es gelingt, ihr Projekt aus dem Korsett vorgegebener Gestaltungsvorschriften und Ortsbausatzungen zu lösen. Ob Vorstadtvilla, Siedlungshaus oder Wohngebäude im ländlichen Raum: Ausgehend von der jeweiligen Grundstückssituation spiegeln die 40 ausgewählten Objekte aus Deutschland, Österreich und der Schweiz die Vielfalt an typologischen, konstruktiven und gestalterischen Möglichkeiten wider, die diese Bauaufgabe bietet.

Als hartes Auswahlkriterium erwiesen sich die im Titel genannten Baukosten von 250.000 Euro. Der parallele Anspruch, in diesem Band nur herausragende architektonische Qualität zu präsentieren, führte zu einer gründlichen Recherche im Internet, in Fachzeitschriften und bei den Architektenkammern der Länder. So entstand eine Sammlung beispielhafter Bauten, die sowohl für künftige Bauherren als auch für Architekten interessante Informationen und Anregungen bereithält.

Jedes Haus wird durch attraktive Fotos, maßstäbliche Zeichnungen und eine ausführliche Beschreibung erläutert. Grundrisse und Schnitte sind mit wenigen Ausnahmen im Maßstab 1:200 wiedergegeben, das heißt, 1 Zentimeter im Plan entspricht 2 Metern in der Wirklichkeit. Ein Lageplan zeigt die städtebauliche Einbindung und die Orientierung des jeweiligen Hauses.

Die Gebäudedaten geben Auskunft über Grundstücksgröße, Anzahl der Bewohner, Wohn- und Nutzfläche, Baujahr und Baukosten. Die Baukosten wurden von den Architekten angegeben und beinhalten im Sinne der DIN-Norm 276 die reinen Baukosten inklusive Mehrwertsteuer. Nicht enthalten sind Grundstücks-, Erschließungs-, Bauneben- und Finanzierungskosten. Bei einigen Projekten wurden die Kosten auf Wunsch des Bauherrn nicht vollständig angegeben. In wenigen Fällen wurde der Kostenrahmen überschritten. Hier handelt es sich beispielsweise um Häuser, bei denen schwierige Bedingungen, etwa wie felsiger Untergrund, erhöhte Baukosten verursachten.

Alles in allem zeigt das Buch sehr eindrucksvoll, wie unter den Voraussetzungen eines begrenzten Budgets innovative Raumkonzepte sowie intelligente Konstruktionen und Bauweisen entwickelt werden, die das Einfamilienhaus neu und zeitgemäß interpretieren. Der Kostenrahmen führt dabei nicht zu Qualitätseinbußen, sondern fördert die Entwicklung allgemein gültiger Lösungen.

Einleitung

▌ Ausgesprochen einladend wirkt dieses präzise Holzhaus mit seinem „fliegenden Dach" und dem wie eine Schublade herausgezogenen Esszimmer.
(Projekt S. 36)

Glaubt man den Umfragen, so stellt das Einfamilienhaus nach wie vor die begehrteste Wohnform dar. Zahllose Publikationen und Zeitschriften zu diesem Thema erfreuen sich großer Beliebtheit und zeigen, dass das individuelle Wohnen in den eigenen vier Wänden nichts von seiner Faszination verloren hat – im Gegenteil. Diese Tatsache steht in einem merkwürdigen Widerspruch zur propagierten öffentlichen Meinung und den Erkenntnissen von Stadtplanern und Ökologen, die das Einfamilienhaus als Ressourcen verschwendende und deshalb unzeitgemäße Wohnform brandmarken.

Dies mag jedoch nur einer der Gründe sein, weshalb in Deutschland im Vergleich zu den europäischen Nachbarländern weit weniger Menschen im eigenen Haus wohnen. Bauen ist bei uns zu teuer, in Relation zum durchschnittlichen Einkommen haben sich die Preise in den vergangenen Jahren überproportional erhöht: Baukosten jenseits von 1.500 Euro pro Quadratmeter, zusammen mit den gerade in Ballungsräumen exorbitant hohen Grundstückspreisen, lassen den Traum von den eigenen vier Wänden rasch platzen. Die politisch motivierte Mangelbewirtschaftung von Bauland beraubt unzählige Familien der Möglichkeit, ein frei stehendes Einfamilienhaus zu bauen; so beträgt der Quadratmeterpreis für Bauland oft das Zehnfache des Preises für voll erschlossene Gewerbeflächen.

Dabei ist gerade für eine Familie das Eigenheim der Idealfall: Kinder haben drinnen wie draußen ausreichend Platz zum Spielen und der richtig bemessene Abstand zum Nachbarn lässt Störungen erst gar nicht aufkommen. Bei einigen der im Buch vorgestellten Beispiele ist das Einfamilienhaus darüber hinaus auch eine ökonomische Keimzelle, in der sich die Funktionen Wohnen und Arbeiten vereinen: Moderne Technologien erleichtern nicht nur den weltweiten Informationsaustausch, sondern befreien auch von Ortsgebundenheit – heute kann man jederzeit und von jedem Ort aus miteinander kommunizieren. Während es früher eher das Privileg freier Berufsgruppen war, Wohnen und Arbeiten unter einem Dach zu verbinden, wird der Personenkreis, der sein Berufsleben frei von äußeren Zwängen in den eigenen vier Wänden selbst organisiert, nun immer größer. Damit ermöglicht auch das Einfamilienhaus eine zeitgemäße Lebensweise und Arbeitsform, die dem Ideal einer selbstverantworteten Freiheit entspricht.

Dass sich individuelle Einfamilienhäuser auch zu erschwinglichen Preisen realisieren lassen, beweisen die in diesem Band vorgestellten Beispiele – auch wenn sie nicht den Regelfall repräsentieren, sondern eher seltene Ausnahmen sind. In allen Fällen ist es den Architekten und Bauherren gelungen, maßgeschneiderte und dennoch ökonomische Lösungen zu entwickeln. Das knappe Budget übte dabei einen durchaus positiven Einfluss auf die Gestalt aus: Es begünstigte einfache und klare Entwürfe und ließ Haustypen entstehen, die nicht nur in ihrer Struktur vorbildlich sind, sondern auch in Konstruktion und Funktion innovative Ansätze bieten.

Einleitung

Langhaus
Das lang gestreckte Haus öffnet sich auf seiner Südseite zur Landschaft. Im Innern reihen sich sämtliche Räume entlang des gemeinsamen Erschließungsflurs auf.
(Projekt S. 118)

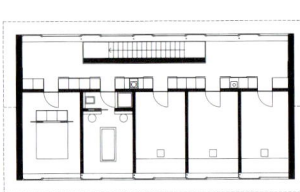

Zentriertes Haus
Hier konzentriert sich alles auf die Mitte: Der zentrale Erschließungsraum wird gleichzeitig zum kommunikativen Zentrum des Hauses.
(Projekt S. 40)

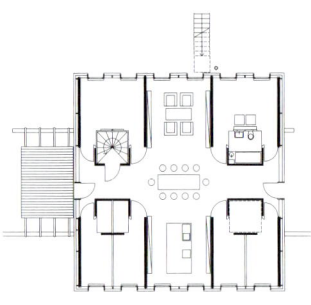

Winkelhaus
Im Winkel der beiden Gebäudetrakte entsteht ein geschützt liegender Freibereich.
(Projekt S. 94)

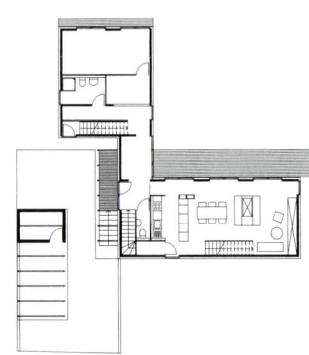

Die Wahl des geeigneten Haustyps

Noch vor Beginn der Planung werden durch die Entscheidung für einen bestimmten Haustyp – je nach Grundstückssituation, planungsrechtlichen Vorgaben und individuellen Wohnbedürfnissen – erste Weichen gestellt. Anhand der im Buch vorgestellten Beispiele lassen sich unabhängig von Material und Konstruktion verschiedene Typen unterscheiden:

Langhaus
Dieser Gebäudetyp ist durch einen lang gestreckten Baukörper mit einer linearen Reihung der Funktionen charakterisiert. Seine Flexibilität liegt in dem variablen Verhältnis von Länge zu Breite. Die Erschließung auf der Längsseite erspart weite Wege im Inneren und ermöglicht eine klare Trennung der verschiedenen Funktionsbereiche. Die Wirtschaftlichkeit des Langhauses beruht auf der Möglichkeit, ein einfaches Tragsystem auszubilden, das sich durch eine gleich bleibende Maßordnung und wenige unterschiedliche Details auszeichnet. Das kompakte Volumen ist energetisch von Vorteil. Darüber hinaus bietet sich die Möglichkeit, das Haus mit einer Längsseite nach Süden zu orientieren, wodurch sich sinnvollerweise auf der Nordseite eine Nebenraumzone ausbilden lässt, die als thermischer Pufferraum wirkt. Ebenso vorteilhaft ist auch die Ost-West-Orientierung: Hier profitiert der Haustyp von der Möglichkeit einer beidseitigen Besonnung, die einer reinen Südlage gleichkommt. Als Siedlungshaus sehr verbreitet, eignet sich das Langhaus für eine trauf- oder giebelständige Straßenrandbebauung.

Zentriertes Haus
Kennzeichnendes Merkmal dieses Typs ist die Gleichwertigkeit aller vier Seiten bei einem im Idealfall quadratischen Grundriss. Durch die Möglichkeit der allseitigen Orientierung benötigt das Haus genügend Abstand zur umgebenden Bebauung. Im Unterschied zum Langhaus zeichnet sich die konstruktive Struktur häufig durch zwei gleichwertige Tragrichtungen aus. Diese Regelmäßigkeit der strukturellen Ordnung bedingt meist eine architektonische Gestalt, die sich durch Symmetrie, Wiederholung und Wechsel auszeichnet. Die Mitte des Hauses dient häufig als zentraler Erschließungsraum oder bildet, wie bei dem gezeigten Beispiel, das Zentrum des Familienlebens, bei dem sich alle Bewohner um einen Esstisch versammeln. Durch die gute Anpassungsfähigkeit an unterschiedliche Gebäudegrößen ist dieser Typ seit Beginn des 19. Jahrhunderts der Prototyp der suburbanen Einfamilienhaussiedlung.

Winkelhaus
Ein winkelförmiges Haus hat zwei Gebäudeflügel. Diese Anordnung ermöglicht eine deutliche Funktionstrennung: Der Grundriss kann sehr gut aufgeteilt werden, zum Beispiel in einen Wohntrakt und einen Schlaftrakt, in ein

▪ Hofhaus
Vier Gebäudeflügel umgeben ein zentrales Atrium, das als attraktiver Freiraum Bezug zu allen Funktionsbereichen des Hauses hat.
(Projekt S. 44)

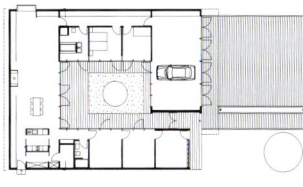

▪ Turmhaus
Hoch hinaus: Bei diesem Wohnturm sind die Räume vertikal gestapelt.
(Projekt S. 148)

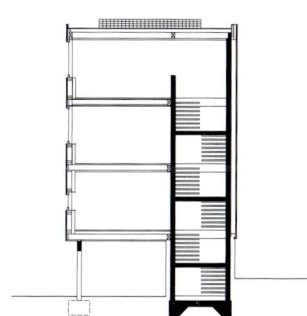

▪ Terrassenhaus
Mit Hang zur Sonne: Die Wohnräume der Terrassenhäuser sind optimal nach Süden ausgerichtet.
(Projekt S. 168)

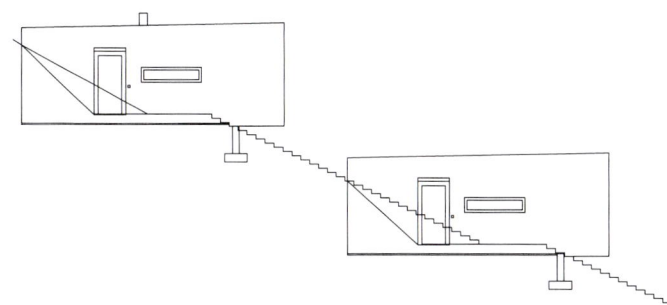

Haupthaus und ein Gästehaus, in Wohn- und Arbeitsbereich, oder wie bei dem gezeigten Beispiel, in ein Elternhaus und ein Kinderhaus. Der Außenraum profitiert von einem geschützten Hofbereich, der zwischen den beiden Gebäudeflügeln entsteht. Um den konstruktiven Aufwand bei der Verschneidung der beiden Baukörper zu vermeiden, kann es sinnvoll sein, die beiden Gebäudeflügel voneinander zu trennen. Ein Bindeglied als Erschließungselement reduziert den Aufwand und ermöglicht zudem attraktive architektonische Lösungen.

▪ Hofhaus
Ein zentrales Atrium unter freiem Himmel, das aus energetischen Gründen aber auch mit einem öffenbaren Glasdach versehen werden kann, kennzeichnet das Hofhaus. Vom Außenraum abgewandt konzentrieren sich die Wohnräume um einen Innenhof, der sehr attraktiv gestaltet werden kann und die Mitte des Hauses bildet. Hofhäuser in verdichteter Form waren typisch für antike Siedlungen und sind heute noch in südlichen Ländern weit verbreitet. Innerhalb einer unattraktiven Umgebung, wie sie zum Beispiel in Gewerbegebieten mit gemischter Nutzung häufig vorkommt, bietet das Hofhaus die Möglichkeit, einen geschützten Freiraum als Binnenzone zu gestalten. Hofhäuser können mit einer winkelförmigen, einer U-förmigen oder wie bei dem oben abgebildeten Beispiel mit einer ringförmigen Grundrisskonfiguration ausgebildet werden.

▪ Turmhaus
Ein eher seltener Haustyp ist das Turmhaus, bei dem die einzelnen Funktionsbereiche vertikal gestapelt werden. Dem Nachteil einer aufwändigen Erschließung steht der Vorteil eines geringen Grundflächenverbrauchs und einer eindeutigen Funktionstrennung gegenüber. In landschaftlich reizvoller Umgebung ermöglicht ein Turmhaus fantastische Ausblicke. Auch in verketteter Form sind derartige Turmhäuser vorstellbar und haben historische Vorläufer, wie zum Beispiel die Geschlechtertürme in San Gimignano.

▪ Terrassenhaus
Speziell für steile Hanglagen geeignet ist das Terrassenhaus, das beispielsweise auch als frei stehender Bungalow ausgebildet werden kann. Formen, bei denen jeweils das Dach der unteren Wohneinheit als Terrasse für die obere Wohneinheit genutzt werden, markieren bereits den Übergang vom Einfamilienhaus zur Wohnanlage.

Kostenbewusst Planen – kostengünstig Bauen

Der Begriff „kostengünstig" beschreibt nur vage die Wünsche und Vorstellungen, die ein Bauherr mit der Investition in ein Haus verbindet. Da er auf keinen Fall billig bauen möchte, wird deutlich, dass diese Investition eine Wertschöpfung darstellt. Werte, die mit einer Bauinvestition verbunden sind, sind zum Beispiel Qualität und Lang-

Einleitung

■ Die optimale Einbindung des Hauses in den natürlichen Geländeverlauf spart Kosten.
(Projekt S. 82)

■ Die grüne Gerätebox neben dem Hauseingang ist Kellerersatz und Blickfang zugleich.
(Projekt S. 142)

lebigkeit, Umweltfreundlichkeit und Sicherheit, Funktionalität und Flexibilität, Innovation und Ästhetik.

Der Architekt als Berater und Treuhänder des Bauherrn übernimmt hierbei eine wichtige Rolle: In gemeinsamen Gesprächen und in einer sorgfältigen Analyse der Bauaufgabe entsteht ein möglichst genaues Profil der spezifischen Anforderungen, das selbstverständlich auch die Budgetvorstellungen des Bauherrn einschließen sollte. Die ureigenste Aufgabe des Entwerfens besteht darin, die unterschiedlichen Funktionen in einer dreidimensionalen, geometrischen Ordnung miteinander zu verknüpfen und mit einer strukturellen Ordnung zu vereinigen. Für diesen Entwicklungsprozess ist ein ständiger Dialog mit dem Bauherrn erforderlich. Alle im Buch dargestellten Beispiele sind das Ergebnis einer guten und vertrauensvollen Zusammenarbeit zwischen Bauherr und Architekt. Ein auf diese Weise entwickeltes Gebäude gibt es nicht von der Stange und auch nicht als Sonderangebot einer Wohnbaugesellschaft.

Beim Hausbau stellen die Grundstückspreise einen enormen Kostenfaktor dar, der sich jedoch kaum beeinflussen lässt – höchstens durch die Wahl eines kleineren Grundstückzuschnitts und entsprechend flächensparender Bauweise. Durch geschickte Planung und Ausführung hingegen ist es möglich, die Herstellungs- und Unterhaltskosten eines Gebäudes deutlich zu senken. Dabei sind die Einsparpotenziale zu Beginn der Planung am größten und nehmen im Lauf der Realisierung immer weiter ab.

Grundstück: Aushub reduzieren – Kosten senken

Bauen in der Erde ist vergleichsweise teuer. Eine sorgfältige Einbindung des Hauses in den natürlichen Geländeverlauf spart Kosten. Auf ein Hanggrundstück kann mit einem Split-Level reagiert werden, um Aushub zu sparen. Hangseitig können vollbelichtete Nutzräume angeordnet werden. Die rückseitigen, nicht tagesbelichteten Räume eignen sich als Keller. Die wirtschaftlichste Lösung ist ein minimaler Eingriff in das Gelände über Punkt- oder Streifenfundamente mit einer Bodenplatte, die gegebenenfalls über dem Terrain schwebt.

Auch der Verzicht auf eine Unterkellerung führt zu beträchtlichen Kosteneinsparungen. Je nach Bodenbeschaffenheit und Größe kostet der Keller für ein Einfamilienhaus 25.000 bis 50.000 Euro, eine Fundamentplatte dagegen nur 9.000 bis 18.000 Euro. Typische Kellernutzungen sind Abstellräume, Brennstofflager, Haustechnik- und Hausanschlussraum, Hobbyraum und Gästezimmer. Moderne Heizungen haben einen geringen Flächenbedarf und können auch oberirdisch angeordnet werden. Eine Alternative zum Abstellraum im Keller ist eine oberirdische Einrichtung, die als Container, Gerätebox, Schopf, Schuppen oder als Schrankzimmer ausgebildet werden kann. Für den nachträglichen Ausbau kann auch ein so genannter Konzeptkeller vorgesehen werden: Darunter versteht man einen Hohlraum unter der Bodenplatte, der in Eigenleistung vom Bauherrn selbst ausgebaut werden kann.

■ Ohne aufwändige Sonderdetails umschließt die Hülle den Baukörper. Das Dach bleibt frei von Durchbrüchen und Einschnitten. (Projekt S. 108)

■ Als loftartiger Großraum, in den ein Kern mit Nebenräumen frei eingestellt ist, zeigt sich hier der Erdgeschossgrundriss. (Projekt S. 134)

Baukörper: Kompakte Form, einfaches Dach

Ein einfacher, kompakter Baukörper weist ein günstiges Verhältnis von Volumen zu Oberfläche auf. Sowohl für die Investitions- als auch für die Heizkosten ist das Verhältnis von Außenwandfläche zu umbautem Raum von Bedeutung. Erker, Vorbauten, sowie Knicke, Rundungen und Versätze in der Außenwand bedeuten einen konstruktiven Aufwand, der mehrere Gewerke betrifft. Die Außenhülle des Baukörpers kann für solare Energiegewinne genutzt werden: Wintergärten und verglaste Balkone können bei intelligenter Planung als Energiequelle für Solarwärme und Wärmepuffer dienen. Mit Sonnenkollektoren können beispielsweise 70 bis 80 Prozent des Warmwasserbedarfs gedeckt werden.

Auch ein wirtschaftliches Dach hat eine möglichst einfache Form: Bei geneigten Dächern sind Grate, Kehlen, Walme und Gauben Sonderkonstruktionen, die spezielle, teure Details erfordern. Auch Dachdurchbrüche für Kamine und Lüftungsleitungen sind vermeidbare Störungen einer Dachkonstruktion. Das Flachdach als einfachste Dachform ist wirtschaftlich und kann gegebenenfalls begrünt werden. Bei geneigten Dächern ist das Pultdach die einfachste Form, gefolgt vom Satteldach.

Grundriss: Klar, funktional und individuell

Ein geordneter, möglichst klarer Grundriss ist das Ergebnis einer Planung, die in engem Dialog zwischen Architekt und Bauherrn entsteht. Durch eine offene Grundrissgestaltung kann die Anzahl von Innenwänden und -türen begrenzt werden, was auch die Ausbaukosten senkt. Die Zusammenfassung der Nebenräume in einem Kern, der ohne Verbindung zur Außenwand frei im Raum steht, kann für eine räumliche Differenzierung genutzt werden. Rund um den Kern entstehen dabei Erschließungs- und Funktionsflächen innerhalb eines räumlichen Kontinuums. Eine zweite Möglichkeit, den Innenausbau zu minimieren, ist die Ausbildung einer Nebenraumspange, in der sämtliche installierten Räume zusammengefasst werden. Ein sparsames Erschließungskonzept besteht aus einer durchgängigen Treppe, die möglichst alle Geschosse untereinander verbindet.

Zwei grundsätzlich unterschiedliche Entwurfsstrategien zur Kosteneinsparung veranschaulichen die im Buch dargestellten Beispiele:

• Bei der „Loftstrategie" wird ein großer, multifunktional nutzbarer Raum geschaffen, der von einer möglichst einheitlichen und regelmäßigen Hüllkonstruktion umgeben wird. Dies führt zu klar strukturierten Baukörpern und zur Reduktion der konstruktiven Details. Ein derartiges Gebäude kann im Inneren der jeweiligen Funktion entsprechend frei unterteilt werden. Da die Trennwände in der

■ Einleitung

■ Das mit Kranmontage versetzte Wandelement gelangt vorgefertigt einschließlich der Füllungen aus Isolierglaseinheiten zur Baustelle.
(Projekt S. 122)

Regel keine tragende Funktion haben, sind Veränderungen in der Grundrissaufteilung möglich. Flexibilität ist hier nicht nur ein funktionaler Vorteil, sondern auch ein Instrument der Kosteneinsparung.
• Die „Strategie der Maßanfertigung" dagegen begründet sich auf einer möglichst exakten Erfüllung des Raumprogramms. Der Effekt der Kosteneinsparung beruht hier auf einer Reduktion von Grundfläche und Rauminhalt. Ein entsprechendes Haus ist weniger flexibel, passt sich aber im Idealfall genau den Bedürfnissen des Bauherrn an.

Material und Konstruktion: Optimal aufeinander abgestimmt

Beim Entwerfen entsteht zusammen mit dem Grundriss die strukturelle Ordnung des Hauses. Bereits in dieser frühen Phase sollte die Bauweise festgelegt werden. Unabhängig davon, ob es sich um einen Massivbau oder um einen Leichtbau handelt, ist die Beachtung einer geometrischen Ordnung, die von Fall zu Fall auf den Abmessungen der Bauelemente beruht, wichtig für das wirtschaftliche Konstruieren. Innerhalb der Tragstruktur haben die Deckenspannweiten Einfluss auf die Baukosten. Besonders im Massivbau steigen die Kosten exponentiell mit zunehmender Deckenspannweite. Skelett- und Leichtbautechniken hingegen erfordern ein Höchstmaß an Präzision und modularer Ordnung, die eine Elementierung der Konstruktion in vorgefertigte Module erst ermöglicht.

Bauweise: Einsatz moderner Technologien und Vorfertigung

Es gibt wohl keinen Bereich der Technik, der sich so hartnäckig und ausdauernd den Gesetzmäßigkeiten der Ökonomie entzieht wie das Bauen. Nach wie vor wird die Mehrzahl der Wohngebäude in Massivbauweise mit tragenden Wänden und Deckenplatten aus Stahlbeton hergestellt. In der Regel trägt dieser Massivbau einen vom Zimmermann errichteten Dachstuhl mit roter Ziegeldeckung. Dieses Urbild eines fest gefügten Hauses behauptet sich konsequent gegen alle Modernisierungsversuche. Mit Fug und Recht lässt sich behaupten, dass die Methoden, die bei der Errichtung eines derartigen Gebäudes angewandt werden, archaisch sind: Beton wird in flüssiger Form zum Bauplatz gebracht und dort in handgefertigte Schalungen aus Holz gegossen, Mauersteine werden einzeln in einem Mörtelbett verlegt, die Mauer wird an einem Schnurgerüst hochgezogen, viele Bauteile werden erst vor Ort für den Einbau zurechtgeschnitten.

Es liegt auf der Hand, dass eine derartige Vorgehensweise einen enormen Montageaufwand auf der Baustelle bedeutet und die Gefahr von Ungenauigkeiten groß ist. Zudem kann der Bauablauf jederzeit durch ungünstige Witterung verzögert oder behindert werden. Ökonomie bedeutet „Sparsamkeit" und „Wirtschaftlichkeit". Die lateinische Wurzel „oeconomia" ist weiter gefasst und trägt in ihrer ursprünglichen Bedeutung die Voraussetzungen für

▍Die Kosten senkende Vorfertigung in der Werkstatt kann so weit gehen, dass auf der Baustelle komplett vorfabrizierte Raumzellen angeliefert werden. (Projekt S. 146)

wirtschaftliches Tun: „Einteilung, Ordnung, Verwaltung". Für das Bauen heißt das, dass sich ein „ökonomischer" Entwurf durch eine gelungene Einteilung – also eine überzeugende funktionale Gliederung – auszeichnet, die Konstruktion einer klaren geometrischen Ordnung folgt und der Bauprozess selbst eine effiziente Verwaltung benötigt, was die Ausschreibung und Bauüberwachung betrifft.

Industrielle Herstellungsprozesse ermöglichen die Massenproduktion von Konsumgütern, deren Preis dadurch gesenkt werden kann und die deshalb allgemein verfügbar sind – warum sollte dies nicht auch für den Bereich des Bauens gelten? Die Abkehr von dem stereotypen Bild eines Massivhauses mit Lochfassade und rotem Ziegeldach eröffnet neue Perspektiven, die sowohl kostengünstiger als auch unter architektonischen Gesichtspunkten interessanter sind.

Die Baustoffindustrie bietet heute zahlreiche Alternativen zum Massivbau: So hat beispielsweise der Holzbau längst sein sägeraues Image abgestreift. Die Wiederentdeckung neuer „alter" Bauweisen wie der Skelettbauweise, der Tafelbauweise oder das Bauen mit Fertigteilen erfordert einen intensiveren Planungsprozess, verkürzt jedoch die Bauzeit erheblich. Auch die Hinwendung zu so genannten „poweren" Materialien und Bauprodukten aus nachwachsenden Rohstoffen wie beispielsweise Sperrholzplatten, Dämmmaterial aus Zellulosefasern oder Linoleum ist ein Weg, um Kosten zu senken und eine auf den ersten Blick neu anmutende Baukonstruktion zu entwickeln.

Für die Elementierung einer Konstruktion gibt es unterschiedliche Strategien:

• Für den **Skelettbau** charakteristisch ist die Trennung der Systeme Tragwerk, Hülle und technischer Ausbau. Dabei besteht das Tragwerk aus stabförmigen Elementen mit senkrechten Stützen und waagrechten Trägern, die als raumbildendes System Felder für die Gebäudehülle und den Innenausbau aufspannen.

• Beim **Elementbau** werden Außenwände, Dach und Decken als flächenförmige Elemente vorgefertigt. Diese Fertigteile vereinigen in sich Tragfunktion und raumbildender Funktion. Abhängig vom jeweiligen Material kommen weitere Funktionen wie Wärmedämmung, Schallschutz, Belichtung und Belüftung hinzu. Eine sehr wirtschaftliche Bauweise ist der Holzelementbau. Dabei bilden vertikale Tragstiele und horizontale Riegel, zusammen mit mindestens einer aussteifenden Schale, Rahmenelemente. Je nach Ausführung wird diese Bauweise auch als Holzständerbau oder Holztafelbau bezeichnet.

• Beim **Raumzellenbau** umfasst die Elementierung räumliche Module, die am Bauplatz zu einem Gebäude komplettiert werden. Bei dem oben gezeigten Beispiel besteht das ganze Haus im Wesentlichen aus einer vorgefertigten Raumzelle.

Um ein Einfamilienhaus grundsätzlich kostengünstiger erstellen zu können, muss man das Gebäude als ein technisches Produkt auffassen. Wird dies allgemein akzeptiert, versteht es sich von selbst, dass ein Haus aus spezialisier-

Einleitung

■ Funktional und aufgeräumt wirkt diese offene Einbauküche und ist damit ein Musterbeispiel für die Gestaltung installierter Räume.
(Projekt S. 36)

■ Über Terrasse und Südbalkon verzahnt sich das Haus mit dem Garten. Kollektoren auf dem Dach fangen solare Energie ein.
(Projekt S. 70)

ten Teilsystemen besteht, die ihre jeweilige Aufgabe mit minimalem Aufwand erfüllen sollen. Bei einer Außenwand beispielsweise kann zwischen der Tragfunktion, der Funktion des inneren Raumabschlusses, der Dämmfunktion und dem Wetterschutz unterschieden werden. Für den Produktions- und Montageprozess sind dabei Überlegungen notwendig, die jedes Bauteil als ein vorgefertigtes Industrieprodukt, das auf der Baustelle in großformatigen Einheiten gefügt wird, auffassen. Nur eine Baukonstruktion, die im Einklang steht mit industriellen Herstellungs- und Montageverfahren, kann auf Dauer einen wirksamen Beitrag zur Kostenreduzierung im Bauen leisten.

Installation: Kurze Wege sparen Kosten

Die Verlegung von Zu- und Abwasserleitungen ist kostenintensiv. Daher sollte man auf möglichst kurze Leitungswege achten. Dies gilt für den Anschluss an das öffentliche Netz auf dem Grundstück ebenso wie für die Leitungen innerhalb des Hauses. Die Zusammenfassung von Steig- und Abwasserleitungen in einer Installationswand oder einem Installationsschacht ist deshalb wirtschaftlich und erleichtert zudem Montage und Wartung. Durch eine Zisterne oder auch nur eine Regentonne im Garten kann der Wasserbedarf teilweise durch Regenwasser gedeckt werden.

Ökologisch denken – ökonomisch handeln

Bei der Gebäudeplanung sollten sich Bauherren auch mit grundsätzlichen Fragen des umweltfreundlichen und energieeffizienten Bauens beschäftigen. Ziel sollte es dabei sein, in allen Phasen des Nutzungszyklus eines Hauses – beginnend mit der Planung und dem Bau, der Nutzung und Erneuerung bis hin zum Abriss – den Verbrauch von Energie und Ressourcen zu minimieren. Das fängt bereits bei der Wahl des Grundstücks sowie der Situierung des Baukörpers an und reicht über die Verwendung umweltschonender Baumaterialien, den Einsatz emissionsarmer Energieträger und vielem mehr bis hin zur Berücksichtigung der späteren Recyclierbarkeit der Baustoffe. Ein solches Verhalten schont nicht nur die Umwelt, sondern bei intelligenter Planung auch den Geldbeutel.

Die Orientierung des Hauses zur Sonne beispielsweise ermöglicht solare Energiegewinne, die sich auch auf der Kostenseite niederschlagen. Dabei unterscheidet man den Südtyp, bei dem die Wohnräume nach Süden und die Nebenräume nach Norden hin ausgerichtet sind. Die Südsonne führt zu einem maximalen Strahlungseintrag im Sommer und begünstigt die Nutzung von Balkonen und Terrassen. In den Übergangsjahreszeiten reduziert der solare Energieeintrag die Heizkosten. Die tief stehende Wintersonne gewährleistet eine gute Tagesbelichtung der Räume. Fast genauso gut funktioniert ein ost-west-orientierter Grundriss. Hier sind ebenfalls beträchtliche

■ Die Bekleidung mit Faserzementplatten ist nicht nur eine kostengünstige sondern auch pflegeleichte Alternative zu konventionellen Fassadenmaterialien. (Projekt S. 102)

Energiegewinne durch solare Einstrahlung zu verzeichnen. Offene Grundrisse ermöglichen das so genannte Durchwohnen, bei dem die Aufenthaltsräume von beiden Seiten Tageslicht erhalten. Wohnräume, die auf der Südseite des Hauses liegen, verbrauchen 10 bis 17 Prozent weniger Heizenergie. Optimal ist es, wenn an der Nord- und Ostfassade Nebenräume, Treppenhäuser, Flure oder begehbare Schränke einen thermisch wirksamen Pufferraum bilden.

Betriebs- und Unterhaltskosten minimieren

Auch nach seiner Fertigstellung kostet ein Haus Geld: Die Betriebs- und Unterhaltskosten stellen einen maßgeblichen Faktor für die Wirtschaftlichkeit eines Gebäudes dar. Durch vorausschauende Planung und Ausführung lassen sich diese Kosten frühzeitig beeinflussen, etwa durch die Wahl pflegeleichter, langlebiger Baustoffe und Materialien sowie eine entsprechend solide Verarbeitung.

Vor allem im Bereich des Energieverbrauchs liegen erhebliche Einsparpotenziale. Selbst ohne komplizierte technische Ausstattung ist es möglich, ein energiebewusstes Gebäude zu planen, etwa durch die oben erwähnte Orientierung zur Sonne oder eine gute Wärmedämmung der Fassade. Auch moderne Heiztechniken tragen wesentlich zur Energieeinsparung bei: Optimal und umweltfreundlich ist der Anschluss an ein vorhandenes Fernwärmenetz. Ist dies nicht möglich, benötigt das Haus eine eigene Wärmequelle. Der Leistungsstandard von Heizanlagen wurde in den vergangenen Jahren deutlich verbessert. Dank effektiverer Energieausnutzung, einfacher Regulierbarkeit und niedriger Heizwassertemperaturen verbrauchen moderne Heizungen mindestens 30 Prozent weniger Energie als alte Modelle. Diese konnten den Brennstoff nur zu 60 bis 70 Prozent in Heizenergie umwandeln. Moderne Heizkessel erreichen dagegen einen Wirkungsgrad von 96 Prozent. Bei Gasanschluss können die Vorteile von Brennwertkesseln genutzt werden. Durch optimale Regulierbarkeit der Heizung sind beträchtliche Einsparungen möglich. Niedertemperaturstrahlungsheizungen schaffen ein angenehmes Raumklima und sind sparsam im Verbrauch.

Eine Übersicht über die Energiekennwerte für Einfamilienhäuser ist in der Tabelle auf S. 16 zusammengefasst. Der Dämmstandard der Außenhülle definiert dabei den Heizwärmebedarf. Die angegebenen Kennzahlen des Heizwärmebedarfs pro Quadratmeter und Jahr beginnen mit dem maximal zulässigen Wert für Neubauten nach der Energieeinsparverordnung (EnEV) vom 1. Februar 2002. Die weiter aufgeführten Werte bezeichnen mit abnehmender Tendenz die im Zusammenhang mit Energiesparhäusern häufig verwendeten Begriffe „Niedrigenergiehaus", „3-Liter-Haus" und „Passivhaus". Durch die aktive Nutzung der Sonnenenergie über eine Fotovoltaikanlage beziehungsweise Warmwasser- oder Luftkollektoren kommen Nullenergiehäuser ganz ohne von außen zugeführten Heizbrennstoff aus. In der Tabelle ist zudem auch der Warmwasser- und Strombedarf aufgeführt.

Einleitung

Energiekennwerte für Einfamilienhäuser

Heizwärmebedarf	Dämmstandard	Kennwert Nutz-energie kWh/m²a
	EnEV*	70
	Niedrigenergiehaus	50
	3-Liter-Haus	30
	Passivhaus	15
	Nullenergiehaus	0

Trinkwarmwasser-bedarf	Personen	Kennwert Nutzenergie kWh/a
	1	600
	2	1.100
	3	1.500
	4	1.800
	5	2.000
	6	2.100

Strombedarf	Personen	Kennwert Nutzenergie kWh/a
	1	2.300
	2	2.500
	3	2.700
	4	2.900
	5	3.100
	6	3.300

*Energieeinsparverordnung

Seit dem 1. Februar 2002 gilt die neue Energieeinsparverordnung (EnEV). Sie tritt an die Stelle der Wärmeschutzverordnung von 1995, die für den Bau von frei stehenden Einfamilienhäusern noch 10 bis 12 Liter Heizöl oder Kubikmeter Erdgas pro Quadratmeter Wohnfläche und Jahr tolerierte. Jetzt wurde dieser Grenzwert für den höchstzulässigen Energieverbrauch um weitere 30 Prozent reduziert und liegt damit bei einem maximalen Verbrauch von etwa 7 Liter Heizöl bzw. Kubikmeter Erdgas pro Quadratmeter Wohnfläche und Jahr.

Baufinanzierung: Realistisch kalkulieren, Spielräume vorsehen

Jeder Bauherr muss sich überlegen, wie er sein Haus finanzieren kann. Nur wer die gesamten Kosten aus eigenen Mitteln bestreiten kann, hat keine Belastungen aus der Finanzierung. Alle übrigen Bauwilligen müssen Darlehen aufnehmen. Die vertretbare Verschuldung hängt von der tragbaren Belastung ab, die wiederum wesentlich von dem monatlichen Nettoeinkommen bestimmt wird. Neben der aus dem Bauvorhaben resultierenden Kosten muss der laufende Lebensunterhalt aus dem Nettoeinkommen bestritten werden. Darüber hinaus sollte auch noch ein gewisser Spielraum für nicht vorhergesehene Ausgaben vorhanden sein.

Die mit dem Hausbau zusammenhängende Belastung setzt sich zusammen aus dem Kapitaldienst und den Bewirtschaftungskosten. Kapitaldienst nennt man die Summe aus Zinsen und Tilgung. Die Bewirtschaftungskosten werden leicht unterschätzt: Zu ihnen zählen die – gegenüber der Mietwohnung meist höheren – Heizkosten, die kommunalen Gebühren für die Wasserversorgung, die Müllabfuhr und die Straßenreinigung, die Grundsteuer, Versicherungsprämien, Instandhaltungskosten beziehungsweise Einstellungen in die Instandhaltungsrücklage, die Kosten der Gartenpflege und der Schornsteinreinigung. Bei Neubauten muss man mit etwa 1,5 Euro pro Quadratmeter im Monat rechnen.

Die Eigenheimzulage ist besonders für Familien mit Kindern eine sehr wirksame Entlastung. Sie wird bisher (Stand Juli 2004) ab dem zweiten Jahr in der Regel einmal jährlich im März ausgezahlt, ihre Fortführung ist jedoch aus haushaltspolitischen Gründen unsicher. Man sollte darauf achten, dass die Eigenheimzulage gegebenenfalls auch im Rahmen von Sonderzahlungen für die Baufinanzierung eingesetzt werden kann.

Auch durch Eigenleistungen lässt sich Eigenkapital sparen: Über diese in Selbsthilfe erbrachten Arbeiten – die vom Bauherrn, seinen Angehörigen oder auch von anderen Personen unentgeltlich oder auf Gegenseitigkeit am Bau geleistet werden – können die Finanzierungskosten gesenkt werden. Je nach Bauweise, Baustoffen und handwerklichem Geschick sind Eigenleistungen in unterschiedlichem Umfang möglich. Der Wert dieser Selbsthilfeleistungen wird dem Bauherrn gutgeschrieben – er braucht weniger Fremdmittel und vermindert somit seine monatliche Belastung.

Baukosten – alles unter Kontrolle

Die so genannten „reinen" Baukosten – also die Kosten, die für die Erstellung des Gebäudes anfallen – sind in der folgenden Tabelle, getrennt nach Gewerken, in Prozentanteilen dargestellt. Daraus wird ersichtlich, dass in der Regel Rohbau- und Ausbaukosten etwa gleich hoch sind.

Reine Baukosten im Überblick

Rohbaukosten

Erdarbeiten	5 %
Maurer- und Betonarbeiten	35 %
Zimmerarbeiten	4 %
Dachdecker- und Klempnerarbeiten	4 %
Summe Rohbaukosten	48 %

Ausbaukosten

Putzarbeiten	6 %
Estrich-, Bodenbelag-, Werkstein-, Fliesenarbeiten	7 %
Schreiner- und Glaserarbeiten	9 %
Sanitärarbeiten	8 %
Elektroarbeiten	3 %
Heizungsmontage	7 %
Treppenbau	4 %
Maler- und Anstricharbeiten	3 %
Sonstige (z.B. Schlosser u.a.)	5 %
Summe Ausbaukosten	52 %
Summe reine Baukosten	**100 %**

Einleitung

▪ Eine Minimalkonstruktion aus Stahlbeton, Stahl und Holzständerwänden ist das Ergebnis einer sorgfältigen und detaillierten Ausführungsplanung.
(Projekt S. 52)

Planung und Ausführung: Optimale Koordination spart Zeit und Geld

Voraussetzung für kostengünstiges Bauen ist ein Entwurf, der in jeder Planungsphase die Kosten berücksichtigt und eine bei Baubeginn abgeschlossene, präzise Ausführungsplanung. Bereits in der Vorentwurfsphase bestehen Einsparungsmöglichkeiten, wenn der Architekt in der Einfachheit und Plausibilität der Konstruktion ein vorrangiges Anliegen sieht. Die enge Kooperation des Planers mit den ausführenden Firmen erschließt weitere Chancen zu Einsparungen, da bei der Planung besonders rationelle Herstellungsverfahren berücksichtigt werden können. Praktische Tipps und Hinweise hierzu liefert der Ausklapper am Ende dieses Buches. Eine effektive Baudurchführung, sorgfältige Bauüberwachung und laufende Kostenkontrolle tragen ebenfalls zur Kosteneinsparung bei. Dass sich auf diese Weise auch mit einem Budget von unter 250.000 Euro qualitätvolle Architektur verwirklichen lässt, stellen die nachfolgenden Beispiele unter Beweis.

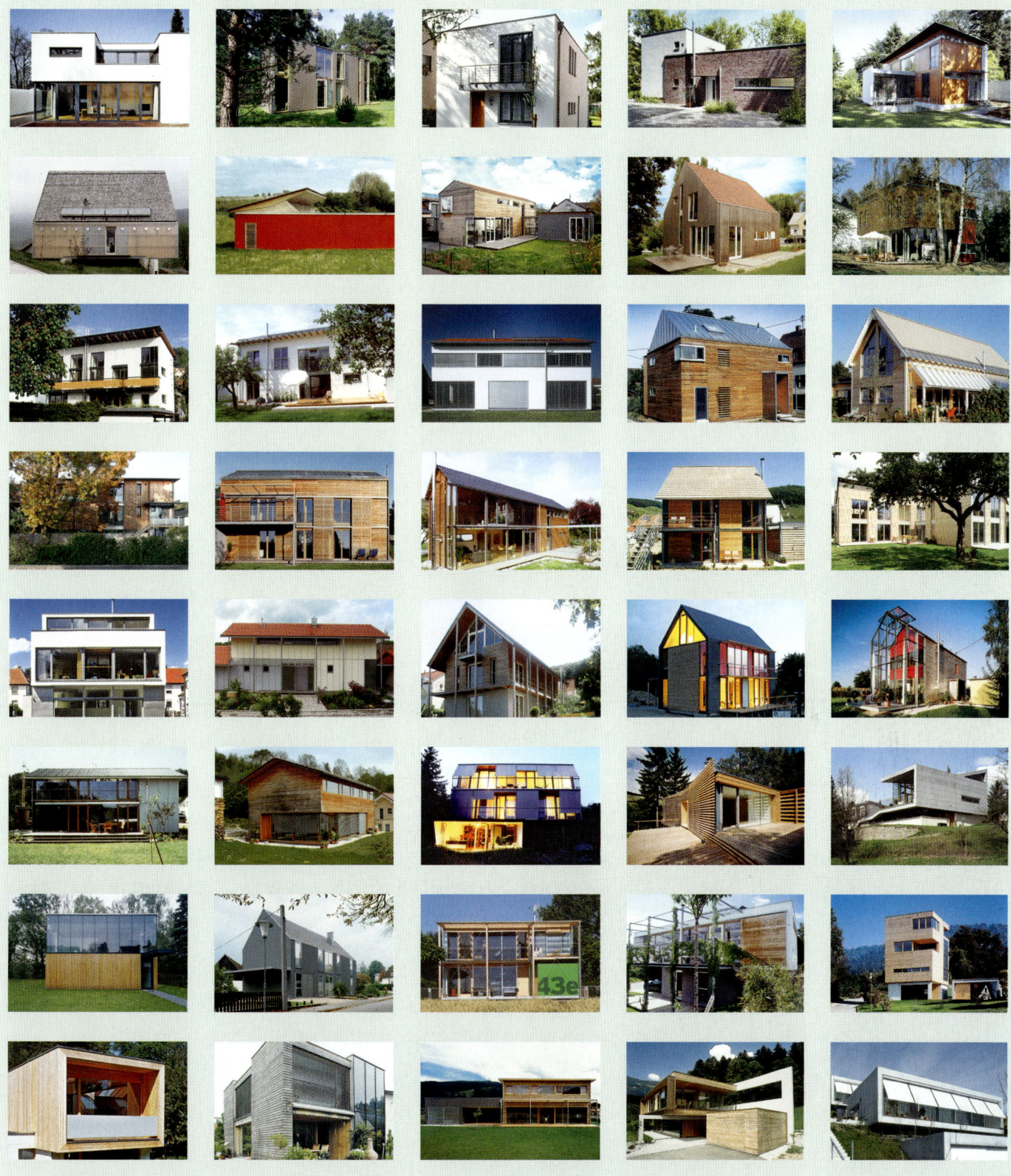

■ **Massivbau in Berlin-Heiligensee**
Architekten: Clarke und Kuhn, Berlin

Kleine Villa ganz groß

Lageplan

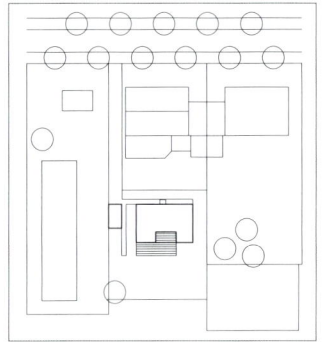

Als markanter, kubischer Baukörper hebt sich dieses Zwei-Personen-Haus deutlich von der heterogenen Bebauung in seiner Umgebung ab. Der Monolith präsentiert sich als ein geschlossenes Volumen mit Einschnitten: Die unterschiedlichen Funktionsbereiche des Hauses sind in den Fassaden nur angedeutet, die jeweils als rechteckige weiße Flächen mit gezielt platzierten Fensteröffnungen in Erscheinung treten. Auf der Nordseite genügen die Eingangstür als stehendes Rechteck und ein Fenster in liegendem Format, um eine spannungsvolle Komposition entstehen zu lassen. Dieses Spiel mit unterschiedlichen Öffnungen setzt sich auf der Ost- und Westseite fort und steigert sich im Süden zu einer weitgehenden Auflösung des Kubus mit geschosshoher Verglasung des Wohnbereichs und eingeschnittener Terrasse im Obergeschoss.

Im Inneren organisiert sich das Haus um eine Treppe, die alle drei Geschosse miteinander verbindet. Auf der Nordseite sind die verdichteten Nebennutzungen angeordnet, während sich die Hauptnutzungen nach Süden orientieren. Die Raumbeziehungen untereinander unterstreichen die Ausrichtung nach Süden und zum Garten. Im Kellergeschoss sind ein Gästebereich, Waschküche und Abstellräume angeordnet. Das Erdgeschoss wird von einem großen Wohn- und Essraum bestimmt, der sich über die ganze Länge des Hauses erstreckt und dem im Süden eine Terrasse vorgelagert ist. Der rückwärtige Teil des Grundrisses beinhaltet die Küche, ein vergleichsweise großzügiges Entrée und ein Gäste-WC. Die geradläufige Treppe erschließt die Privaträume im Obergeschoss mit Schlafzimmer, Bad und Ankleide. Die eingeschnittene Außenterrasse, die Bibliothek und ein geräumiges Arbeitszimmer runden das maßgeschneiderte Raumprogramm ab.

Alle Außen- und Innenwände wurden aus Porotonsteinen gemauert. Die Geschossdecken sind aus Beton und wirken gleichzeitig schallschützend und wärmespeichernd. Als Außen- und Innenbekleidung wurde Putz gewählt. Die Verwendung von Betonfertigteilwänden im Kellergeschoss und der Einsatz großformatiger Porotonsteine in den oberen Geschossen trugen wesentlich dazu bei, dass der Rohbau in kurzer Zeit fertig gestellt werden konnte.

Das Gebäude ist als Niedrigenergiehaus konzipiert. Auf dem flachen Dach, das extensiv begrünt wurde, kann eine Solaranlage zur Warmwasserbereitung nachgerüstet werden, die Heizung ist eine mit Erdwärme betriebene Wärmepumpe. Das Haus besticht durch Maßstäblichkeit und gute Proportionen. Den Architekten ist es gelungen, in

▊ Das Terrain scheint sich in das Erdgeschoss hineinzuziehen, so offen präsentiert sich der Kubus nach Süden.

▊ Eine in das Gelände eingelassene Mulde versorgt das Gästezimmer im Souterrain mit Tageslicht.

▌ Die Rahmen der Glasschiebewand schließen exakt mit der Unterkante der Decke ab. Das Eichenholzparkett und die weiß geputzten Wände vermitteln einen Eindruck von Gediegenheit.

▌ Die Blockstufen der geradläufigen Treppe passen sehr gut zu dem massiven Charakter des Hauses.

▌ Ein kleines Vordach schützt den präzise gestalteten Eingang auf der Nordseite.

einem kompakten Baukörper auf einer Grundfläche von nur 110 Quadratmetern Räume von hoher Aufenthaltsqualität zu schaffen. Wenige, aber hochwertige Baustoffe unterstützen das Konzept „less is more". Die Abstraktion des Wohngebäudes zu einem plastisch durchgeformten Körper vermeidet überflüssige Details und ist deshalb auch ein ökonomisches Konzept.

Gebäudedaten

Grundstücksgröße:
550 m²

Wohnfläche:
158 m²

Zusätzliche Nutzfläche:
90 m²

Anzahl der Bewohner:
2

Bauweise:
Massivbau mit Porotonsteinen und Betondecken

Baujahr:
2002

Baukosten pro m² Wohn- und Nutzfläche:
950 Euro

Baukosten gesamt:
235.000 Euro

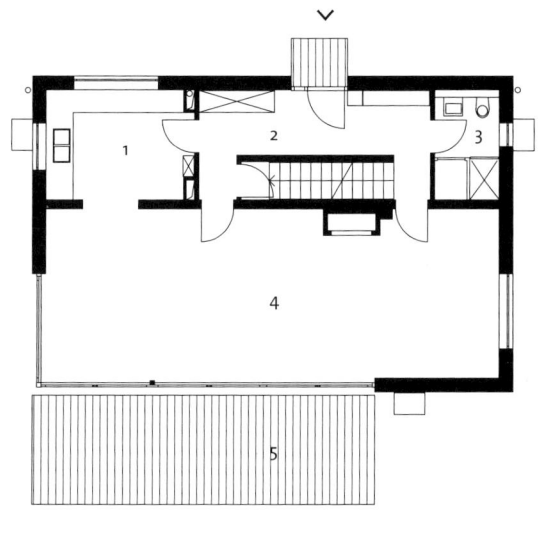
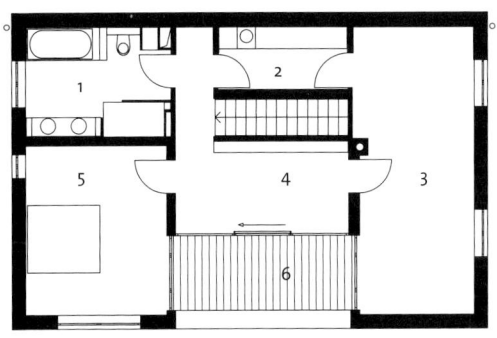

Erdgeschoss
M 1:200

1 Küche
2 Eingang
3 Gäste-WC
4 Wohnen, Essen
5 Terrasse

Obergeschoss
M 1:200

1 Bad
2 Ankleide
3 Arbeiten
4 Bibliothek
5 Schlafen
6 Terrasse

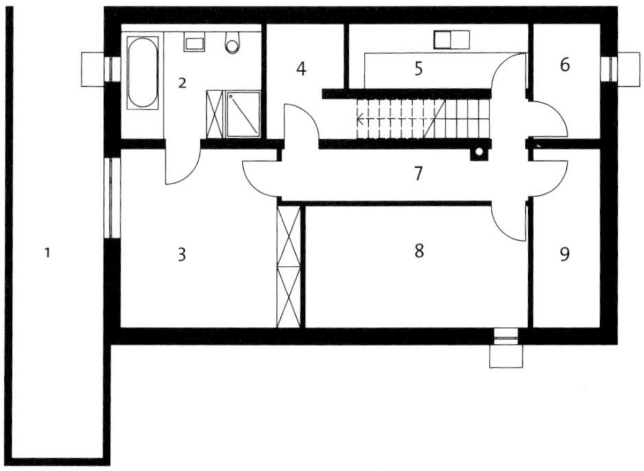

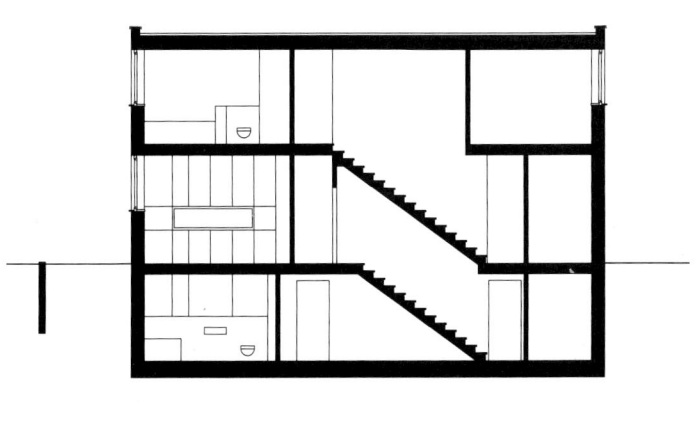

Untergeschoss
M 1:200

1 Mulde
2 Bad
3 Gäste
4 Hausanschlussraum
5 Waschküche
6 Keller
7 Flur
8 Keller
9 Keller

Längsschnitt
M 1:200

■ **Wohnhaus und Tonstudio in Berlin-Falkensee**
Architekten: Augustin und Frank Architekten, Berlin

Zwei Baukörper im Dialog

Lageplan

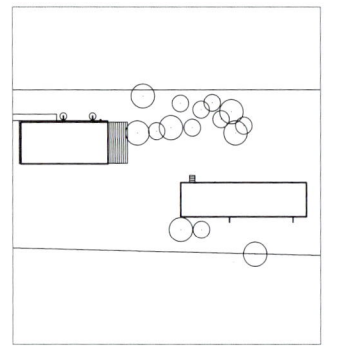

Ein großes, lang gestrecktes Grundstück in Falkensee, einem Vorort im Westen Berlins, wurde zum Standort für Wohn- und Arbeitsstätte eines Paars, das in den Bereichen Musik und Design tätig ist. Ein Baumbestand von ausgewachsenen Kiefern prägt den Charakter des Grundstücks. Durch die Bebauung mit zwei voneinander getrennten Baukörpern – Wohnhaus und Tonstudio – konnte der durchgängige, parkartige Garten erhalten bleiben. Wie das Grundstück, so sind auch die beiden Gebäude lang gestreckt und ost-west-orientiert. Die Bebauung erscheint als minimaler Eingriff, wobei sich der zweigeschossige Wohnblock auf sehr geringer Grundfläche entwickelt, während das eingeschossige Studio 60 Zentimeter über das Geländeniveau aufgeständert ist.
Eine vertikale Lärchenholzschalung aus unterschiedlich breit sortierten Brettern rhythmisiert die Fassaden und verleiht ihnen eine reliefartige Plastizität. Schmale, hohe Fensteröffnungen fügen sich wie selbstverständlich in diese Struktur. Nach Osten sind sowohl das Wohnhaus als auch das Studio voll verglast. Ein stichartig angelegter Fußweg erschließt das Wohnhaus von der Straße her auf der Nordseite.
Das Raumprogramm ist vollkommen auf die speziellen Bedürfnisse der Nutzer zugeschnitten. Das Erdgeschoss umfasst eine großzügige, nach Osten orientierte Wohnküche mit ebenengleich angeschlossener Gartenterrasse, einen Büroraum sowie Gästebad und Technikraum auf der Westseite. Das Obergeschoss zeigt einen fast offenen Grundriss mit Schlafräumen im Osten und Westen, die über eine Galerie miteinander verbunden sind. Die Sanitärräume sind in einer schmalen Spange auf der Nordseite zusammengefasst.
Der Eingang zum Tonstudio führt über eine bedachte Terrasse in das Innere des Gebäudes. Dort ist die Fläche in drei hintereinander geschaltete Räume mit unterschiedli-

■ Das zweigeschossige Wohnhaus und der eingeschossige Musikpavillon im Hintergrund bilden ein harmonisches Ensemble unter Kiefern.

■ Durch die Aufständerung scheint das Tonstudio über dem Gelände zu schweben. Die Unregelmäßigkeit der lackierten Holzschalung verleiht dem Baukörper ein feines Relief.

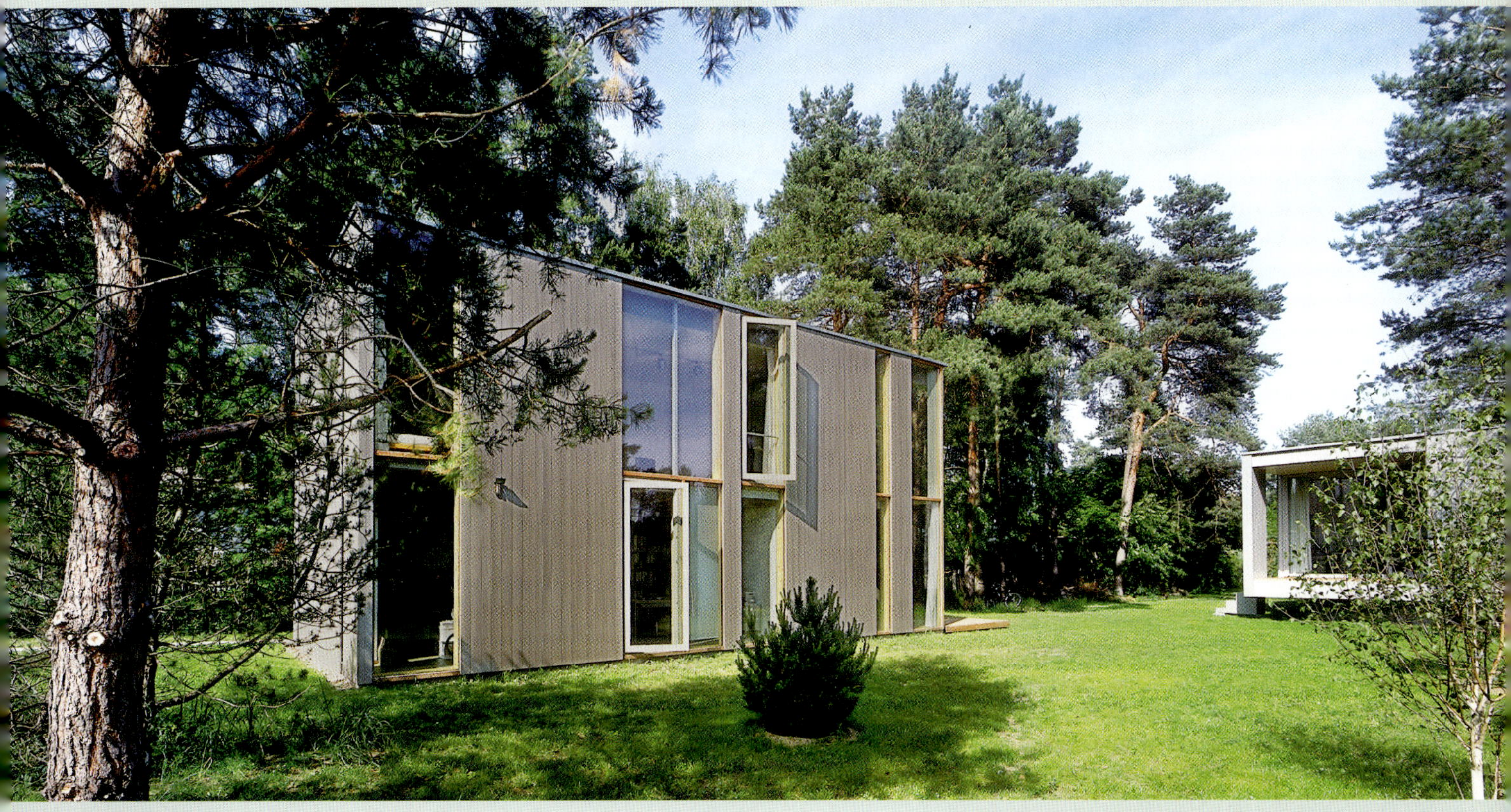
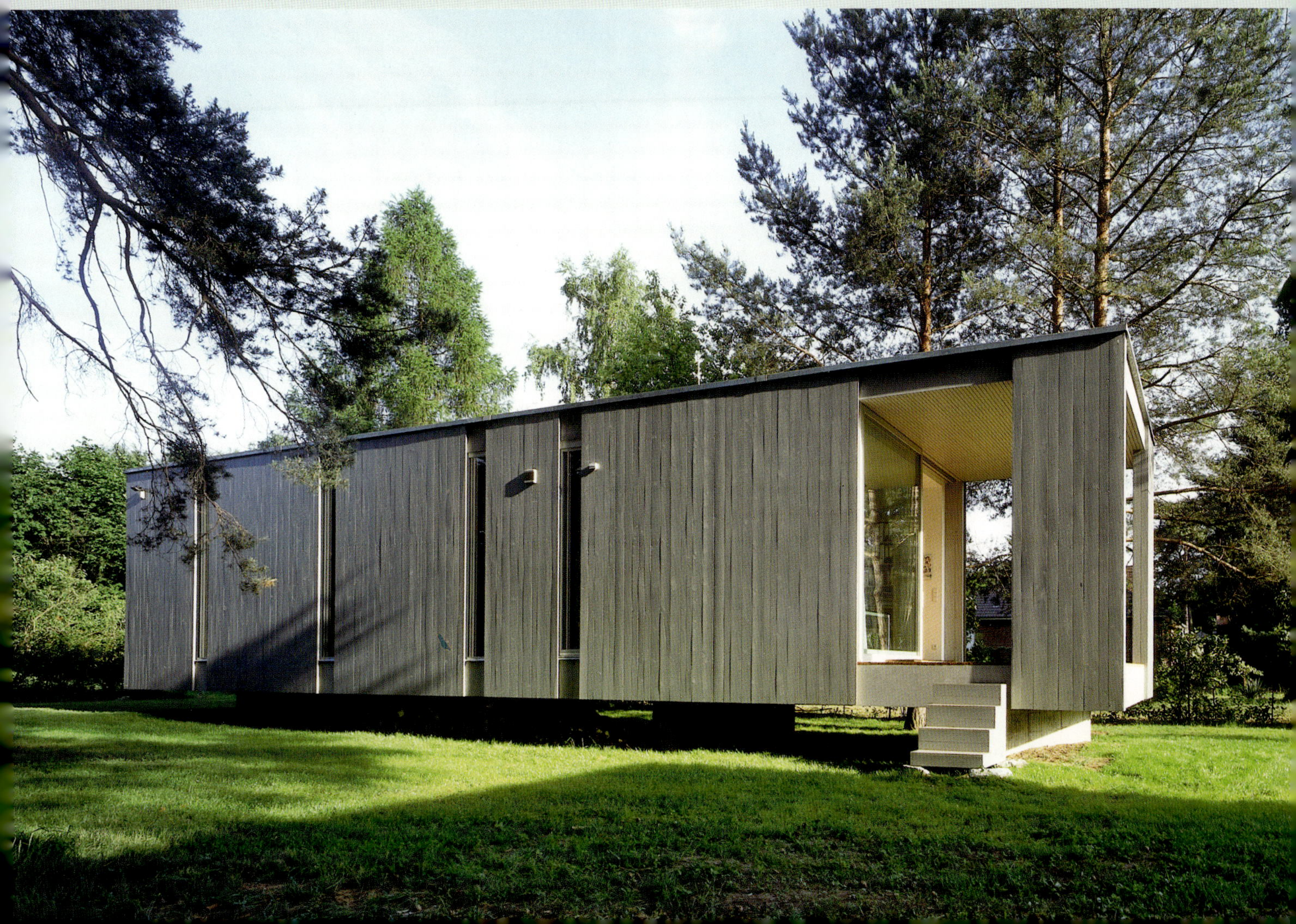

▌ Vollverglast öffnet sich das Wohnhaus im Osten zum Garten. Die Terrasse lädt zu einem Frühstück in der Morgensonne ein.

▌ Der Blick vom Studio hinüber auf das Wohnhaus zeigt die reizvolle räumliche Beziehung zwischen den beiden Baukörpern.

chen Funktionen aufgeteilt: Zuerst gelangt man in den Archivraum, darauf folgt das schallisolierte Regiezimmer und als Letztes der Aufnahmeraum. Vom Regieplatz hat man dank der Ausrichtung und Lage der Fenster einen Rundblick über das gesamte Grundstück. Die Bodenplatte des Studios ist auf Stelzen gestellt und scheint über dem Waldgrund zu schweben. Diese fehlende Bodenhaftung verleiht der geschlossenen Kubatur des Tonstudios Leichtigkeit, der Höhenversatz verhindert zudem den Blick vom Wohnhaus auf die Dachfläche.

Die minimierte Grundfläche und die einfache Konstruktion ohne tragende Innenwände führten zu niedrigen Baukosten und zu einer extrem kurzen Bauzeit für den Rohbau, die nur ungefähr zwei Wochen dauerte. Das konsequent an den Bedürfnissen der Bauherren orientierte Raumprogramm, einfache kubische Baukörper und der Verzicht auf eine Unterkellerung ermöglichen die Realisierung beider Gebäude innerhalb eines knappen Budgets. Dazu trugen auch die gewählten Konstruktionen bei: die Holzrahmenbauweise mit vorgefertigten Elementen für das Wohnhaus und die Stahlbetonfertigteilbauweise für das Studio. Die individuell gestaltete Lärchenholzschalung bekleidet beide Baukörper, die ein Ensemble mit hohem Wiedererkennungswert bilden.

▌ Das nach Osten orientierte Schlafzimmer bietet eine fantastische Aussicht auf das Grundstück.

▌ Der Büroraum des Studios besitzt eine zur Abendsonne ausgerichtete Terrasse. Eine deckenhohe, verglaste Schiebetür bildet einen variablen Raumabschluss zwischen beiden Bereichen.

Gebäudedaten

Grundstücksgröße:
2.070 m²
Wohnfläche:
104 m²
Zusätzliche Nutzfläche:
Wohnhaus: 16 m² (Büro)
Studio: 61 m²
Anzahl der Bewohner:
2

Bauweise:
Wohnhaus: Holzrahmenbau
Studio: Stahlbetonmassivbau
Baujahr:
2003
Baukosten pro m² Wohn- und Nutzfläche:
Wohnhaus: 1.190 Euro
Studio: 1.720 Euro
Baukosten gesamt:
248.000 Euro

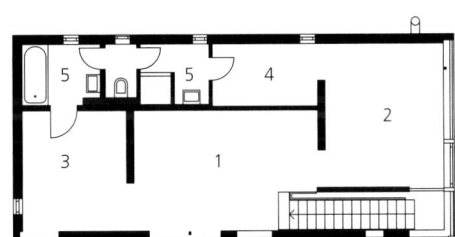

Obergeschoss Wohnhaus
M 1:200

1 Galerie
2 Schlafen
3 Gast
4 Ankleide
5 Bad

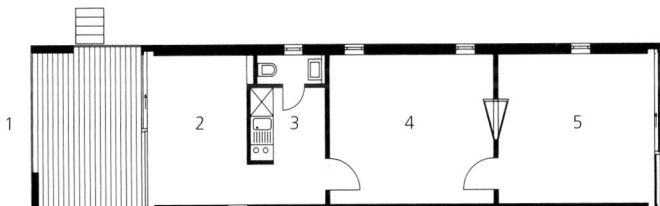

Erdgeschoss Tonstudio
M 1:200

1 Überdachte Terrasse
2 Büro/Archiv
3 Teeküche
4 Regie
5 Musik

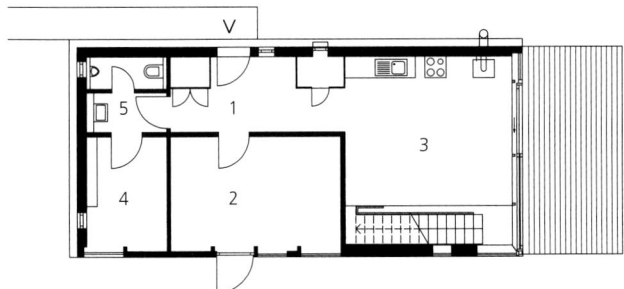

Erdgeschoss Wohnhaus
M 1:200

1 Eingang
2 Büro
3 Wohnküche
4 Technik
5 Gästebad

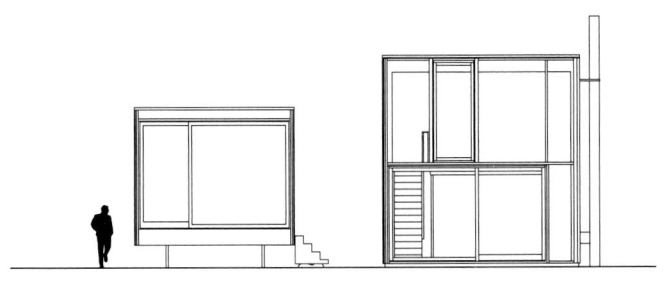

Ansicht Ost
M 1:200

■ **Massivbau in Berlin-Hohenschönhausen**
Architekten: Clarke und Kuhn, Berlin

Monolithisches Vorstadthaus

Lageplan

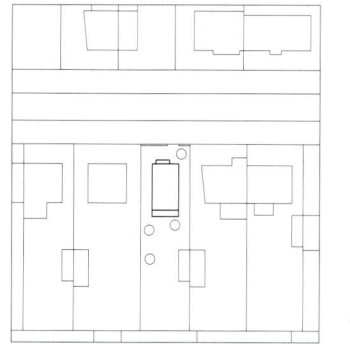

Das schmale Grundstück einerseits und die städtebaulichen Vorgaben andererseits bestimmen die Gestalt dieses Wohnhauses für eine dreiköpfige Familie. Der zweigeschossige Kubus wird auf der schmalen Seite im Norden erschlossen und grenzt im Süden an einen öffentlichen Sportplatz an. Von der Straße leicht zurückgesetzt bleibt die Nordseite geschlossen, während sich das Haus nach Süden zum Garten hin öffnet.

Die klar gegliederten Grundrisse weisen separate Einzelräume auf: Arbeits-, Gäste-, Ess- und Wohnzimmer liegen im Erdgeschoss, Kinder- und Elternschlafzimmer sowie ein weiterer Arbeitsraum befinden sich im ersten Obergeschoss. Die Nebenräume sind in beiden Ebenen um eine geradläufige Treppe herum konzentriert. Ein Balkon auf der Nordseite dient gleichzeitig der Überdachung des Eingangsbereichs. Auf der Gartenseite springt das Obergeschoss leicht zurück und schafft Platz für eine nach Süden orientierte Dachterrasse. Beide Grundrisse zeichnen sich durch minimale Erschließungsflächen aus, Größe und Zuschnitt der einzelnen Räume ermöglichen zudem eventuelle Nutzungsänderungen.

Massive Außenwände aus Porotonsteinen erlauben den Verzicht auf zusätzliche Wärmedämmmaßnahmen. Die Außen- und Innenseiten der Wände wurden lediglich noch verputzt. Für die Trennwände wählten die Architekten ebenfalls Porotonsteine, die anschließend mit Kalkzementputz bekleidet wurden. Die Geschossdecken sind in Stahlbeton ausgeführt. Sie unterstützen den Schallschutz und fungieren gleichzeitig als wertvoller Wärmespeicher. Zur Verbesserung des Raumklimas und zum Schutz vor Überhitzung im Sommer wurde das Flachdach extensiv begrünt.

Als Niedrigenergiehaus verfügt das Gebäude über ein gut durchdachtes Klimakonzept, das dazu beiträgt, die Betriebskosten gering zu halten. Hierzu gehört auch der bewusste Umgang mit Fassadenöffnungen: So verfügt die Nordseite über wenige, nicht allzu große Fensterflächen, während im Süden über raumhohe Glasfronten solare Gewinne erzielt werden, die im Winter einen wertvollen Beitrag zur Beheizung des Hauses liefern. Die Warmwasserbereitung erfolgt über eine Solaranlage auf dem Dach. Eine Brennwerttherme führt zu weiteren Energieeinsparungen bei Heizung und Warmwassererzeugung.

Ausgesprochen kostendämpfend wirken sich auch hier der Verzicht auf einen Keller, die vergleichsweise geringen Deckenspannweiten und die Standardisierung der Öff-

▍Ein Balkon auf der Nordseite fasst die Fassadenöffnungen optisch zusammen und beschirmt zudem den Eingang.

nungselemente in den Fassaden aus. Was den Innenausbau betrifft, sind Bauherren, die ihr Budget nicht überstrapazieren wollen und trotzdem auf ein ansprechendes Ambiente nicht verzichten möchten, gut beraten, preiswerte Materialien auszuwählen, die sich mit kostenintensiven Alternativen messen lassen können. So haben sich die Bauherren bei dem Wohnhaus in Hohenschönhausen für Putz als Innen- und Außenbekleidung der Wände entschieden. Als Fußbodenbelag wurden im Innenraum Betonwerkstein, Parkett und Fliesen verwendet.

▌ Mit der großzügigen Dachterrasse verfügt auch das Obergeschoss über einen zum Garten gewandten Außenbereich.

▌ Verglaste Schiebetüren trennen Ess- und Wohnbereich voneinander. Bei Bedarf entsteht ein großer, zusammenhängender Raum.

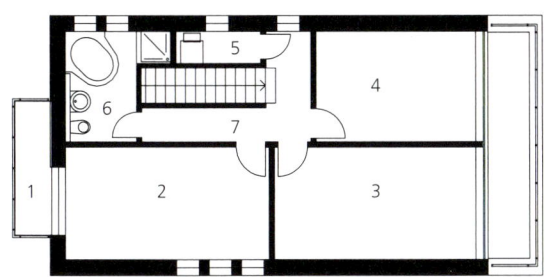

Obergeschoss
M 1:200

1 Balkon
2 Kinder
3 Arbeiten
4 Schlafen
5 Abstellraum
6 Bad
7 Flur

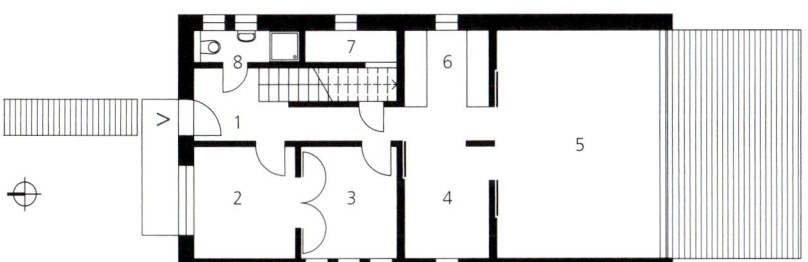

Erdgeschoss
M 1:200

1 Eingang
2 Arbeiten
3 Gast
4 Essen
5 Wohnen
6 Küche
7 Hausanschlussraum
8 Gästebad

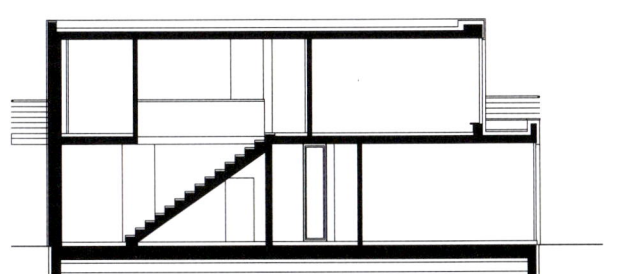

Längsschnitt
M 1:200

▌ Blick in den Flur im Obergeschoss: Holzparkett mit eingelassenen Bodenleuchten, Holztüren mit Edelstahlbeschlägen und weiß geputzte Wände wirken gediegen.

Gebäudedaten

Grundstücksgröße:
580 m²

Wohnfläche:
139 m²

Anzahl der Bewohner:
3

Bauweise:
Massivbau mit Porotonsteinen und Betondecken

Baujahr:
2000

Baukosten pro m² Wohn- und Nutzfläche:
1.094 Euro

Baukosten gesamt:
152.000 Euro

Massivbau in Dortmund
Architekt: Thomas Schmidt, Dortmund

Erdverbunden

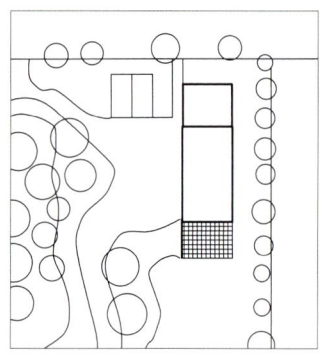

Lageplan

Hinter dem Parkplatz der Dortmunder Universität würde kaum jemand ein Wohnhaus vermuten. Kein Wunder, dass selbst die Nachbarn fragten, ob der schlichte hellgraue Kasten, der zwischen den Büschen hindurchscheint, vielleicht ein neues Stromhäuschen sei. Bei genauerer Betrachtung des Geländes stellt sich jedoch die hohe Qualität des Grundstücks heraus: Es ist mit alten Bäumen bewachsen und von Höhenlinien durchzogen.

Das auf drei Ebenen organisierte Haus reagiert auf den Baumbestand, indem es als ein Platz sparender, einfacher Baukörper halbgeschossig ins Erdreich eingegraben und mit der Schmalseite zum Südhang orientiert wurde. Nach Westen zeigt sich ein verputzter Kubus, dem ein niedrigerer Ziegelbau vorgesetzt ist. Auf dieser Seite befindet sich der Eingang, der das Haus in der Mitte erschließt.

Hangaufwärts liegen Schlafzimmer, Bad und Gäste-WC. Hangabwärts gelangt man über eine offene Galerie und eine Treppe hinunter in die Wohnebene. Die vollverglaste Südfassade gibt den Blick ins Grüne frei. Über eine Terrasse ist der Wohnraum im Untergeschoss niveaugleich mit dem Garten verbunden. Im rückwärtigen Teil schließen sich eine Küche und Nebenräume auf dieser Ebene an. Über eine außen liegende Treppe gelangt man auf der Nordseite in die dritte Ebene des Hauses, die als Arbeitsbereich dient und vom Wohnen räumlich getrennt ist. Wie ein Turmzimmer bekrönt der Arbeitsraum den lang gestreckten Baukörper. Da sich das Gebäude dem Gelände folgend abtreppt, entstand eine 60 Quadratmeter große, begrünte Dachterrasse, welche als Rasendach dem separaten Arbeitsbereich zugeordnet ist. Der zweigeschossige Nordflügel hebt sich mit seiner grau verputzten Fassade deutlich von dem in den Hang geschobenen, verklinkerten Baukörper ab.

Die hinterlüftete Außenschale der tragenden Stahlbetonwände besteht aus Fehlbrand-Klinkern. Dieses Material bekleidet die Wände teilweise auch im Inneren, sodass das Haus mit dem Gelände zu verwachsen scheint. Die Einbeziehung der Natur zeigt sich auch in der Anordnung und Gestaltung der Fensteröffnungen. So ermöglicht zum Beispiel das lang gestreckte Fenster in der Westfassade, das als 4,5 Meter langer Schlitz in die Klinkerfront geschnitten ist, den Einfall der Nachmittagssonne.

Die Wirtschaftlichkeit des Hauses beruht auf seiner einfachen Konstruktion mit tragenden Außenwänden und nur einer tragenden Querwand. Der schmale Baukörper ermöglichte den Einsatz kostengünstiger Filigrandecken, die

■ Auf der Eingangsseite im Westen präsentiert sich das Haus geheimnisvoll mit lukenkleinen Fenstern und einem schmalen Schlitz in der Klinkerfassade.

■ Die großzügige Glaswand der Südfassade öffnet sich zu einem parkartigen Grundstück mit altem Baumbestand.

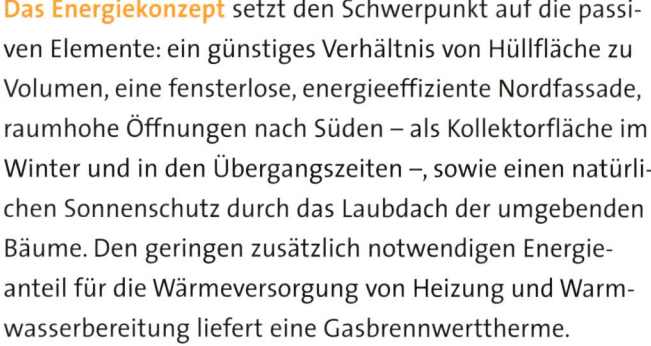

als Fertigteile eingebaut wurden. Alle Materialien wie Ziegel, Holzböden, Holzfenster, Holzinnentüren, einlagiger Gipsspachtelputz und ein mineralischer Außenputz stehen nicht nur für das umweltfreundliche, sondern auch günstige Materialkonzept des Hauses.

Das Energiekonzept setzt den Schwerpunkt auf die passiven Elemente: ein günstiges Verhältnis von Hüllfläche zu Volumen, eine fensterlose, energieeffiziente Nordfassade, raumhohe Öffnungen nach Süden – als Kollektorfläche im Winter und in den Übergangszeiten –, sowie einen natürlichen Sonnenschutz durch das Laubdach der umgebenden Bäume. Den geringen zusätzlich notwendigen Energieanteil für die Wärmeversorgung von Heizung und Warmwasserbereitung liefert eine Gasbrennwerttherme.

▌ Oben: Ein filigranes Stahlgeländer an Treppe und Galerie verknüpft die beiden Wohnebenen. Unter der Galerie befindet sich die offene Küche.

▌ Vom Galeriegeschoss auf Eingangsebene schweift der Blick hinunter in Wohnbereich und Garten.

▌ Auch im Turmzimmer entstehen durch das Übereckfenster und die angrenzende Dachterrasse reizvolle Außenbezüge.

Gebäudedaten

Grundstücksgröße:
430 m²

Wohnfläche:
147 m²

Terrasse:
60 m²

Anzahl der Bewohner:
2

Bauweise:
Massivbau (Stahlbeton, Ziegel)

Baujahr:
2000

Baukosten pro m² Wohn- und Nutzfläche:
1.085 Euro

Eigenleistung:
11.000 Euro

Baukosten gesamt:
181.000 Euro

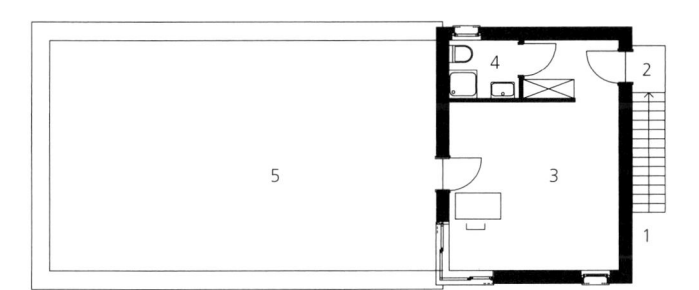

Obergeschoss
M 1:200

1 Außentreppe
2 Eingang
3 Arbeiten
4 Bad
5 Dachterrasse

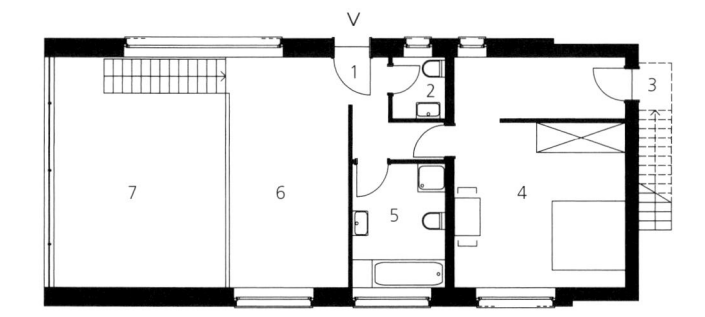

Erdgeschoss
M 1:200

1 Eingang
2 Gäste-WC
3 Nebeneingang
4 Schlafen
5 Bad
6 Galerie
7 Luftraum

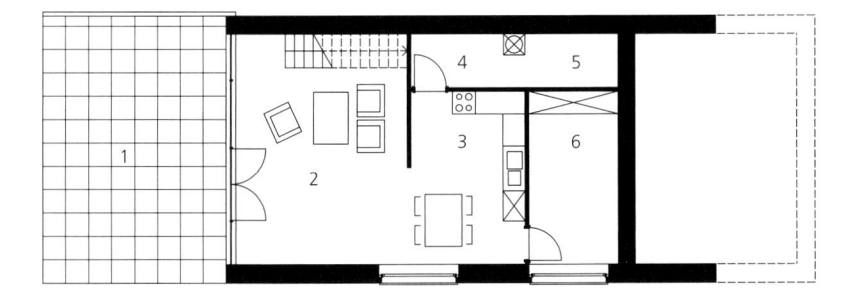

Untergeschoss
M 1:200

1 Südterrasse
2 Wohnen
3 Küche
4 Vorräte
5 Heizung/Hausanschluss
6 Abstellraum

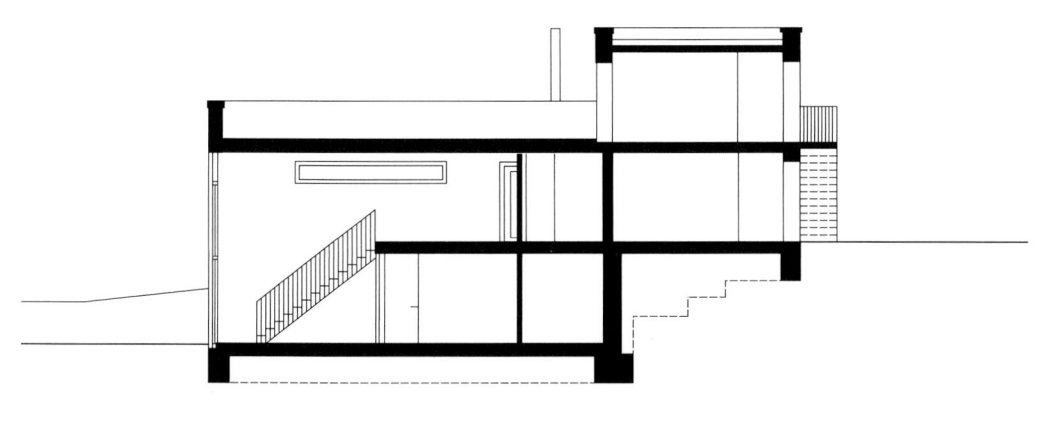

Längsschnitt
M 1:200

■ **Holzbau in Kronberg**
Architekt: Wolfgang Ott, Kronberg

Präzision als Programm

Lageplan

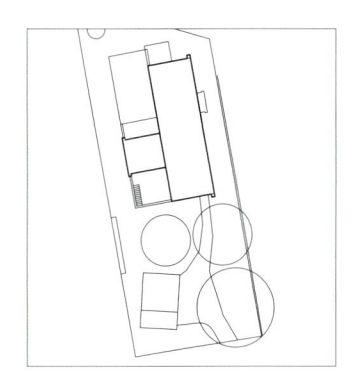

Eine ehemalige Kegelbahn bestimmt die Eigenart des Grundstücks: in nordsüdlicher Richtung schmal und lang, folgt es in ostwestlicher Richtung in Terrassen der Hanglage. Das Wohnhaus fügt sich behutsam in die natürliche Topografie ein – mit einer Stützmauer aus Sichtbeton im Osten sowie einem über dem Gelände schwebenden Speisepavillon im Westen. Zwei alte Linden umrahmen die Eingangsseite im Süden, der rückwärtige Teil des Grundstücks grenzt an ein Landschaftsschutzgebiet. Ein Carport mit Abstellraum schließt an die Straße an, das Wohnhaus selbst hält respektvoll Abstand zu den beiden Bäumen.

Man betritt das Gebäude über drei Stufen auf der Schmalseite. Gewissermaßen als Rückgrat dient die rückwärtige, hoch gedämmte massive Speicherwand. Vom Eingangsbereich mit Windfang stellt eine elegante Mittelholmtreppe mit aufgesattelten Holzstufen die Verbindung ins Obergeschoss her. Die Küche ist nicht nur der räumliche sondern auch der Lebens-Mittelpunkt des Hauses. Durch den konsequenten Verzicht auf überflüssige Details – wie etwa Griffleisten und die üblichen profilierten Umleimer an Arbeitsplatten – gewinnt die Küche eine schlichte Eleganz, ohne dabei auf funktionale Qualitäten zu verzichten. Daran angegliedert ist das Esszimmer und das zwei Stufen tiefer liegende Wohnzimmer, von dem aus man die Holzterrasse betritt. Die Kinder- und Schlafzimmer sind um einen Spielflur im Obergeschoss angeordnet. Gästebereich, Arbeits-, Abstell- und Technikräume befinden sich im Untergeschoss. Der Lichthof, der Steingarten unter dem aufgeständerten Esspavillon sowie die Holzterrasse bilden parallel zum Wohnhaus eine Vorzone, die den Übergang zu der einfach gestalteten Gartenanlage herstellt.

Die Anordnung von Pfosten und Riegeln innerhalb der vorgefertigten Wandtafeln lässt sich an den Fugen in der Fassadenbekleidung aus wasserfest verleimtem Sperrholz deutlich ablesen. Als Füllungen für die Gefache der Holzständerwände dienen entweder festverglaste Elemente, Fenster und Türen oder Sperrholzplatten. Selbst die 24 Zentimeter dicken Brettstapeldecken sind im Fugenbild der holzverschalten Wetterhaut zu erkennen. Die Fassaden werden durch ein leicht geneigtes, weit auskragendes, mit Titanzink gedecktes Dach geschützt. Ein dreiseitig umlaufendes Glasband trennt das Dach optisch vom übrigen Baukörper und belichtet das Obergeschoss.

Hinter der Fassadenbekleidung aus Holz liegen die Sonnenschutzlamellen verborgen. Über diese variablen Elemente der Außenwandkonstruktion können Einblicke,

▌ Als Langhaus mit Quervorbau passt sich das Gebäude dem schmalen Grundstück an. Durch geschickte Staffelung in der Tiefe werden öffentliche und private Zonen geschaffen.

▌ Das leicht geneigte Pultdach mit dreiseitigem Dachüberstand bildet eine verschattete Attikazone, die für ein umlaufendes Glasband genutzt wird. Auf diese Weise wird das Dach vom Baukörper abgelöst und scheint zu schweben – geradeso wie das quer gestellte, aufgeständerte Esszimmer.

Gebäudedaten

Grundstücksgröße:
762 m²

Wohnfläche:
198 m²

Zusätzliche Nutzfläche:
72 m²

Anzahl der Bewohner:
4

Bauweise:
Holzständerbau

Baujahr:
2002

Baukosten pro m² Wohn- und Nutzfläche:
1.250 Euro

Baukosten gesamt:
250.000 Euro
(ohne Kellergeschoss)

Ausblicke und die Lichtintensität je nach Bedarf gesteuert werden. Durch die äußerst präzisen geschliffenen und lasierten Oberflächen der Sperrholzplatten ist es gelungen, sich von dem sägerauen und rohen Erscheinungsbild anderer Holzhäuser abzuheben und nach außen den Eindruck eines fein gearbeiteten Holzmöbels entstehen zu lassen.

▌ Großformatige, verglaste Schiebeelemente öffnen den Wohn- und Essbereich auf breiter Front zu der vorgelagerten Holzterrasse.

▌ Offene Küche, Ess- und Wohnraum sind im rechten Winkel zueinander angeordnet und werden durch die transparenten Außenwände auch optisch miteinander verbunden. Leichte Niveausprünge und unterschiedliche Materialien definieren verschiedene Zonen zwischen Innen- und Außenraum.

▌ Durch die Reduktion auf das Wesentliche wird die Küche im Zentrum des Hauses zu einem Blickfang.

▌ Die von einem stählernen Mittelholm gestützten Holzstufen heben sich von dem Steinboden ab und führen in geradem Lauf ins Obergeschoss.

▌ Die Lamellenraffstores liegen außen vor der Glasebene, fast flächenbündig mit den Sperrholzpaneelen der Gebäudehülle. Sie sind nicht nur ein wirksamer Sonnenschutz, sondern regulieren auch Aus- und Einblicksmöglichkeiten.

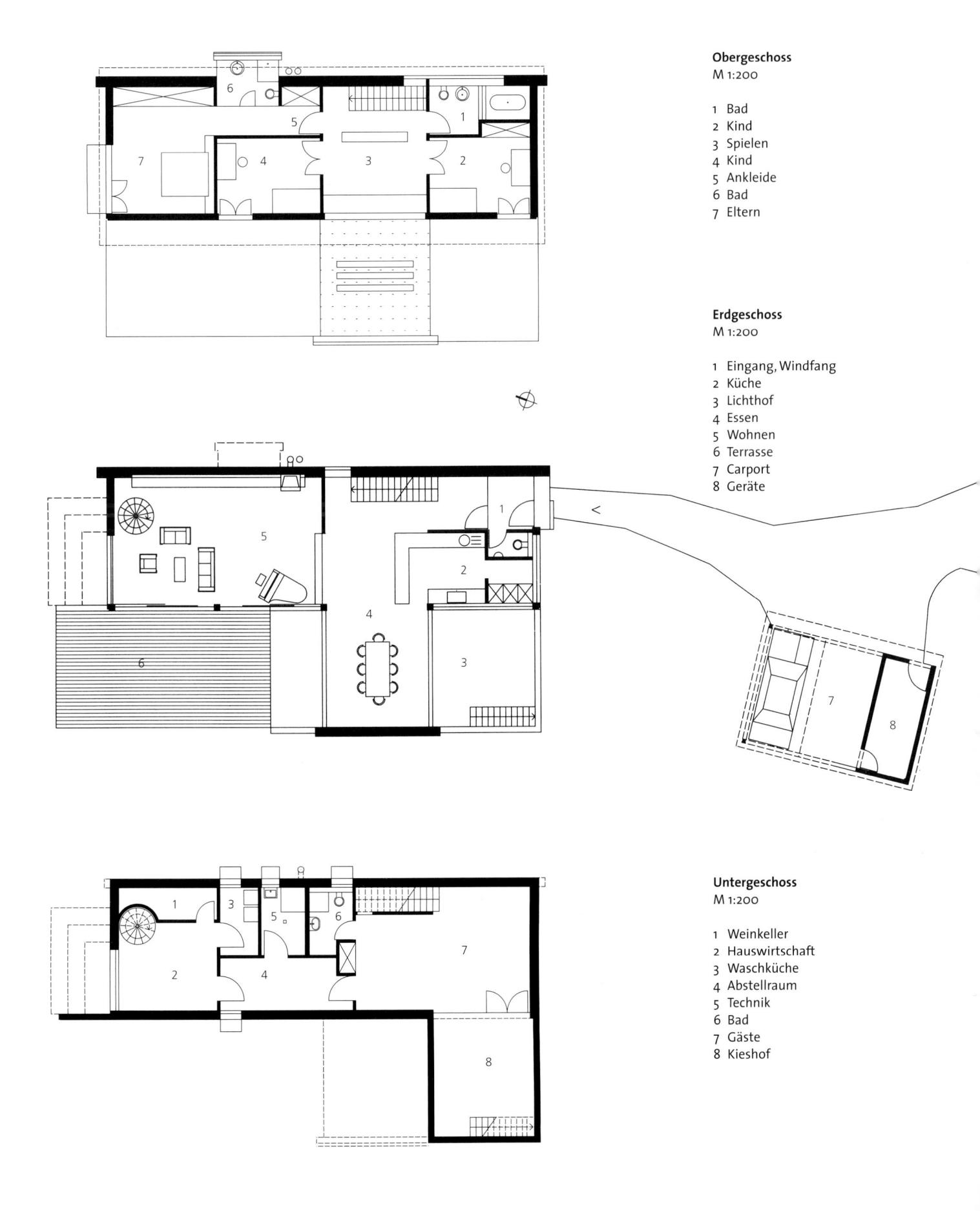

Obergeschoss
M 1:200

1 Bad
2 Kind
3 Spielen
4 Kind
5 Ankleide
6 Bad
7 Eltern

Erdgeschoss
M 1:200

1 Eingang, Windfang
2 Küche
3 Lichthof
4 Essen
5 Wohnen
6 Terrasse
7 Carport
8 Geräte

Untergeschoss
M 1:200

1 Weinkeller
2 Hauswirtschaft
3 Waschküche
4 Abstellraum
5 Technik
6 Bad
7 Gäste
8 Kieshof

Wohnhaus mit Atelier in Gleißenberg
Architekten: Florian Nagler Architekten, München

Ländlich, pragmatisch, schön

Lageplan

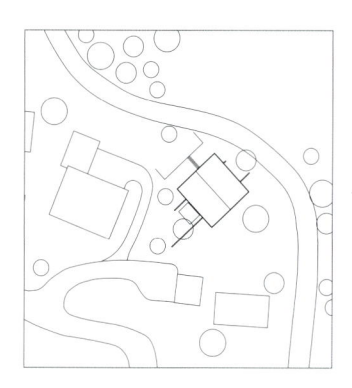

Am Übergang vom Bayerischen Wald zum Böhmerwald, im äußersten Osten Bayerns, haben die Bauherren für sich und ihre vier Kinder ein Wohnhaus mit Atelier errichtet. Dort auf dem Land, am Ortsrand des 1.000-Einwohner-Dorfes Gleißenberg fand der mit großformatigen Holzschnitten arbeitende Künstler Peter Lang die Möglichkeit, das Projekt „Wohnen und Arbeiten in den eigenen vier Wänden" zu verwirklichen. Viel Platz, Ruhe zum Arbeiten und ein Quadratmeterpreis von 15 Euro waren überzeugend genug, das Bauprojekt zu wagen. Mithilfe des befreundeten Architekten und mit viel Eigenleistung entstand das Haus, das in seiner zeichenhaften Einfachheit einerseits vertraut, durch seine innovative Materialwahl anderseits aber fast irritierend wirkt.

Abgesehen von dem mit Zedernholzschindeln gedeckten Dach, das außerordentlich harmonisch wirkt, bestehen die Fassaden aus Kunststoff: Polycarbonat-Dreifach-Stegplatten sind ein sehr wirtschaftliches Baumaterial, aus dem man eine wärmedämmende, transluzente Gebäudehülle errichten kann. Sie lassen das Haus opak bis transparent erscheinen. Dort, wo die Fassaden geschlossen sind, schimmert eine Holzschalung durch die durchsichtige Außenhaut. An anderer Stelle, wie im Atelier, trägt der Tageslichteinfall zur Ausleuchtung der Werkstatt bei und man erkennt hinter der Kunststoffhülle zart die Gefache einer tragenden Pfosten-Riegel-Konstruktion. Einzelne, gezielt in diese Hülle eingeschnittene Fensteröffnungen zeigen die Landschaft von innen als Ausschnitt – wie auf einem Tableau.

Horizontal ist das Haus in drei Ebenen geteilt. Die unterste Ebene besteht aus einer Art Kastenfundament, das den Hang abfängt und in seinem Inneren Platz für eine Werkstatt und Nebenräume bietet. Hangabwärts bildet es, zusammen mit der darüber liegenden Bodenplatte, einen großen witterungsgeschützten Freiraum, wo Holz gestapelt und Fahrzeuge untergestellt werden können.

Das Wohngeschoss entwickelt sich auf einer Fläche von 13 mal 13 Metern und zeigt eine kreuzförmige Raumaufteilung mit einem zentralen Essbereich in der Mitte des Hauses. In den Ecken des quadratischen Grundrisses sind abgetrennte Räume angeordnet: das Elternschlafzimmer im Nordwesten, das Bad im Nordosten sowie jeweils zwei Schlafkammern im Südwesten und Südosten. Der verbleibende offene Raum ist als ein zusammenhängender Bereich für Wohnen, Essen und Kochen zu verstehen. Nach Südwesten führt eine Glastür auf eine Holzterrasse, die

▌ Im Südwesten lädt eine Holzterrasse ins Freie ein. Die runden Öffnungen unter der Traufe dienen der Entlüftung des Pufferraums zwischen Außenwand und transluzenter Vorsatzschale. Im Winter und in den Übergangsjahreszeiten bleiben die Luftklappen geschlossen, im Sommer verhindert die Durchlüftung einen Hitzestau.

▌ Bodenständig fügt sich das Haus in die sanften Hügel des Böhmerwalds. Schindeldach und Holzfachwerk bewirken den Eindruck des Vertrauten.

Gebäudedaten

Grundstücksgröße:
1.000 m²
Wohnfläche:
138 m²
Zusätzliche Nutzfläche:
130 m² (Atelier)
Anzahl der Bewohner:
6
Bauweise:
Holztafelbau mit hinterlüfteter Wetterschale aus Polycarbonat-Dreifach-Stegplatten

Baujahr:
2001
Baukosten pro m² Wohn- und Nutzfläche:
701 Euro
Eigenleistung
60.000 Euro
Baukosten gesamt:
188.000 Euro

▪ Oben: Die transluzente Hülle dient der Tagesbelichtung des Hauses. Wie durch einen Schleier bildet sich die dahinter liegende Holzkonstruktion ab.

▪ Unten: Blick in das geräumige Atelier des Künstlers.

sich über Stahlträger auf die beiden Fundamentstreifen abstützt. Durch einen Ausgang im Nordosten gelangt man unmittelbar auf das Rasengrün des Abhangs.

Das Dachgeschoss ist ein einziges großes Atelier für den Künstler, von der Wohnung vollkommen getrennt und nur über eine Außentreppe von Nordwesten her erreichbar. Die transluzenten Giebelflächen sorgen für die Tagesbelichtung des Ateliers. Ein großes Kastenfenster im Südostgiebel rahmt die Landschaft ein.

Die preiswerten Materialien Kunststoff und Holz, ein hoher Anteil an Eigenleistung seitens der Bauherren, die Minimierung der Kellerräume, die Vorfertigung tafelförmiger Elemente und das simple Stecksystem der Kunststoff-Außenhaut ermöglichten die Errichtung dieses Hauses innerhalb des genannten Budgets. Durch Sonnenkollektoren auf dem Dach, die Energie für die Warmwasserbereitung liefern, sowie eine Holzscheitheizung werden die Betriebskosten auf ein Minimum reduziert.

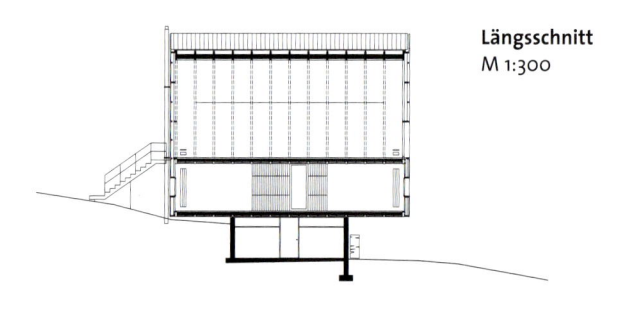

▪ Das Atelier im Obergeschoss ist über eine Freitreppe im Nordgiebel zu erreichen.

▪ Durch knappe Aluminiumprofile wird der Übergang zwischen dem Schindeldach und der transluzenten Außenhaut gelöst.

Längsschnitt
M 1:300

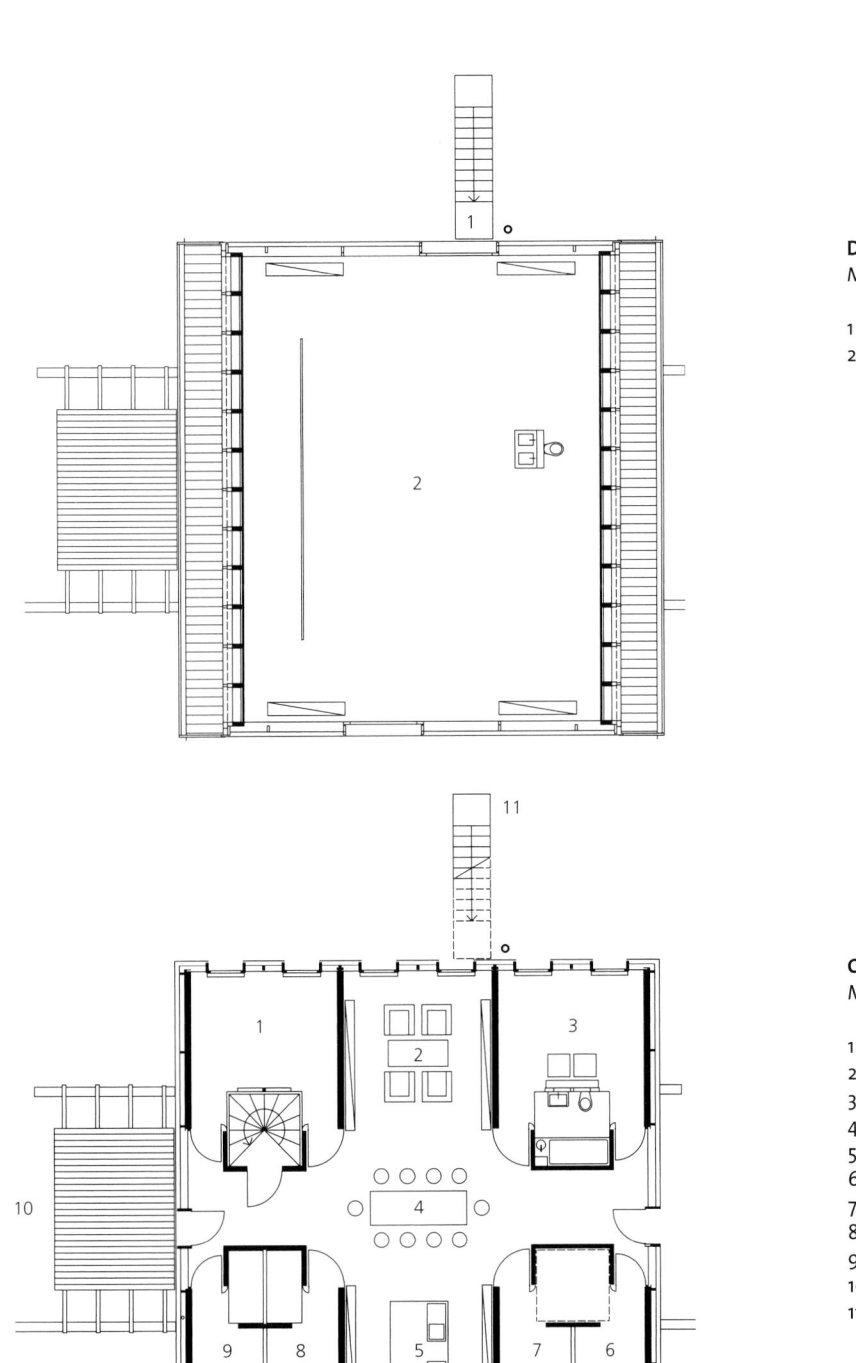

Dachgeschoss
M 1:200

1 Eingang
2 Atelier

Obergeschoss
M 1:200

1 Schlafen
2 Wohnen
3 Bad
4 Essen
5 Küche
6 Kind
7 Kind
8 Kind
9 Kind
10 Holzterrasse
11 Außentreppe

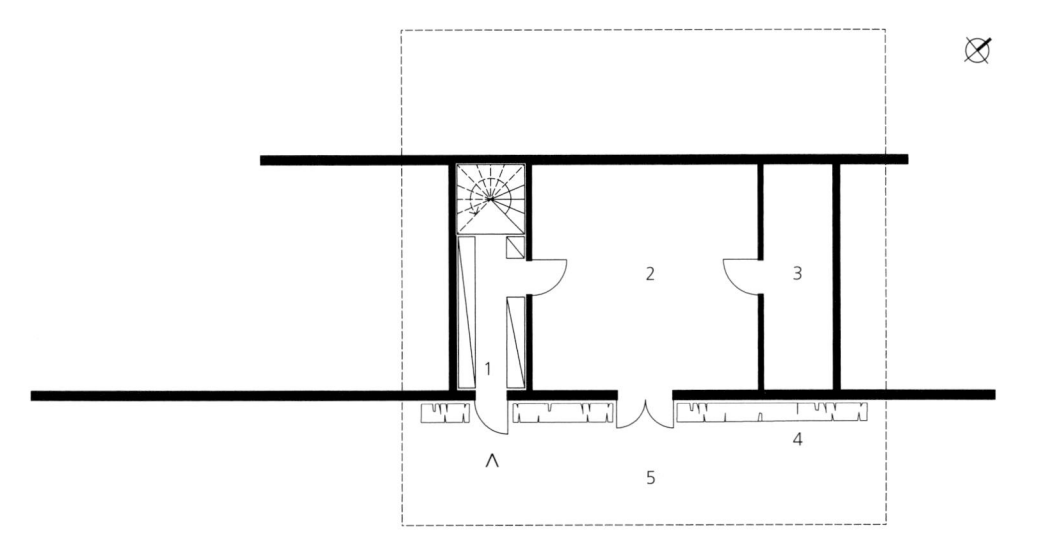

Erdgeschoss
M 1:200

1 Eingang
2 Werkstatt
3 Hausanschluss/Heizung
4 Holzscheite
5 Unterstand

■ Atriumhaus in Lehrensteinsfeld
Architekten: bau|werk|stadt, Stuttgart

Introvertiert

Lageplan

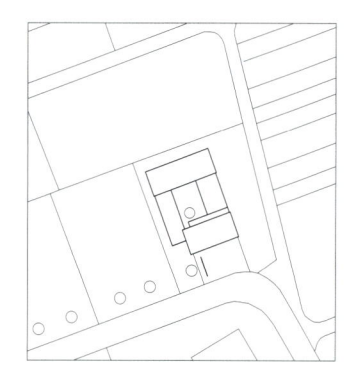

Für neugierige Blicke undurchdringlich präsentiert sich das Hofhaus am Ortsrand von Lehrensteinsfeld. Unmittelbar hinter dem Gebäude beginnt ein reizvolles, von sanften Hügeln geprägtes schwäbisches Weinbaugebiet. Das Haus selbst liegt jedoch in einem Mischgebiet mit teilweise unattraktiver Gewerbebebauung. Der Bauherr ist leidenschaftlicher Sammler von Oldtimern und wünschte Blickkontakt zu seinen Preziosen. Aus diesen Vorgaben entwickelten die Architekten ein ungewöhnliches Gebäude, das auf den heute eher seltenen Bautyp des Hofhauses zurückgreift.

Der in die vier Funktionsbereiche Arbeiten, Wohnen, Schlafen und Garage gegliederte Baukörper umfasst einen großzügigen Innenhof. Alle Fassaden zum Hof sind vollständig verglast. Die Transparenz im Inneren steht in vollkommenem Gegensatz zu dem geschlossenen Äußeren und definiert eine private Binnenzone. Ein großes Kastenfenster in der Ostfassade, das eine Blickbeziehung in die Weinberge entstehen lässt, ist neben dem Eingang die einzige Öffnung zur Umgebung. Das Atrium wird zum erweiterten Wohnraum für die Familie – sein geschützter Garten bildet einen zentralen Treffpunkt. Der Südflügel nimmt eine Garage mit vier Stellplätzen auf.

Durch einen überdachten Eingang neben der Garage erreicht man das Innere des Hauses. Sämtliche Räume sind über Glastüren mit dem Hof verbunden, sodass das offene Atrium – ganz wie bei antiken Vorbildern – auch als Erschließungsraum dient. Selbstverständlich kann man aber auch innerhalb des Gebäudes von Raum zu Raum gelangen. Der Westflügel beinhaltet drei Büroräume, einen Technikraum und eine Nasszelle und mündet in den Nordflügel, der sich als großer offener Wohn- und Essraum mit eingestelltem Küchenblock präsentiert. Im östlichen Flügel schließlich befinden sich ein großes Bad, das Eltern- und ein Kinderzimmer.

Die Transparenz im Inneren wurde durch einen Holzskelettbau ermöglicht, bei dem die einzelnen Gebäudeflügel jeweils frei überspannt werden. Für die breiteren Nord- und Südflügel wurde eine expressive Rahmenkonstruktion mit Pultdächern entworfen, für die schmalen Ost- und Westflügel eine flache Balkendecke gewählt. Die geschlossenen Außenwände wurden in Tafelbauweise errichtet. Ein konsequent durchgehaltenes Konstruktionsraster mit Achsmaßen von 1,20 mal 5,80 Metern ermöglichte die Minimierung der Bauteile, sodass ein kostengünstiges Bausystem entwickelt werden konnte.

▌Die gegeneinander geneigten Pultdächer deuten ein Satteldach an und erfüllen auf diese Weise die Vorgaben des Bebauungsplans.

▌Das große Kastenfenster im Osten bietet die einzige, aber sehr attraktive Aussicht in die Weinberge.

▌Zwischen Garage und Büroflügel liegt der überdachte Zugang zum Haus.

▍Der 70 Quadratmeter große Innenhof bietet einen geschützten Garten und einen Essplatz unter freiem Himmel.

▍Der Wohnraum präsentiert sich als großzügige Raumflucht. Im Hintergrund erkennt man das Kastenfenster in der Ostfassade.

▍Die frei in den Raum gestellten Sanitärinstallationen und der Ausblick in den Patio lassen ein südländisches Lebensgefühl aufkommen.

Die sich zueinander öffnenden Pultdächer tragen dem Bebauungsplan, der geneigte Dächer verlangt, Rechnung. Aus dieser Vorgabe entstand ein individuelles und originelles Architekturelement. Die intelligente Halbrahmenkonstruktion erübrigt Aussteifungsmaßnahmen im Bereich der Atriumfassaden, die deshalb voll verglast werden konnten. Das Lehrensteinsfelder Haus demonstriert eindrucksvoll die Wirtschaftlichkeit eines erdgeschossigen Hofhauses, bei dem alle Funktionen auf einer Ebene angeordnet sind. Zudem erfüllt das Haus den Niedrigenergiestandard.

Gebäudedaten

Grundstücksgröße:
1.114 m²

Wohnfläche:
233 m²

Zusätzliche Nutzfläche:
64 m²

Anzahl der Bewohner:
3

Bauweise:
Holzskelettbau

Baujahr:
2001

Baukosten pro m² Wohn- und Nutzfläche:
570 Euro

Baukosten gesamt:
216.500 Euro

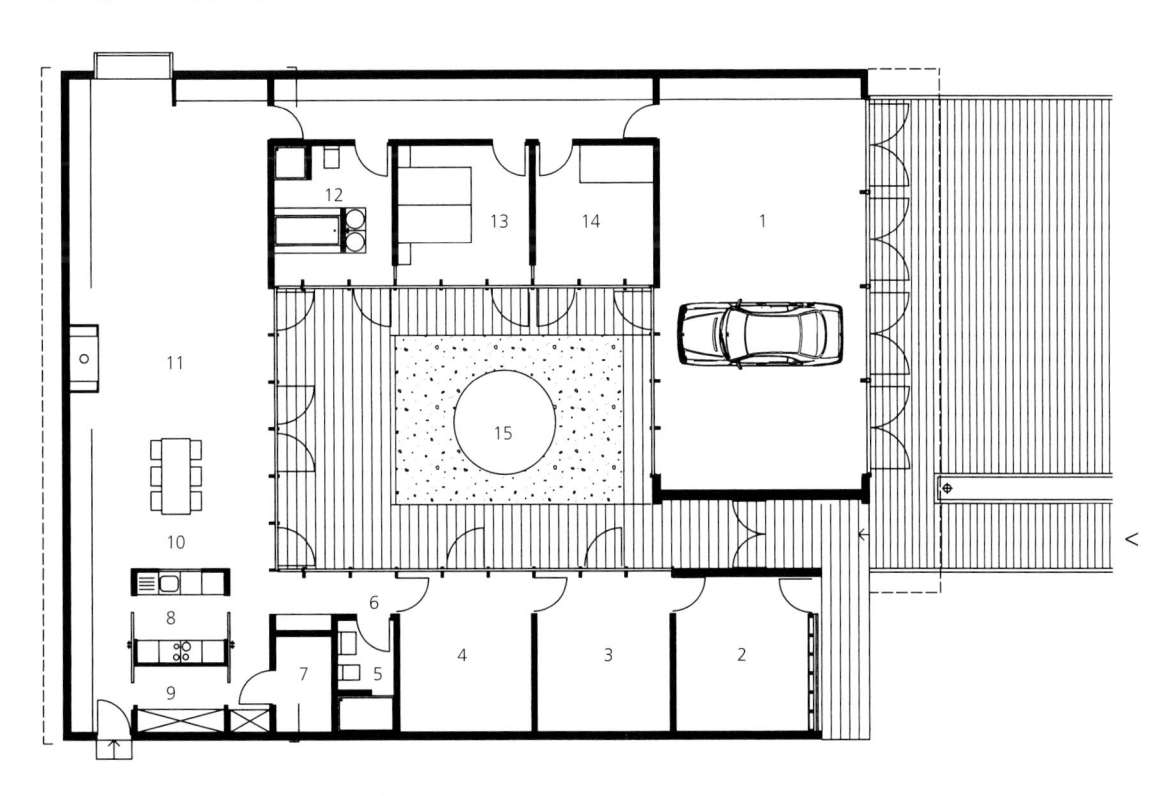

Erdgeschoss
M 1:200

1 Garage
2 Arbeiten
3 Arbeiten
4 Arbeiten
5 Bad
6 Flur
7 Technik
8 Küche
9 Hauswirtschaftsraum
10 Essen
11 Wohnen
12 Bad
13 Eltern
14 Kind
15 Atrium

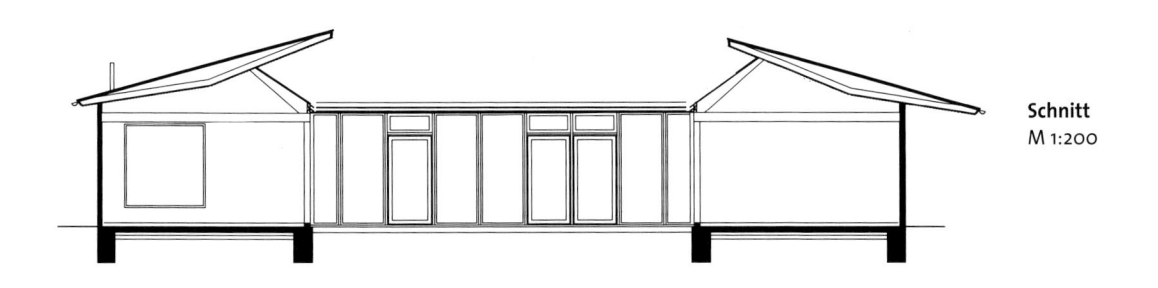

Schnitt
M 1:200

■ **Wohnensemble in Pleidelsheim**
Architekten: Architektur 109, Stuttgart

Elternhaus mit Kinderhaus

Lageplan

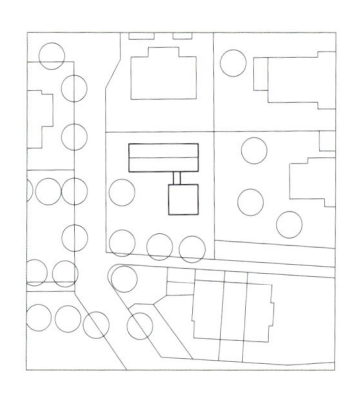

Ein freies Grundstück am Übergang zweier Wohnquartiere in Pleidelsheim bot einer vierköpfigen Familie die Gelegenheit, ihren Traum vom individuellen Wohnen zu verwirklichen. Den Wunsch der Bauherren nach einem separaten Kinderhaus nahmen die Architekten zum Anlass, differenzierte Außenräume zu schaffen, die zusammen mit der Umgebungsbebauung und einem angrenzenden Spielplatz ein grünes Karree bilden. Zwischen dem schmalen Elternhaus und dem quadratischen Kinderhaus entsteht ein gut geschützter Innenhof mit einer großen Terrasse, die das Wohnen im Freien ermöglicht.

Das Wohngebäude wird über die Nordseite des Haupthauses erschlossen. Der Flur trennt im Erdgeschoss den Hauptraum für Kochen, Essen und Wohnen von der Speisekammer und dem Hauswirtschaftsraum. Über einen verglasten Steg erreicht man in Verlängerung des Eingangs das Kinderhaus. Im Obergeschoss des Haupthauses liegen die Individualräume der Eltern. Während sich der Wohn-Ess-Bereich mit vier raumhohen Drehtüren innerhalb der geschosshohen Glaswand zur Terrasse und zum Garten hin öffnet, sind die weiteren Fassaden als Lochfassaden mit Einzelfenstern – entsprechend der Nutzung der Zimmer und ihrer Orientierung – ausgeführt.

Auf die wasserundurchlässige Stahlbetonkonstruktion des Untergeschosses wurden vorgefertigte Holztafelbau-Elemente montiert. Das Satteldach wurde aus zwei jeweils 15 Meter langen Dachhälften aufgesetzt. Die äußeren Wandelemente sind zwischen den Holzpfosten mit Zellulose wärmegedämmt. Auf eine wandinnenliegende Installationsschicht wurde verzichtet, die horizontale Verteilung der Versorgungsleitungen erfolgt über eine Zwischendecke entlang der Südfassade.

Das Gebäude besteht aus rein ökologischen Baumaterialien, auch Holzschutzmittel oder dergleichen kamen nicht zum Einsatz. Das Kinderhaus wurde in altem Klempnerhandwerk mit Quadratrauten aus Titanzink beplankt. Damit das Gebäude im vorgegebenen Kostenrahmen bleiben konnte, haben sich die Architekten etwas einfallen lassen: Der Fußboden des Wohnhauses besteht aus lackiertem, schwarzem Gussasphalt. Anstelle von Fliesen wurden in den Bädern Fassadenplatten aus Faserzement eingebaut. Ein einfacher Maschendraht dient als Geländersicherung der offenen Treppe.

Die Holzschalung der Außenhaut besteht aus unbehandeltem Lärchenholz, das mit der Zeit eine silbergraue Patina annehmen wird. Die Blechschindelbekleidung des Kinder-

▌ Zwischen den Baukörpern bilden sich äußerst reizvolle, geschützte Außenräume

▌ Über einen vollverglasten Steg ist der Kindertrakt an das Elternhaus angeschlossen.

▌ Als schlanke Holzbox mit artikulierten Fensteröffnungen präsentiert sich das Elternhaus. Der Kinderpavillon ist mit Blechschindeln aus Titanzink verkleidet.

▌ Die Treppe hat ein Geländer aus einfachem Maschendraht. Durch das Glaslamellenfenster über der Badewanne fällt zusätzlich Licht in den Flur.

▌ Anstelle von Fliesen wurden die Wände im Bad mit Platten aus Faserzement verkleidet. Für kräftige Farbakzente sorgen die bunten Einbauregale.

▌ Der schwarze, lackierte Gussasphaltboden wirkt elegant und ist pflegeleicht. Das offene Raumkonzept trägt zur hohen Wohnqualität des Hauses bei.

Gebäudedaten

Grundstücksgröße:
610 m²

Wohnfläche:
178 m²

Zusätzliche Nutzfläche:
35 m²

Anzahl der Bewohner:
4

Bauweise:
Holztafelbau

Baujahr:
2000

Baukosten pro m² Wohn- und Nutzfläche:
1.455 Euro

Eigenleistung:
5.000 Euro

Baukosten gesamt:
250.000 Euro

hauses, die etwas teurer war, bildet dazu einen reizvollen Kontrast. Zu dem fantasievollen Umgang mit dem Material kommt ein pragmatischer Umgang mit der Konstruktion, bei dem der jeweilige Werkstoff seiner spezifischen Kapazität entsprechend eingesetzt wird. Schlanke Stahlstützen und Stahlträger ermöglichen großflächige Fensteröffnungen und Durchbrüche in dem aus Holztafelelementen aufgebauten Elternhaus.

Das Haus wird den Bedürfnissen einer Familie vollkommen gerecht: Alle seine Bewohner haben individuelle Rückzugsräume. Selbst der Hauswirtschaftsraum ist keine Bügelkammer im herkömmlichen Sinn, sondern ein attraktiver Arbeitsraum. Die Zweiteilung des Hauses erhöht seine Flexibilität und lässt Spielraum für zukünftige Nutzungsänderungen.

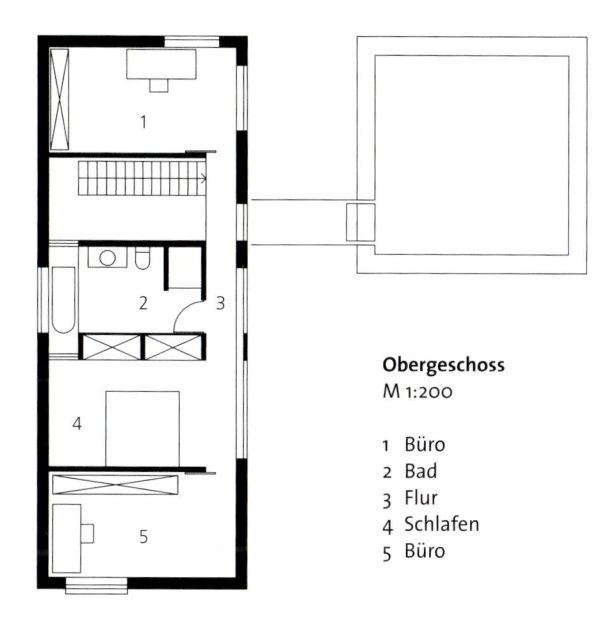

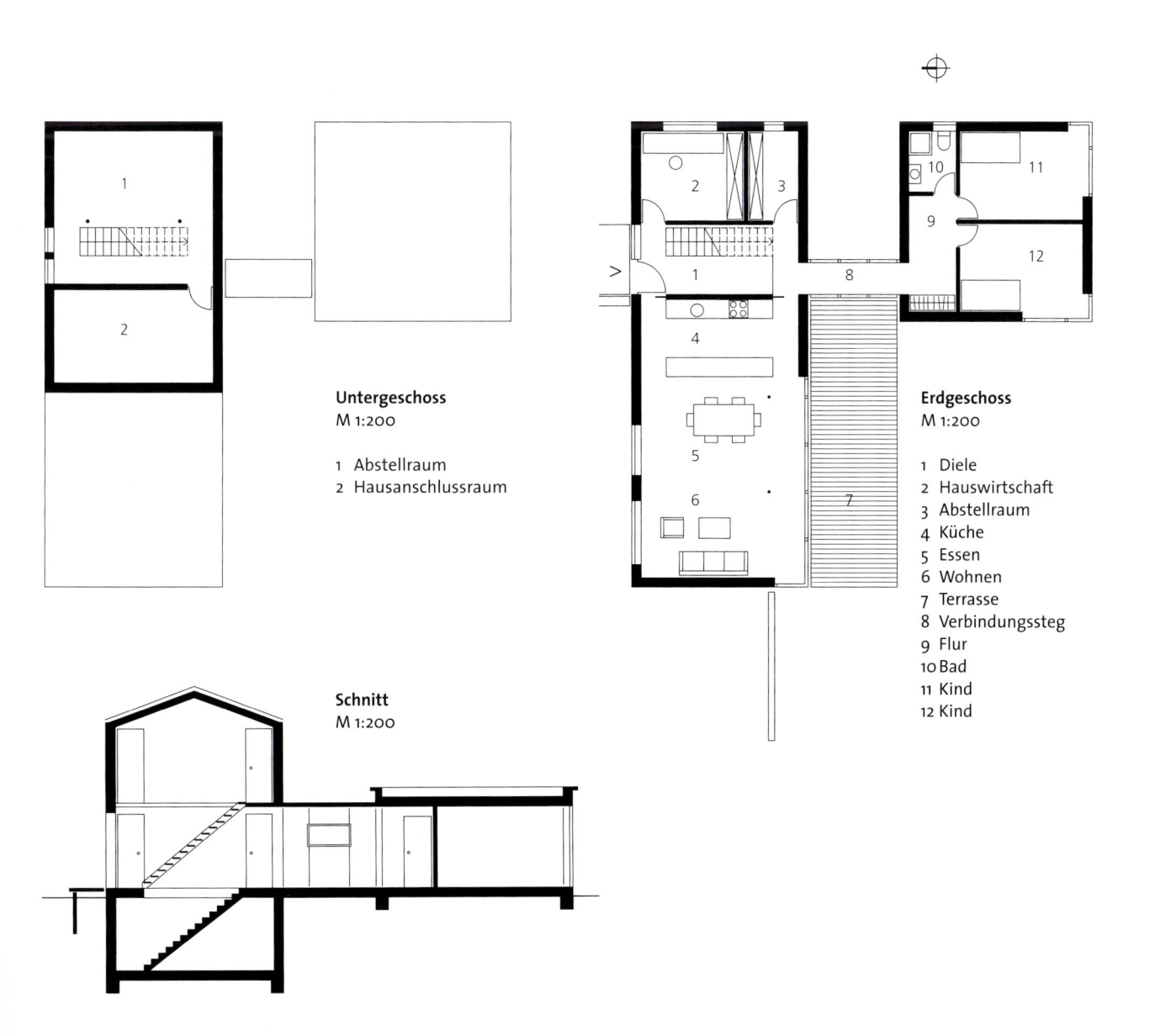

Obergeschoss
M 1:200

1 Büro
2 Bad
3 Flur
4 Schlafen
5 Büro

Untergeschoss
M 1:200

1 Abstellraum
2 Hausanschlussraum

Erdgeschoss
M 1:200

1 Diele
2 Hauswirtschaft
3 Abstellraum
4 Küche
5 Essen
6 Wohnen
7 Terrasse
8 Verbindungssteg
9 Flur
10 Bad
11 Kind
12 Kind

Schnitt
M 1:200

Wohnhaus in Gaggenau-Oberweier
Architekt: Martin Volz, Bietigheim

Außen klein, innen groß

Lageplan

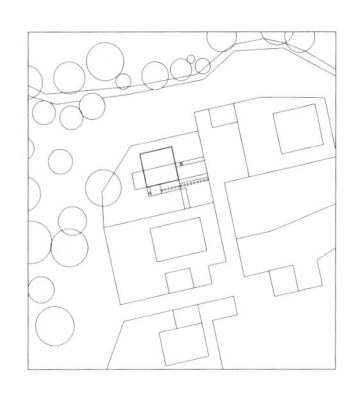

Das leicht abfallende Hanggrundstück liegt am Dorfrand der Schwarzwaldgemeinde Oberweier, flankiert von einem Bach und einem Hohlweg mit dahinter liegenden Streuobstwiesen. Der Bebauungsplan gab ein Baufenster von 9 mal 14 Metern vor, das jedoch nicht vollständig ausgenutzt wurde, sodass bei Bedarf noch ein Anbau in Richtung Osten möglich ist. Zudem sollte der Blick vom Esstisch auf den ersten Berg des Schwarzwaldrandes erhalten bleiben.

Der kompakte Baukörper ist mit einer Lärchenholzschalung bekleidet. Damit das Holz möglichst gleichmäßig ergrauen kann, wurde auf einen Dachüberstand verzichtet. Mit einem Split-Level-Konzept antwortet das Haus auf die Hangsituation, sodass das Untergeschoss nur 30 Zentimeter unter dem natürlichen Gelände liegt.

Man betritt das Haus von Osten und befindet sich auf dem Niveau von Küche und Essplatz, die nach Süden orientiert sind. Dem ansteigenden Geländeverlauf folgend liegt der Wohnraum auf der Nordseite fünf Stufen höher, wobei das Einraumkonzept trotz des leichten Versatzes weiterhin erlebbar bleibt. Von diesem Halbgeschoss führt ein Treppenlauf ins nächste, der Elternschlafebene mit Bad. Über fünf weitere Stufen erreicht man eine zum Treppenraum hin offene Empore, an die sich ein Kinderzimmer anschließt. Das letzte Halbgeschoss unter dem Dach dient als Speicher.

Das Gebäude passt sich auch mit seiner konstruktiven Struktur, einem Stahlbetonskelett, der Neigung des Hanges an. Dünne Stahlstützen sorgen für Blicktransparenz zwischen den teilweise offenen Ebenen. Die Außenwände sind aus vorgefertigten Holzrahmenelementen mit einer Kerndämmung aus Hanf, Fenster und Haustüren sind aus Kiefernholz. Weiß lackierte Fensterrahmen, deren Anordnung das Split-Level-Konzept auch nach außen hin sichtbar macht, bilden einen spannungsreichen Kontrast zu der einfachen Form des Gebäudes.

An diesem Haus kann man das Sparen lernen: Der Split-Level ermöglichte den Verzicht auf eine Vollunterkellerung – es wurde lediglich ein Erdkeller angelegt. Die minimale Stahlbetonkonstruktion als struktureller Kern des nur 9 mal 9 Meter großen Hauses erlaubt maximale Flexibilität für den Innenausbau. Naturbelassene Materialien sowie die Verwendung oberflächenfertiger Baustoffe – dazu gehören auch die schalungsrau belassenen Betondecken – tragen darüber hinaus wesentlich zur Kosteneinsparung bei.

■ Mit der Terrasse im Schutz einer Eiche entsteht ein äußerst reizvoller Wohnraum im Freien.

■ Oben rechts: Auf der Nordseite erscheint die Fassade zweigeschossig mit dem Arbeitsraum im Untergeschoss und dem darüber liegenden Wohnraum.

■ Blick vom Flur in Richtung Wohnraum. Das offene Raumkonzept lässt das kleine Haus größer erscheinen. Die Betondecken sind schalungsrau belassen und kontrastieren mit den hellen Wänden.

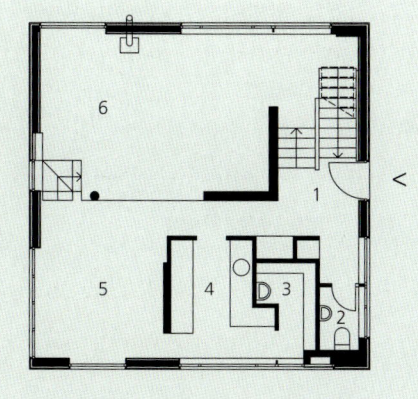

Gebäudedaten

Grundstücksgröße:
510 m²

Wohnfläche:
164 m²

Anzahl der Bewohner:
3

Bauweise:
Mischbau (Stahl, Stahlbeton, Holz)

Baujahr:
2002

Baukosten pro m² Wohn- und Nutzfläche:
780 Euro

Eigenleistung:
20.000 Euro

Baukosten gesamt:
127.800 Euro

Erdgeschoss
M 1:200

1 Eingang
2 WC
3 Abstellraum
4 Küche
5 Essen
6 Wohnen

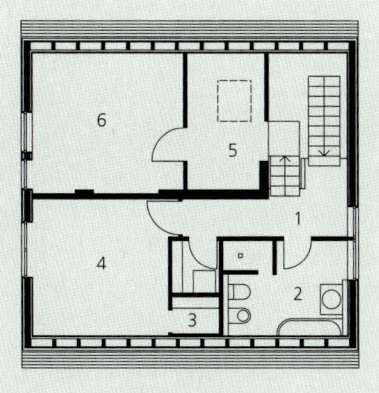

Obergeschoss
M 1:200

1 Flur
2 Bad
3 Ankleide
4 Eltern
5 Empore
6 Kind

Starterhaus in Pforzheim
Architekten: Möller. Gloss. Architekten, Pforzheim

Maßgeschneiderte Funktionalität

Lageplan

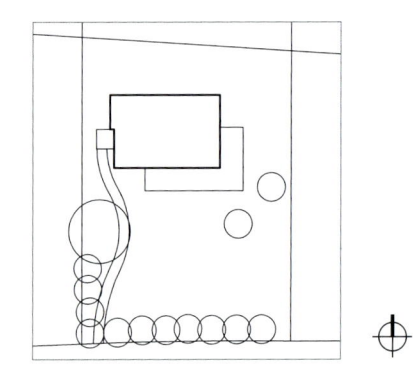

Nach Süden orientiert liegt dieses Wohnhaus für eine fünfköpfige Familie inmitten eines schönen Gartengrundstücks mit Baumbestand. In enger Zusammenarbeit zwischen Architekt und Bauherr konnte das individuell auf die Bedürfnisse seiner Bewohner zugeschnittene Haus in nur elf Monaten Planungs- und Bauzeit realisiert werden.
Ein massiver Riegel schirmt das Gebäude nach Norden zur umgebenden Bebauung hin ab, während ein leichter, zweistöckiger Riegel sich zum Garten hin öffnet. Dieses Öffnen ist durchaus wörtlich zu nehmen: Von West nach Ost gesehen werden die Küche, der Essbereich und der Wohnraum von geschosshohen Glaswänden umfangen und erfahren durch eine vorgelagerte Holzterrasse im Süden und Westen gewissermaßen eine Erweiterung in den Außenraum hinein. Dabei wurden der Wohnbereich und die im rückwärtigen Teil daran anschließende Bibliothek um zwei Stufen abgesenkt. Eine geradläufige Treppe in der Mitte des Hauses erschließt das Obergeschoss mit dem Elternschlafzimmer, drei Kinderzimmern und einem Bad. Eine Galerie öffnet sich zum Luftraum über dem Essplatz und stellt eine räumliche Verbindung der ansonsten klar voneinander getrennten Funktionsbereiche dar.
Bauherr und Architekt wollten kein billiges Haus. Die Materialien sollten dauerhaft, schön und frei von möglichen Schadstoffen sein. Der massive nördliche Teil besteht aus Gasbeton mit werkseitig eingefärbtem mineralischem Putz. Die Holzkonstruktion im Süden besteht aus 2 Meter breiten Holztafelpaneelen, die einen Wetterschutz aus horizontalen Lärchenholzleisten erhielten. Die Innenwände wurden aus Kalksandstein gemauert, die Geschossdecke ist aus Stahlbetonfertigteilen zusammengesetzt. Die wärmegedämmte Dachkonstruktion mit Hauptträgern aus Brettschichtholz und Nebenträgern aus Vollholz erhielt eine Doppelstehfalzdeckung aus Titanzink. Der Fußbodenbelag im Erdgeschoss ist aus französischem Kalkstein, während im Obergeschoss ein Teppichboden verlegt wurde.
Am Material wurde nicht gespart, wohl aber an anderer Stelle: So trägt der kompakte Baukörper des Hauses – mit einem vergleichsweise geringen Außenwandanteil – ebenso zur Kostensenkung bei wie der Verzicht auf Keller und Dachstuhl. Ein Heizungs- und Abstellraum wurde im Erdgeschoss angeordnet, das Dach ist als leicht geneigtes Pultdach im südlichen Riegel und als Flachdach im nördlichen Teil ausgeführt. Mit Kalkzement geputzte Wände, Fertigteildecken, die nur gespachtelt werden müssen, und

▌Das in Lärchenholzlamellen gehüllte Obergeschoss des Südflügels scheint über dem vollverglasten Erdgeschoss zu schweben.

▌Auf der Südseite entfaltet sich der hohe Wohnwert des Hauses mit ebenerdigem Gartenanschluss.

▌Die einzelnen Funktionselemente des Hauses treten jeweils klar in Erscheinung. Das leicht geneigte Pultdach mit Stehfalzdeckung aus Titanzinkblech ist durch eine deutliche Fuge von dem kubischen Baukörper abgesetzt.

▌ Lichtdurchflutet und vollkommen offen wirkt der Ess- und Wohnbereich im Erdgeschoss.

▌ Eine elegante geradläufige Treppe mit offenen Setzstufen führt zu den Räumen im Obergeschoss.

gefliese Wände nur dort, wo sie unbedingt notwendig sind, wirken sich ebenfalls Kosten sparend aus. Aus den gleichen Gründen wurde auch auf einen Carport oder eine Garage verzichtet. Die Grundstückserschließung erfolgt über einen Kiesweg mit einer Einfassung aus verzinktem Stahl.

Eine zentral gelegene Gastherme versorgt das Haus mit Wärme, wobei im Erdgeschoss eine Fußbodenheizung mit Einzelraumregelung, im Obergeschoss Röhren-Radiatoren dem Wärmeaustausch dienen. Die Warmwasserversorgung des Hauses übernimmt ein Standspeicher mit einem Volumen von 240 Litern.

Das Starterhaus überzeugt nicht zuletzt durch die gut formulierte Beziehung der Innen- und Außenräume zueinander. Die unterschiedlichen Funktionsbereiche des Hauses – massive Spange mit Rückzugsbereichen im Norden, Leichtbauweise mit Wohnbereich im Süden – werden durch die sorgfältige Materialwahl fein differenziert.

Gebäudedaten

Grundstücksgröße:
686 m²

Wohnfläche:
152 m²

Zusätzliche Nutzfläche:
10 m²

Anzahl der Bewohner:
5

Bauweise:
Mischbau (Holztafelbau, Massivbau aus Porenbeton)

Baujahr:
2000

Baukosten pro m² Wohn- und Nutzfläche:
1.533 Euro

Eigenleistung:
6.000 Euro

Baukosten gesamt:
249.863 Euro

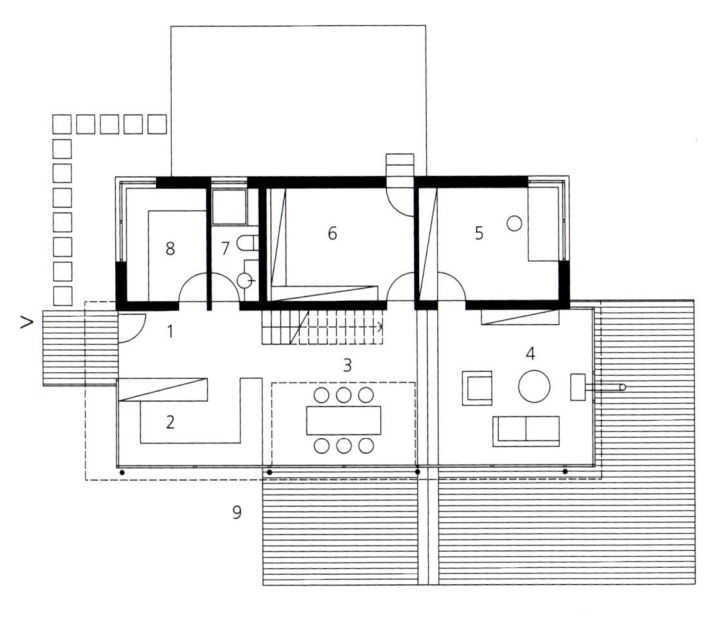

Erdgeschoss
M 1:200

1 Eingang
2 Küche
3 Essen
4 Wohnen
5 Büro/Bibliothek
6 Abstell-/Technikraum
7 Bad
8 Hauswirtschaft
9 Holzterrasse

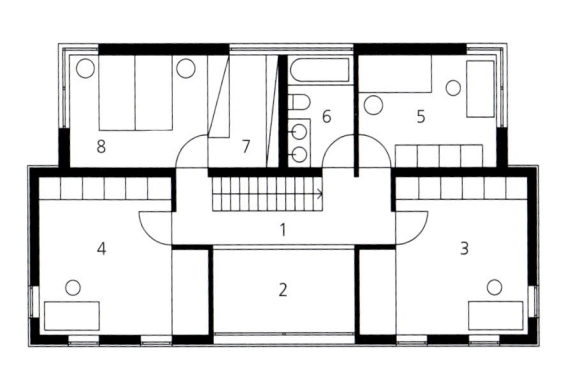

Obergeschoss
M 1:200

1 Galerie
2 Luftraum
3 Kind/Arbeiten
4 Kind
5 Kind
6 Bad
7 Ankleide
8 Eltern

■ **Wohnhaus in Winnenden-Hanweiler**
Architekten: Andrea und Markus Stockert, Winnenden

Höhe gewonnen

Lageplan

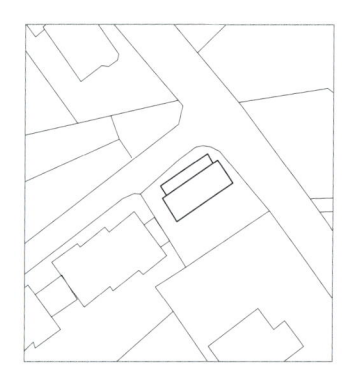

Das Wohnhaus liegt in einem kleinen Weindorf nordöstlich von Stuttgart und wurde für eine Familie mit drei Kindern konzipiert. Der Bauplatz befindet sich nahezu am tiefsten Punkt des Ortes. Um den dadurch entstehenden Nachteilen wie anstehendem Grundwasser und der Beschränkung der Aussicht entgegenzuwirken, wurde das Sockelgeschoss als so genannte „weiße Wanne" – mit Bodenplatte und Außenwänden aus wasserundurchlässigem Beton – ausgebildet und die Erdgeschossfußbodenhöhe angehoben. Analog zur umgebenden dörflichen Bebauung entwickelt sich das Gebäude additiv aus einzelnen Baukörpern.

Die innere Gliederung in eine Nebenzone und eine Aufenthaltszone zeigt sich nach außen durch unterschiedliche Materialien: Die Aufenthaltsräume erhielten eine Putzfassade und nach Süden zum Garten hin eine großzügige Verglasung, während die Lochfassade im Norden mit einer horizontalen Schalung aus Lärchenholzlamellen bekleidet ist. Von der Nordwestseite aus gelangt man über eine Außentreppe in den Nebenraumtrakt. Der Windfang führt in den offenen Wohn- und Essbereich, der nach Süden hin großzügig verglast ist und einen Zugang zu Terrasse und Garten besitzt.

Im Obergeschoss befinden sich die Schlafzimmer mit vorgelagertem Balkon sowie ein kleiner Luftraum über dem Essplatz, der Blickbeziehungen zwischen den Geschossen ermöglicht. Die Schlafräume selbst entwickeln sich auf zwei Ebenen – eine steile Treppe führt jeweils auf ein Galeriegeschoss mit Schlafplatz – sodass jedes einzelne Zimmer über einen getrennten Ruhe- und Aufenthaltsbereich verfügt. Die drei Kinderzimmer sind miteinander verbunden, um eine gemeinsame Spielzone zu schaffen. In einer späteren Ausbauphase können die Zimmer aber auch als vollständig voneinander getrennte Räume ausgebildet werden. Im Sockelgeschoss befinden sich Kellerräume und eine Einliegerwohnung mit separatem Eingang. Der angelagerte begrünte Carport verzahnt das Gebäude mit dem Gelände.

Das als Niedrigenergiehaus konzipierte Gebäude wurde ab dem Massivsockel in Holztafelbauweise aus teilvorgefertigten Elementen erstellt und vor Ort mit einer 16 Zentimeter starken Mineralwolledämmung versehen. Die Geschossdecken sind als Holzbalkendecken ausgeführt, auf denen ein schwimmender Fließestrich eingebracht wurde. Das Pultdach besitzt eine 26 Zentimeter dicke Vollsparrendämmung und wurde mit gewellten Faserzement-

■ Ein Übereckfenster im Erdgeschoss bietet einen schönen Ausblick auf die Umgebung.

■ Der Nebenraumtrakt auf der Nordseite setzt sich über die Lärchenholzschalung und ein Flachdach von dem pultdachgedeckten Wohnflügel ab.

■ Mit einer weißen Putzfassade präsentieren sich die südorientierten Aufenthaltsräume. Dachüberstand und Balkon dienen als Sonnenschutz, der durch ein Rankgerüst ergänzt wird.

platten eingedeckt. Die Innenwände wurden in Holzständerbauweise errichtet. Durch die geringe Gebäudetiefe und die sich zur Sonne hin öffnende Südfassade gelangt viel Licht und damit passive Sonnenenergie ins Hausinnere. Die Verschattung der Glasflächen erfolgt über den großen Dachvorsprung, den vorgelagerten Balkon sowie Holzlamellen.

Die Teilvorfertigung der Außenwände verkürzte die Bauzeit erheblich und ermöglichte die Einhaltung des engen Kostenrahmens. Eine klare Gebäudestruktur mit vergleichsweise geringen Deckenspannweiten ist ein weiteres Element der Kosteneinsparung. Die angemessene Materialwahl und der Verzicht auf Dachaufbauten und Dachdurchdringungen wirkten sich ebenfalls vorteilhaft aus, sodass die erhöhten Aufwendungen im Sockelgeschoss dadurch wettgemacht werden konnten.

Gebäudedaten

Grundstücksgröße:
328 m²

Wohnfläche:
184 m²

Zusätzliche Nutzfläche:
45 m²

Anzahl der Bewohner:
5

Bauweise:
Holzständerbau
auf einem massiven
Sockelgeschoss

Baujahr:
2000

Baukosten pro m² Wohn- und Nutzfläche:
895 Euro

Eigenleistung:
15.000 Euro

Baukosten gesamt:
205.000 Euro

▪ Die Galerie über dem Eingang ermöglicht Blickbeziehungen durch das ganze Haus.

▪ In der Nordostecke des Nebenraumtrakts befindet sich eine Spindeltreppe, die alle Hauptgeschosse des Hauses miteinander verbindet.

▪ Steile Stahltreppen erschließen die Schlafräume auf dem Galeriegeschoss der Kinderzimmer.

▪ Ein durchgängiger Luftraum öffnet das Haus im Eingangsbereich.

▪ Küche, Ess- und Wohnbereich bilden einen nach Süden orientierten zusammenhängenden Raum.

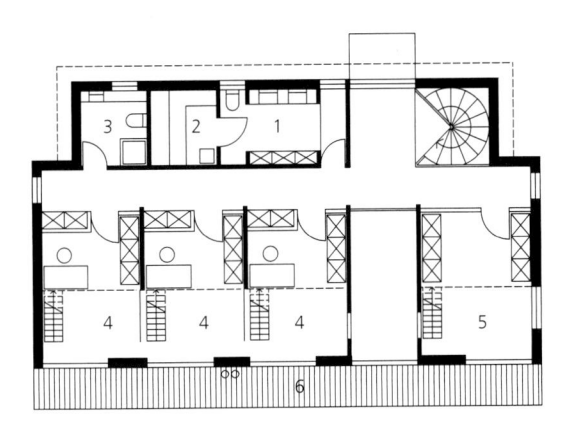

Obergeschoss
M 1:200

1 Bad
2 Sauna
3 Dusche, WC
4 Kind
5 Eltern
6 Balkon

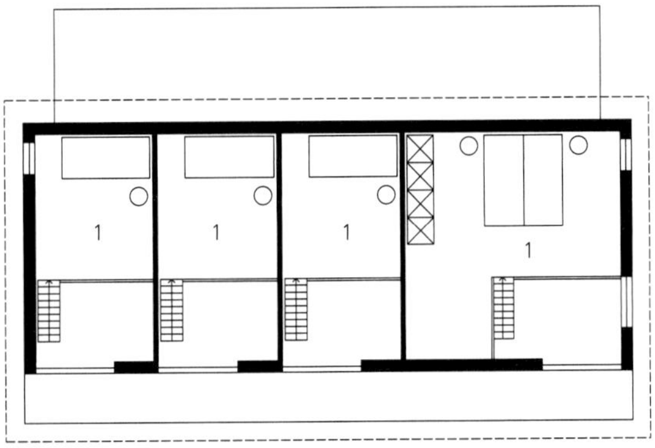

Galerie
M 1:200

1 Schlafen

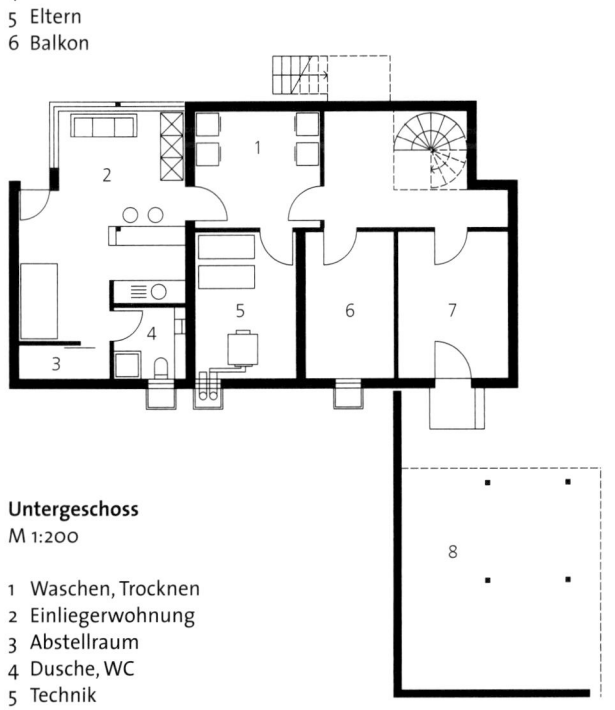

Untergeschoss
M 1:200

1 Waschen, Trocknen
2 Einliegerwohnung
3 Abstellraum
4 Dusche, WC
5 Technik
6 Keller
7 Werkstatt
8 Carport

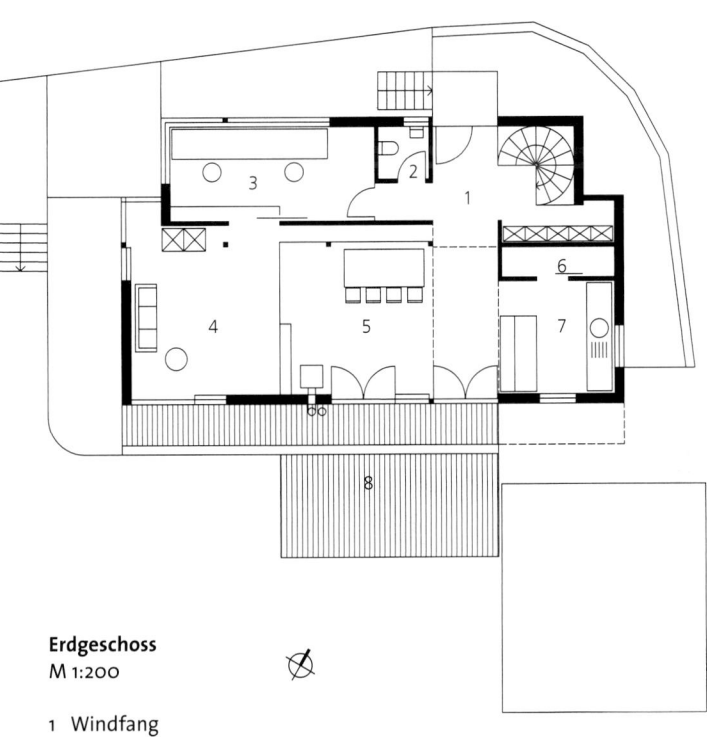

Erdgeschoss
M 1:200

1 Windfang
2 WC
3 Arbeiten
4 Wohnen
5 Essen
6 Speisekammer
7 Küche
8 Terrasse

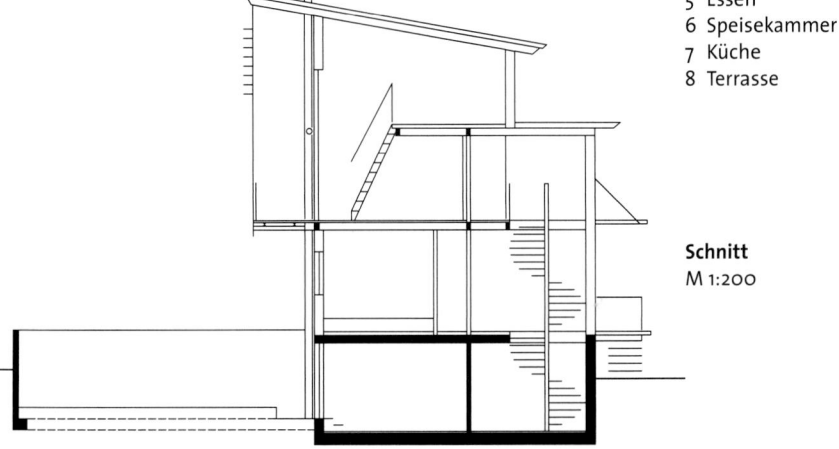

Schnitt
M 1:200

■ **Holzbau in Aalen-Fachsenfeld**
Architekt: Kai Bodamer, Aalen

Oberflächen im Kontrast

Lageplan

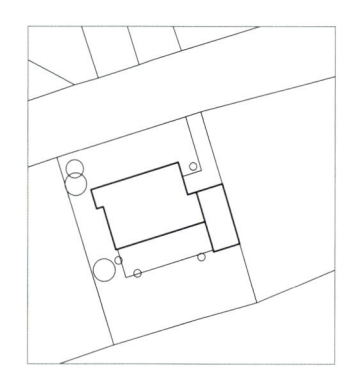

Fachsenfeld bezeichnet eine Gemarkung in einem Stadtteil von Aalen, der als neues Wohngebiet ausgewiesen ist. Das Haus steht auf einem ebenen Grundstück, Garten und Terrasse sind nach Süden angelegt. Ein mit Lärchenholz bekleideter, kubischer Block, der Neben- und Funktionsräume beinhaltet, schirmt das Haus zur Straße hin ab. Mit Versatz dazu angeordnet ist ein zweigeschossiger Trakt, in dem sich die Wohnräume befinden. Mit seinem durch den allseitigen Dachüberstand expressiv wirkenden Pultdach und seiner weißen Putzfassade tritt dieser Wohnflügel deutlich in Erscheinung. Gewissermaßen einen dritten Flügel bildet die Garage mit integriertem Abstellraum, die eine großzügige Holzterrasse im Süden zum Nachbargrundstück hin abgrenzt.

Die Verschneidung dieser drei Baukörper ermöglicht räumliche Differenzierungen. Von der Straße her gesehen fällt der überdachte Eingangsbereich im Nordosten auf, während im Westen eine offene Loggia im ersten Obergeschoss den holzverschalten Nordriegel durchbricht. Eine über zwei Ebenen reichende Fensteröffnung auf der Südseite signalisiert die räumliche Verbindung von Erdgeschoss und Obergeschoss. Das Raumkontinuum aus Küche, Essplatz, Wohnbereich und offener Treppe erstreckt sich über einen Luftraum bis ins Obergeschoss. Diese Großzügigkeit wird durch die Zusammenfassung der Nebenräume im nördlichen Trakt ermöglicht. Die Loggia im Westen erschließt im Obergeschoss einen weiteren Freibereich.

Man sieht es dem Haus nicht an, dass seine tragende Struktur ganz aus Holz besteht. Die Holzständerbauweise ermöglichte das Aufrichten vorgefertigter Elemente – 12 Wand- und 7 Dachelemente – innerhalb von nur zwei Tagen. Die Ständer der vorfabrizierten Wandelemente wurden im Achsmaß von 62,5 Zentimetern angeordnet, sodass sowohl Gipskarton- als auch Spanplatten, die in den Maßen 125 mal 250 Zentimeter hergestellt werden, verschnittfrei mit den Ständern verbunden werden konnten. Unterschiedliche Bekleidungen der Holzwände bestimmen die Ansichten: Der nördliche Gebäudetrakt erhielt eine Schalung aus horizontal angeordneten Lärchenholzlamellen, im Querschnitt 30 mal 45 Millimeter. Im Süden bildet eine Putzfassade die Wetterschale der Holzständer. Als drittes Bekleidungsmaterial wurde an der Garage Aluminiumwellblech verwendet.

Vorgefertigte Holzständerwände tragen nicht nur zu einer drastischen Verkürzung der Montagezeit am Bauplatz bei – weil die Vorfabrikation der Elemente in der Werkstatt

■ Die vorgelagerte, leicht vom Terrain abgesetzte Holzterrasse bildet eine saisonal nutzbare Erweiterung des Wohnraums ins Grüne.

■ Der mit Lärchenholzlamellen bekleidete Funktionstrakt verleiht dem Haus zum öffentlichen Raum hin einen repräsentativen Charakter.

den Montageaufwand an der Baustelle auf ein Minimum reduziert –, sondern erfüllen zudem exakt die bauphysikalischen Anforderungen. Mineralwolle dient als Wärmedämmung zwischen den Ständern.

Der Kostenrahmen konnte auch bei diesem Beispiel durch den Verzicht auf eine Unterkellerung eingehalten werden. Der Anschluss an das Fernwärmenetz vereinfacht die haustechnische Installation und trägt ebenfalls zur Kosteneinsparung bei. Das Haus überzeugt durch seine hohe Wohnqualität und die den unterschiedlichen Funktionen zugeordneten Materialien.

Gebäudedaten

Grundstücksgröße:
500 m²

Wohnfläche:
167 m²

Zusätzliche Nutzfläche:
26 m²

Anzahl der Bewohner:
3

Bauweise:
Holzrahmenbau

Baujahr:
2001

Baukosten pro m² Wohn- und Nutzfläche:
1.400 Euro

Eigenleistung:
15.000 Euro

Baukosten gesamt:
250.000 Euro

■ Der zweigeschossige Luftraum über dem Essplatz wird im Süden durch eine Glaswand abgeschlossen, die den Kern des Hauses mit reichlich Tageslicht versorgt.

■ Die Innenaufnahme veranschaulicht das Konzept des offenen Wohnens, bei dem sich Wohnbereich, Essplatz und Küche zu einem Raumkontinuum verbinden.

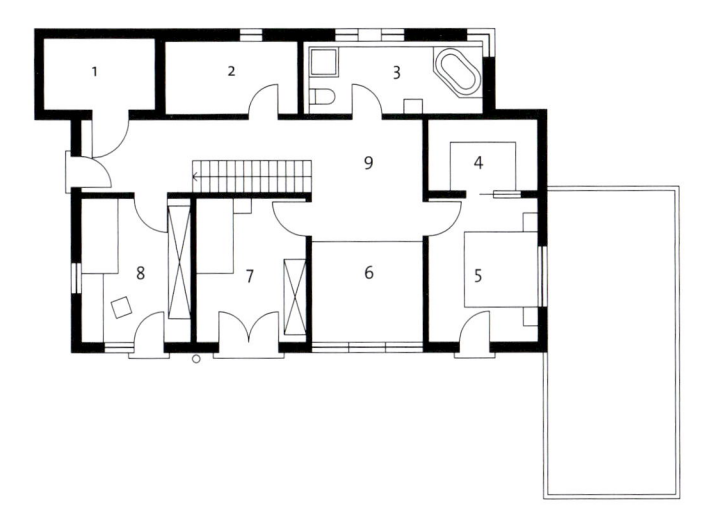

Obergeschoss
M 1:200

1 Loggia
2 Abstellraum
3 Bad
4 Ankleide
5 Eltern
6 Luftraum
7 Kind
8 Kind
9 Erschließung

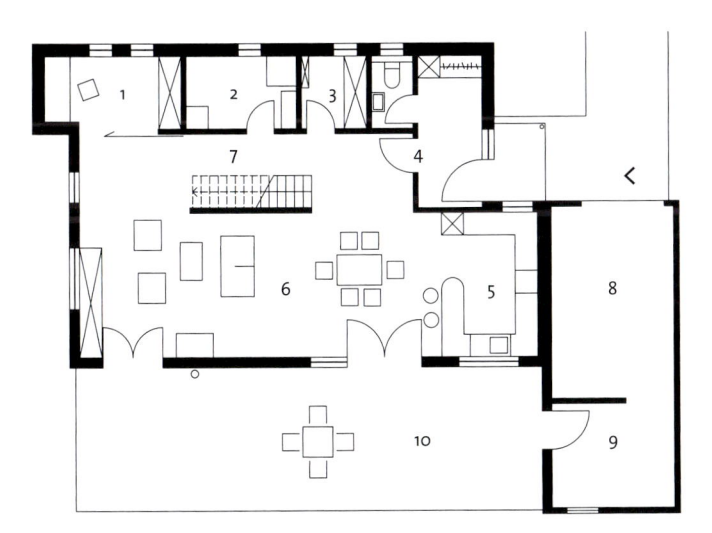

Erdgeschoss
M 1:200

1 Arbeiten
2 Hauswirtschaft
3 Abstellraum
4 Eingang
5 Küche
6 Wohnen/Essen
7 Erschließung
8 Garage
9 Geräte
10 Terrasse

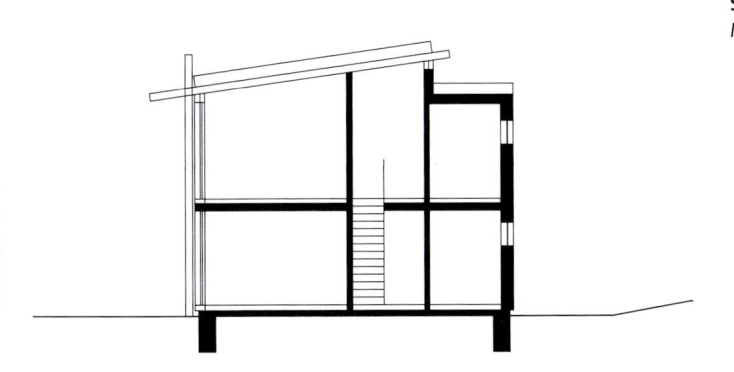

Schnitt
M 1:200

▌ Der Blick unter das Dach zeigt die offene Holzkonstruktion. Zusammen mit den weiß geputzten Wänden und den feinen Geländerdetails verleiht sie dem Innenraum einen ausgesprochen heiteren und wohnlichen Charakter.

■ **Holzrahmenbau in Teugn**
Architekten: fabi-krakau architekten, Regensburg

Im Dialog mit Stadeln

Lageplan

Eine ländliche, idyllische Hofsituation mit alten verwitterten Bauernstadeln aus Holz prägt die unmittelbare Umgebung des Hauses im bayerischen Teugn. Der einfache klare Baukörper mit Satteldach und erdgeschossigem Anbau nimmt die archaischen Formelemente der Umgebung auf, kontrastiert jedoch durch ein alternatives Materialkonzept der Gebäudehülle: Sie besteht aus witterungsbeständigen, weißen Faserzementplatten im Wechsel mit großformatigen Verglasungen. Der Anbaukörper ist in einem dunklen Rot gehalten.

Die Fassade ist nach Norden und Osten eher geschlossen, während sie sich im Süden und Westen über die gesamte Gebäudebreite zur freien Landschaft hin öffnet. Die Gliederung der Glasflächen und die mit offener Fuge verlegten Faserzementplatten verleihen der Außenhaut eine spezifische Anmutung, deren Präzision einen reizvollen Kontrast zur Umgebung bildet. Der Grundriss im Erdgeschoss wird durch einen Allraum für Kochen, Wohnen und Essen bestimmt. Lediglich Nebenräume wie Windfang, WC und Speisekammer sind abgetrennt und in den Anbaukörper ausgelagert. Eine offene elegante Stahltreppe führt hinauf in das Obergeschoss mit drei gleichwertigen Räumen, einer Ankleide und einem Badezimmer.

Das Satteldach mit allseitigem Überstand ist durch eine umlaufende Schattenfuge und durch farbiges Absetzen an Traufe und Giebel von dem zweigeschossigen Baukörper abgelöst und scheint zu schweben. Die Klarheit der Formen und die optische Trennung der einzelnen Elemente trägt dazu bei, dass sich das Haus harmonisch in seine Umgebung einfügt. Im Osten ist ein Gästebereich als Einliegerwohnung abgetrennt, die über einen separaten Eingang auf der Nordseite des Anbaus erschlossen wird.

Das Haus wurde in Holzrahmenbauweise erstellt und mit einer Holzschalung bekleidet. Eine Traglattung auf dieser Schalung dient als hinterlüftete Unterkonstruktion für die weiß beschichteten Faserzementplatten. Die raumseitige Schale besteht aus Fermacellplatten, die auf einer Installationslattung verlegt wurden.

Die Wirtschaftlichkeit der Bauweise für dieses vergleichsweise große Haus beruht auf dem konstruktiven Entwurf, der eine Elementierung der Gebäudeteile und dadurch die Vorfertigung in Werkstätten ermöglichte. Auf Dach- und Kellergeschoss wurde verzichtet. Eine Solaranlage zur Brauchwassererwärmung sowie eine Regenwasserzisterne leisten darüber hinaus einen Beitrag zur Reduktion der Betriebskosten des Hauses.

▌Leichte Abweichungen von der reinen Symmetrie beleben die Südansicht. Großformatige Verglasungen beziehen die reizvolle Umgebung in das Wohnen mit ein.

▌Das leicht geneigte Satteldach scheint regelrecht über dem Baukörper zu schweben. Der allseitige, mäßige Dachüberstand wirkt sehr harmonisch.

▌Die filigrane Treppe mit den geknickten Stahlholmen zeichnet sich als grafisches Element in der lichtdurchfluteten Wohn-Ess-Küche ab.

▌Zwischen der leicht und präzise wirkenden Fassadenbekleidung aus Faserzementplatten und der Verglasungsebene sind filigrane Lamellenraffstores angeordnet. Sie sind ein optimaler, außen liegender Sonnenschutz für die Südfassade.

▌Vom Flur im Obergeschoss kann man direkt in den Wohnbereich blicken.

Gebäudedaten

Grundstücksgröße:
800 m²
Wohnfläche:
193 m²
Zusätzliche Nutzfläche:
16 m²
Anzahl der Bewohner:
3

Bauweise:
Holzrahmenbau
Baujahr:
2001
Baukosten pro m² Wohn- und Nutzfläche:
1.095 Euro
Eigenleistung:
15.000 Euro
Baukosten gesamt:
230.000 Euro

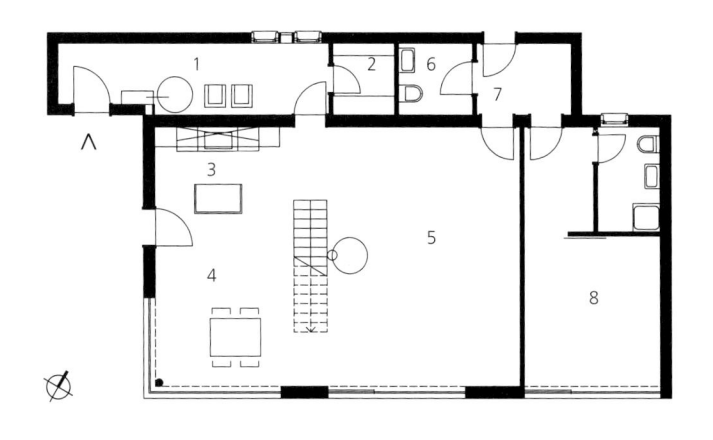

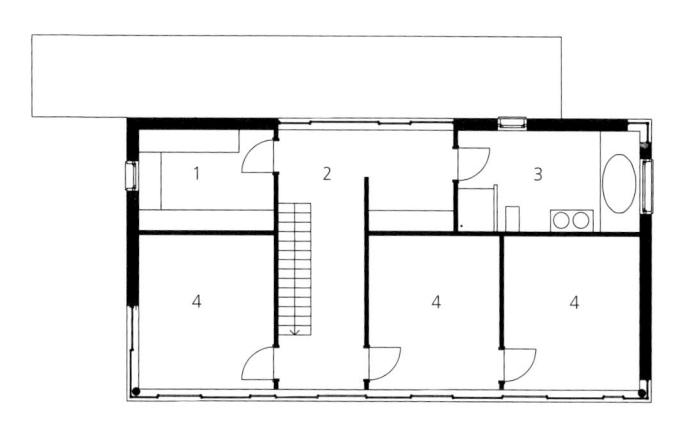

Erdgeschoss
M 1:200

1 Windfang
2 Speisekammer
3 Küche
4 Essen
5 Wohnen
6 Gäste-WC
7 Separater Eingang
8 Apartment

Obergeschoss
M 1:200

1 Ankleide
2 Galerie
3 Bad
4 Schlafen

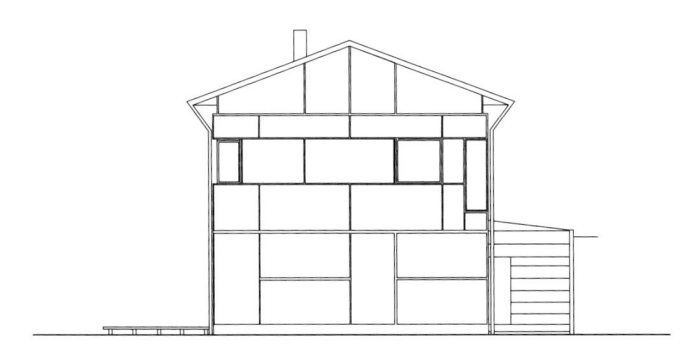

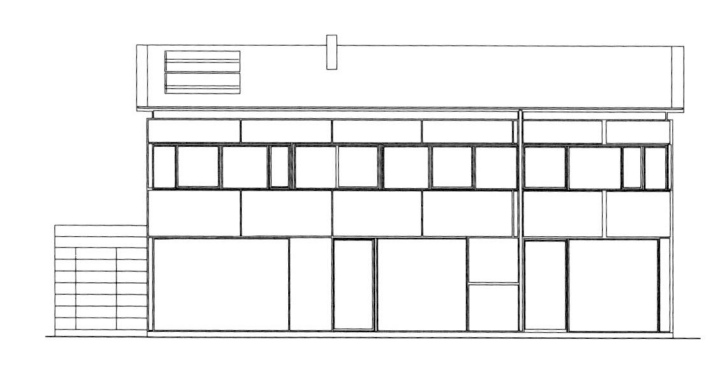

Ansicht Ost
M 1:200

Ansicht Süd
M 1:200

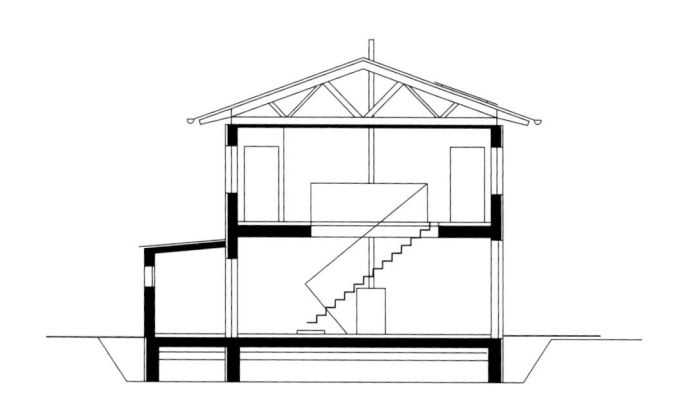

Schnitt
M 1:200

■ **Wohnhaus in Ostfildern-Nellingen**
Architekten: Architektur 109, Stuttgart

Mit Holz, Charme und Blechdach

Lageplan

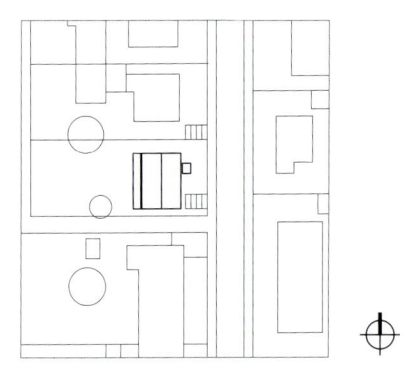

Eine Wohnstraße mit zweigeschossigen Häusern bildet die Umgebung für dieses Holzhaus. Am liebsten hätten die Architekten eine Holzkiste mit Flach- oder Pultdach gebaut, um dadurch die Kosten noch weiter senken zu können. Um dem Baurecht zu entsprechen, wurde jedoch ein blechbekleidetes Satteldach ausgeführt.

Nähert man sich dem Haus von der Straße, präsentiert sich die lärchenholzverschalte Fassade weitgehend geschlossen. Der portalartig eingefasste Eingang tritt als plastisches Element aus der Fassadenebene hervor. Zwei lässig übereinander geschobene Betonstufen lenken den Schritt ins Haus. Auch alle weiteren Fassadenöffnungen auf der Ostseite sind ihrer Funktion entsprechend gestaltet. Schlitzförmige Auslassungen in der Lärchenholzschalung ermöglichen den Lichteinfall in den dahinter liegenden Treppenraum und sorgen gleichzeitig für das nötige Maß an Privatheit. Diese Lichtachse, in der Fassade angedeutet durch zwei Öffnungen, setzt sich bis ins Dach fort, wo ein großes Fenster die Erschließungszone des Hauses mit Zenitlicht versorgt. Besonders artikulierte, eckständige Fensteröffnungen im Obergeschoss belichten die beiden Bäder.

Einen vollkommen anderen Charakter zeigt die gegenüberliegende, zum Garten orientierte Westfassade. Sie ist weitgehend geöffnet, wobei ein vorgestellter, zweigeschossiger überdachter Stahlbalkon mit seitlichem Wind- und Blickschutz die Aufenthaltsräume in den Gartenraum hinein erweitert. Das Eingangsportal führt direkt hinein in einen großen Raum mit Küche und Essplatz auf der linken Seite, dem Wohnbereich in der Mitte und einem über Schiebetüren abteilbaren Arbeitsraum auf der rechten Seite. Die gesamte Westfassade ist geschosshoch verglast und kann durch drei Doppeltüren großflächig zum Garten geöffnet werden. Im Obergeschoss sind drei gleichwertige Räume nach Westen orientiert. Das voll unterkellerte Haus erscheint nach außen kompakt, im Inneren verblüfft es durch seine Großzügigkeit und die Flexibilität der Räume. Diese leben vom Kontrast der weißen Wände zu den Holzoberflächen der Decken sowie den farbigen Einbauteilen wie Türen und Möbeln.

Auf die Stahlbetonkonstruktion des Untergeschosses wurden vorgefertigte Holztafelbau-Elemente montiert. Das aufgesetzte Satteldach ist als Kaltdach konzipiert und kann als Stauraum genutzt werden. Die äußeren Wandelemente sind zwischen den Holzpfosten mittels Zellulose wärmegedämmt. Eine wandinnenliegende Installations-

▪ Die hohe Qualität der Westseite besteht in der großflächigen Öffnung zum Garten. Durch die vorgelagerte Terrasse und den Balkon mit Schutzdach entsteht eine Zwischenzone, die den Übergang von innen nach außen definiert und vielfältig nutzbar ist.

▪ Artikuliert und mit Bedacht durchbrechen Öffnungen unterschiedlicher Wertigkeit die lärchenholzverschalte Außenhülle des Gebäudes. Dach und Eingang sind als blechverkleidete Elemente vom quaderförmigen Grundkörper des Hauses abgelöst.

schicht sorgt für zusätzliche Dämmung und dient gleichzeitig als Auflager für die längsseitig gespannte Massivholzdecke. An der Deckenunterseite befinden sich keine Unterzüge, statt dessen dienen die Trennwände der im Obergeschoss liegenden Schlafräume als Überzug der darunter liegenden Massivholzdecke.

Das Gebäude besteht aus rein ökologischen Baumaterialien, auf Holzschutzmittel oder dergleichen wurde verzichtet. Neben einer Solaranlage wurde eine Be- und Entlüftungsanlage vorgesehen sowie eine Einrichtung zur Nutzung des Regenwassers.

▌Die luftige Stahlwangentreppe erhält von der Seite und von oben Tageslicht. Das Brüstungselement bildet zusammen mit den farbigen Türen einen reizvollen Kontrast zu den weißen Wänden, der Holzdecke und dem Holzboden.

Gebäudedaten

Grundstücksgröße:
490 m²

Wohnfläche:
165 m²

Zusätzliche Nutzfläche:
72 m²

Anzahl der Bewohner:
4

Bauweise:
Holztafelbau
mit Massivholzdecken

Baujahr:
1999

Baukosten pro m² Wohn- und Nutzfläche:
1.350 Euro

Eigenleistung:
ca. 15.000 Euro

Baukosten gesamt:
225.000 Euro

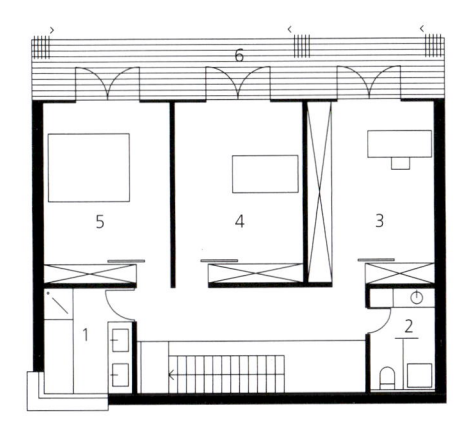

Obergeschoss
M 1:200

1 Bad
2 Bad
3 Arbeiten
4 Schlafen
5 Schlafen
6 Balkon

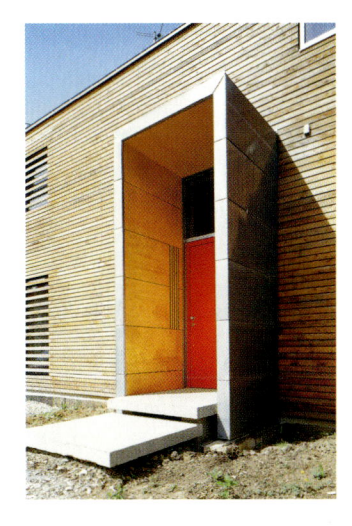

Das vorgezogene Eingangsportal im Osten dient als Windfang mit integrierter Briefkasten- und Klingelanlage.

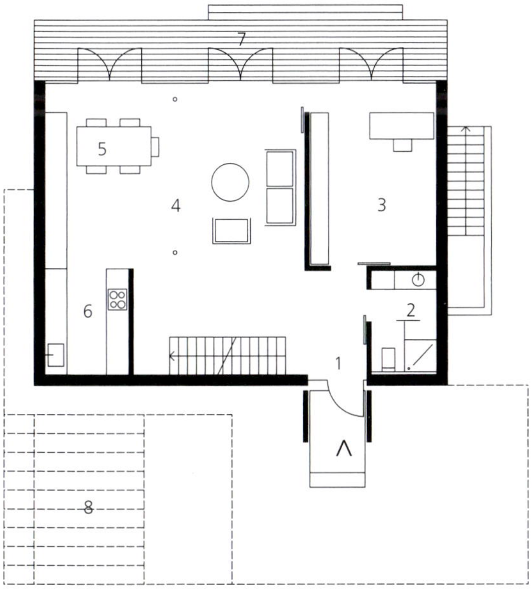

Erdgeschoss
M 1:200

1 Eingang
2 Gäste-Bad
3 Arbeiten
4 Wohnen
5 Essen
6 Kochen
7 Terrasse
8 Carport

In der Übereckansicht wird das Raumangebot an wind- und wettergeschützter Wohnfläche im Außenraum durch die vorgesetzte Stahlkonstruktion deutlich.

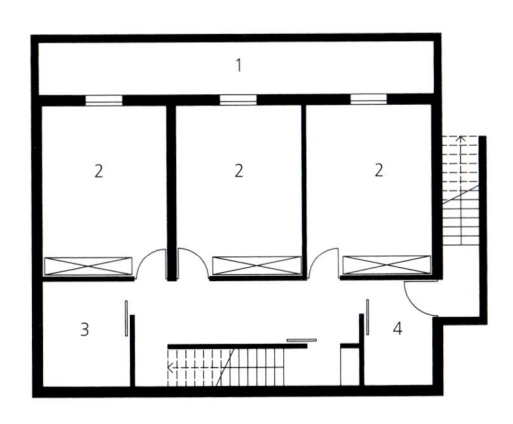

Untergeschoss
M 1:200

1 Lichtschacht
2 Keller
3 Hausanschlussraum
4 Abstellraum

■ Holzbau in Starzach-Wachendorf
Architekten: Beyer-Weitbrecht-Stotz, Stuttgart

Gut bedacht

Lageplan

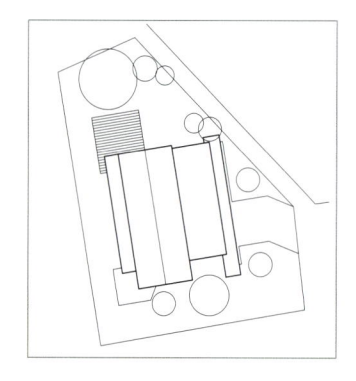

Das Gebäude liegt am Ortsrand einer kleinen Gemeinde im Landkreis Tübingen. Ein 45 Grad steiles Satteldach, das durch den örtlichen Bebauungsplan vorgegeben war, charakterisiert das klar strukturierte Haus. Im Süden dient ein üppiger Dachüberstand als Sonnenschutz für die vollverglaste Giebelseite und als Wetterschutz für eine vorgelagerte Terrasse. Im Westen setzt ein geneigtes Glasdach die Dachneigung fort und bildet ebenfalls einen geschützten Vorbereich mit Terrasse für Essplatz und Küche. Im Osten entsteht durch einen erdgeschossigen Vorbau eine geräumige Vorzone mit Carport, Büro- und Nebenräumen. Auf dem Flachdach sind hier nach Süden ausgerichtete Fotovoltaikkollektoren angeordnet. Diese ihrer jeweiligen Funktion entsprechenden Vorzonen verleihen dem einfach strukturierten Kernhaus unterschiedliche und attraktive Ansichten. Das Solardach im Osten überdeckt darüber hinaus gleichzeitig den Eingang, der das Haus an der Längsseite erschließt.

Um eine zentral gelegene, expressiv gestaltete Treppe gruppieren sich die einzelnen Funktionsbereiche des offen gehaltenen Erdgeschossgrundrisses. Da das Haus ohne Keller auskommt, sind alle Nebenräume ebenerdig organisiert: Eine schräg gestellte Wandscheibe trennt den Technikraum von der offenen Küche ab, Abstellboxen im Bereich des östlichen Vorbaus dienen als kostengünstiger Kellerersatz. Das Obergeschoss mit offenem Dachstuhl ist als großzügiger, heller Schlaf-, Bade- und Galeriebereich mit Blickkontakt ins Erdgeschoss ausgebildet.

Die hoch gedämmten Außenwände sind als Holzständerwände mit einer Innenverkleidung aus Natur-Gips-Platten und einer hinterlüfteten Außenschale aus Lärchenholz ausgebildet. Bemerkenswert ist hier eine Holzspäne-Dämmung mit ökologischer Soda-Molke-Imprägnierung. Im Inneren treten die längs und quer angeordneten Holzträger als sichtbare Teile der Deckenkonstruktion in Erscheinung und strukturieren den Raum. Wenige Materialien prägen das äußere Erscheinungsbild: graue Zementschindeln als Dachdeckung, Zinkblech im Bereich des Dachrands, Glas und Holz als Außenhaut. Die Regenrinne liegt oberhalb der Traufe und entwässert unmittelbar in die hohlen Eckprofile der Außenwand. Dadurch entsteht ein eleganter Dachrand, dessen Wirkung durch das untergeschobene Glasdach im Westen noch gesteigert wird.

Auch die Haustechnik ist richtungweisend: Das Gebäude ist mit einem Heizsystem mit Luftwärmepumpe und Niedertemperatur-Wärmeboden sowie einer eigenen Foto-

■ Auf der Westseite ist dem Wohnraum eine Terrasse vorgelagert, die durch ein Glasdach vor der Witterung geschützt wird.

■ Blick auf die Eingangsseite im Osten: In den erdgeschossigen Vorbau sind ein Carport und eine Reihe von Nebenräumen integriert.

▌ Die transparente Giebelseite im Süden wird von einem üppigen Dachüberstand verschattet.

▌ Der verglaste Nordgiebel im Obergeschoss gibt den Blick in die offene Landschaft frei.

▌ Das schwarz lackierte Faltwerk der Treppe ist ein Blickfang im Eingangsbereich und schirmt, zusammen mit der längs angeordneten Wandscheibe, Wohn- und Essbereich voneinander ab.

voltaikanlage ausgestattet. Funktionale, konstruktive und ökologische Aspekte werden bei diesem Haus zu einem überzeugenden Gesamtsystem zusammengeführt. Die übersichtliche Grundrissorganisation mit einer regelmäßig strukturierten Tragkonstruktion aus vorgefertigten Elementen, die Zusammenfassung der Installationen innerhalb einer Wand, die oberirdische Anordnung aller Neben- und Technikräume, sowie die Verwendung natürlich belassener Baustoffe sind als Gründe für die Wirtschaftlichkeit dieses Hauses zu nennen.

Gebäudedaten

Grundstücksgröße:
617 m²

Wohnfläche:
138 m²

Zusätzliche Nutzfläche:
10 m²

Anzahl der Bewohner:
2

Bauweise:
Holzständerbau

Baujahr:
2002

Baukosten pro m² Wohn- und Nutzfläche:
1.575 Euro

Eigenleistung:
5.000 Euro (Terrasse)

Baukosten gesamt:
233.000 Euro

Schnitt
M 1:200

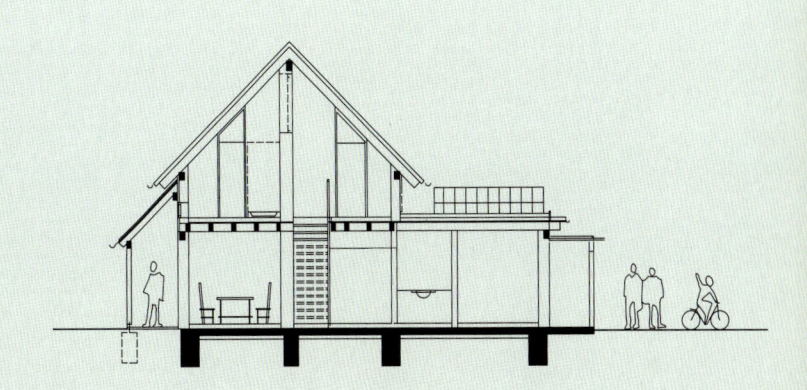

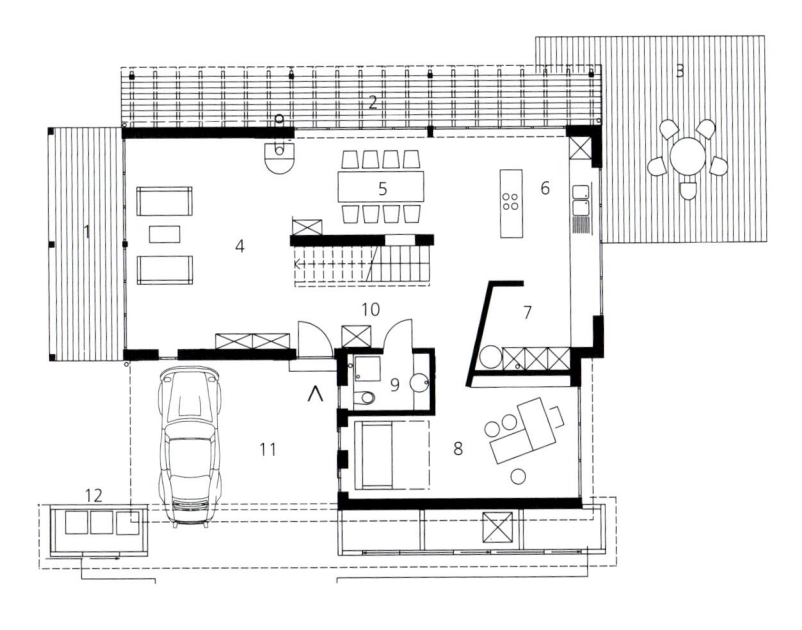

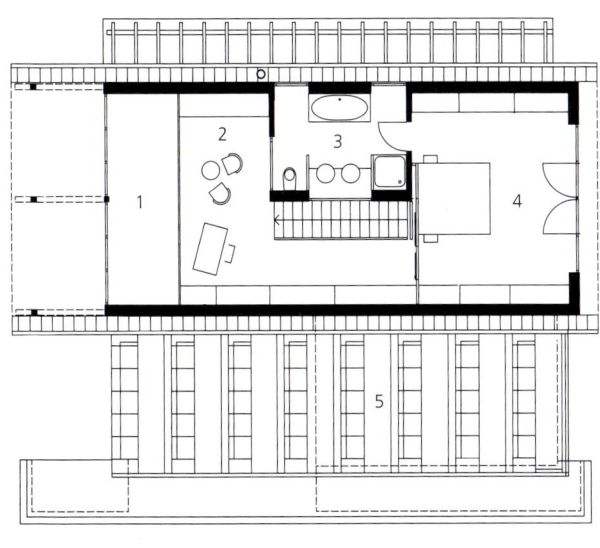

Erdgeschoss
M 1:200

1 Südterrasse
2 Westterrasse
3 Nordterrasse
4 Wohnen
5 Essen
6 Küche
7 Technik
8 Büro
9 Bad
10 Eingang
11 Carport
12 Abstellboxen

Obergeschoss
M 1:200

1 Luftraum
2 Galerie
3 Bad
4 Schlafen
5 Solarkollektoren

■ **Stahlbau in Offenburg**
Architekten: Lehmann Architekten, Offenburg

Länge läuft

Lageplan

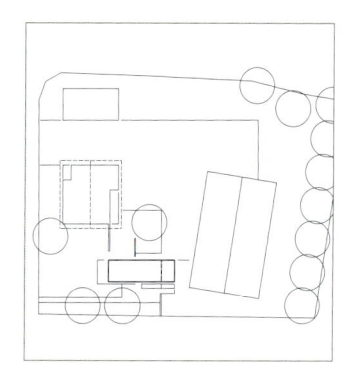

Als hochformatiger, lang gestreckter Quader präsentiert sich dieses Wohnhaus in einem Mischgebiet. Es begnügt sich mit einem Restgrundstück innerhalb eines vorhandenen Ensembles aus Wohngebäude, Garage und Werkhalle. Durch die Rücksichtnahme auf den Baumbestand fügt sich der Stahlbau unauffällig in die Umgebung ein.
Das Raumprogramm umfasst neben den Wohnräumen für eine junge Familie im ersten und zweiten Obergeschoss auch das technische Büro der Schlosserei, welches erdgeschossig angeordnet ist. Mit einem umlaufenden Oberlichtband und einem Rücksprung der Fassade hebt sich das Bürogeschoss von dem darüber liegenden Wohntrakt ab, sodass dieser zu schweben scheint. Das erste Obergeschoss nimmt die Schlafräume auf. Eine durch einen Luftraum freigestellte Treppe führt ins zweite Obergeschoss, das als offener Großraum gestaltet ist und durch eine großzügige Verglasung der Süd- und Westseite auf Höhe der Baumkronen geöffnet ist.

Der dreigeschossige, teilunterkellerte Bau ist 5 Meter breit und 15 Meter lang. Im Achsmaß von 3 Metern stehen Stahlstützen vor der Außenwand aus Holz. Träger und Decken sind ebenfalls aus Stahl. Die Maßordnung des Stahlskeletts mit seinen dem Kraftfluss angepassten Details verleiht dem lang gestreckten Baukörper Rhythmus und Proportion. In einer Ebene vor der Fassade liegend ist das Stahltragwerk nach außen deutlich ablesbar und trägt zum soliden Erscheinungsbild des Hauses bei. Das gesamte Stahlskelett wurde in der Schlosserei vorgefertigt und konnte deshalb schnell und problemlos montiert werden. Die Außenwände besitzen eine hochwertige Kerndämmung und wurden beidseitig mit Spanplatten beplankt. Als Wetterschale dient eine Deckelschalung aus ungehobeltem Douglasienholz.
Zwischen dem präzisen Stahlskelett und der sägerauen Holzschalung entsteht ein spannungsreicher Materialkontrast, der durch die verglasten Öffnungen der Außenwand, die pragmatisch der Funktion im Inneren folgen, noch gesteigert wird. Expressiv wirkende Anbauten im Süden und Westen lockern das geschlossene Volumen auf. Der große Balkon im zweiten Obergeschoss erweitert den Wohnraum ins Freie und wird von zwei schlanken Stahlhalbrahmen getragen, die die Westseite betonen. Dasselbe gilt für den offenen Treppenaufgang auf der Südseite, bei dem eine geradläufige Stahltreppe auf eine überdachte Eingangsplattform führt, sodass der Wohnungseingang deutlich signalisiert wird. Nach oben schließt ein umlau-

▍Die Stahlskelettkonstruktion ist von außen deutlich ablesbar: Stützen im Achsmaß von 3 Metern gliedern die Fassade. Für einen spannungsvollen Materialkontrast sorgt die sägeraue Holzschalung aus Douglasie.

▍Auf Höhe der Baumkronen bietet ein luftiger Westbalkon auf schlanken Stahlstützen spezielle Aufenthaltsqualität.

fender, schmaler Dachüberstand den Baukörper ab. Licht und Schatten entfalten ein effektvolles Spiel an dieser sehr plastisch gestalteten Außenhülle und tragen dazu bei, das Haus in die gewachsene Umgebung zu integrieren.

Die Wirtschaftlichkeit des Hauses beruht auf der beispielhaften Trennung der Systeme: das Tragwerk aus Stahl, die Hüllkonstruktion sowie die Elemente des Ausbaus – wie etwa der Balkon im Westen und die Treppe im Süden – sind jeweils als eigenständige Systeme entwickelt. Sie liegen in unterschiedlichen Ebenen und fügen sich additiv zu einem „Gesamtsystem Haus" zusammen.

▌ Die Wohnebene im zweiten Obergeschoss ist als offener Großraum gestaltet. Dunkler Linoleumboden, helle Wände und die sparsame Möblierung lassen eine puristisch wirkende Atmosphäre entstehen.

▌ Der Flur in der Schlafebene. Auch im Innern kommt das Material unverfälscht zur Geltung: Träger und Decken sind ebenfalls aus Stahl.

▌ Durch deckenhohe Glasfronten auf der Süd- und Westseite fällt der Blick vom Essplatz direkt ins Grüne.

Gebäudedaten

Grundstücksgröße:
500 m²

Wohnfläche:
107 m²

Zusätzliche Nutzfläche:
10 m² (Balkon)
40 m² (Büro EG)

Anzahl der Bewohner:
3

Bauweise:
Stahlskelettbau, Holzelementwände mit Deckenschalung

Baujahr:
2002

Baukosten pro m² Wohn- und Nutzfläche:
1.400 Euro

Eigenleistung:
ca 70.000 Euro

Baukosten gesamt:
210.000 Euro

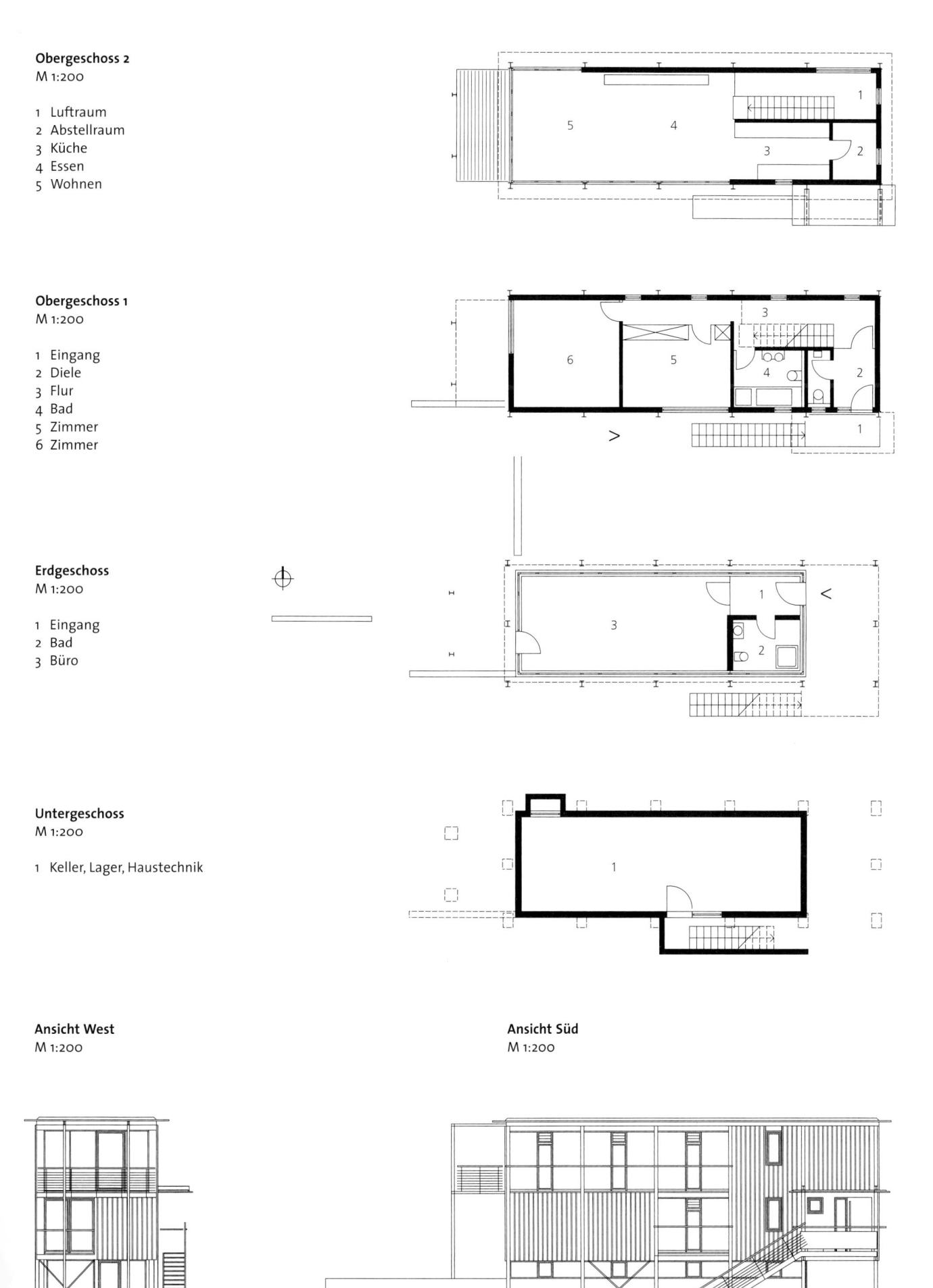

Obergeschoss 2
M 1:200

1 Luftraum
2 Abstellraum
3 Küche
4 Essen
5 Wohnen

Obergeschoss 1
M 1:200

1 Eingang
2 Diele
3 Flur
4 Bad
5 Zimmer
6 Zimmer

Erdgeschoss
M 1:200

1 Eingang
2 Bad
3 Büro

Untergeschoss
M 1:200

1 Keller, Lager, Haustechnik

Ansicht West
M 1:200

Ansicht Süd
M 1:200

■ Holzbau in Öschingen
Architekten: Martina Schlude Architekten, Stuttgart

Klare Linienführung

Lageplan

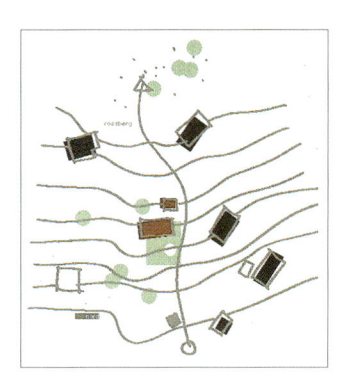

Ein kleiner Weiler am Rande der Schwäbischen Alb ist der Standort dieses Wohnhauses. Das Hanggrundstück fällt über drei großzügige Stufen nach Südwesten ab und bietet einen unverbaubaren Blick. Das Haus entwickelt sich parallel zu den Höhenlinien des Geländes und lehnt sich mit seinem massiven Sockel aus Sichtbeton an die Kante des Roßbergs an.

Alle notwendigen Nebenräume sind hangseitig untergebracht, um für die nach Westen orientierten Wohn- und Arbeitsräume eine möglichst ungestörte Aussicht zu gewinnen. Im Gartengeschoss sind Technik und Funktionsräume kompakt in einer Spange zusammengefasst. Auf der Eingangsebene bilden die Nebenräume eine Pufferzone zwischen privatem und öffentlichem Bereich. Der einfache und übersichtliche Grundriss umfasst auf dieser Ebene den Wohn- und Essbereich; die zweigeschossige Eingangshalle stellt eine räumliche Verbindung zu den privaten Räumen im Dachgeschoss her. Alle drei Geschosse sind über eine zweiläufige Podesttreppe miteinander verbunden. Ein breites Holzdeck auf Gartenniveau und ein vorgestellter Balkon mit Pergola bieten direkten Zugang zum Garten.

Das dominierende Material ist Holz: Die Außenwände haben einen mehrschaligen Aufbau und sind mit einer hinterlüfteten Schalung aus Douglasienholz bekleidet. Die Decken werden von filigranen Leimholzbindern getragen. Der Dachstuhl wurde aus hoch gedämmten Holztafeln ausgeführt und erhielt eine Titanzink-Eindeckung. Alle Baugruppen aus Holz wurden werkseitig vorgefertigt und binnen weniger Tage vor Ort aufgerichtet.

Die Wirtschaftlichkeit des Hauses beruht, neben der einfachen Gliederung des Grundrisses, auf einer Reduktion der Baumaterialien: Sichtbeton, Holz, Glas und Metall sind die wesentlichen Bestandteile einer materialgerechten Konstruktion, die es ermöglicht, die jeweiligen Baustoffe mit unbehandelten Oberflächen zu verwenden und so einem natürlichen Alterungsprozess auszusetzen. Ein charakteristisches Gestaltungselement sind in Lamellen aufgelöste Schiebefensterläden, die bedarfsweise vor die Glasflächen gefahren werden. Tagsüber dienen sie der Verschattung, bei Dunkelheit als Blickschutz. Die durch die Lamellen gefilterten Lichtstrahlen erzeugen im Inneren wechselnde, spannungsvolle Licht- und Schatteneffekte.

Mit einem erhöhten Wärmeschutz entspricht das Haus dem Niedrigenergiestandard. Die großen Glasflächen auf der Süd- und Westseite ermöglichen solare Energie-

▌ Naturbelassene Oberflächen bestimmen den Charakter der feingliedrigen Ansicht. Mit den Holzschiebeelementen kann die Fassade vollständig geschlossen werden.

▌ Aus der weitgehend geschlossenen Nordostfassade tritt der verglaste Eingangsbereich mit Sichtschutz aus Holzlamellen und Zenitbelichtung über ein Dachflächenfenster hervor.

▌ Bei Nacht werden die Fensterläden vorgezogen und verwehren größtenteils den Einblick in die geschosshoch verglasten Wohnräume.

gewinne, die einen positiven Beitrag zur Energiebilanz leisten. Ressourcen sparend wirkt sich die Gasbrennwerttechnik bei der Heizung, die Regenwassernutzung beim Wasserverbrauch und die Solaranlage bei der Brauchwassererwärmung aus. Darüber hinaus hat der kompakte Baukörper, der auf Vor- und Rücksprünge verzichtet, eine geringe Gebäudeoberfläche und zeichnet sich deshalb durch einen vergleichsweise geringen Wärmeverlust aus.

■ Für die gemeinsamen Mahlzeiten versammelt sich die Familie an einem großen Esstisch, der von der offenen Küche aus leicht bedient werden kann.

■ Ein durchgängiges Gehäuse nimmt die zweiläufige Stahlwangentreppe mit Holzstufen auf.

■ Wechselnde Lichteffekte beleben den Wohnbereich.

Gebäudedaten

Grundstücksgröße:
580 m²
Wohnfläche:
173 m²
Zusätzliche Nutzfläche:
44 m²
Anzahl der Bewohner:
4

Bauweise:
Holzständerbau
Baujahr:
2001
Baukosten pro m² Wohn- und Nutzfläche:
keine Angaben
Baukosten gesamt:
unter 250.000 Euro

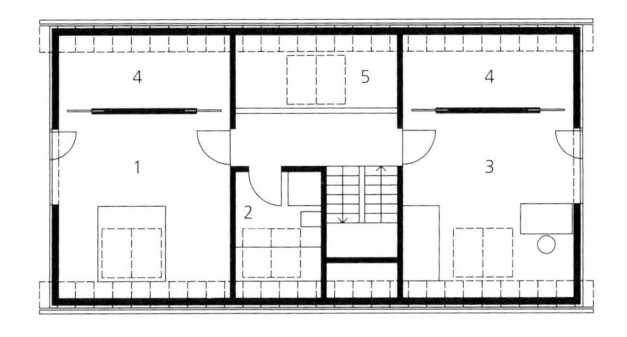

Dachgeschoss
M 1:200

1 Eltern
2 Bad
3 Kinder
4 Ankleide
5 Luftraum

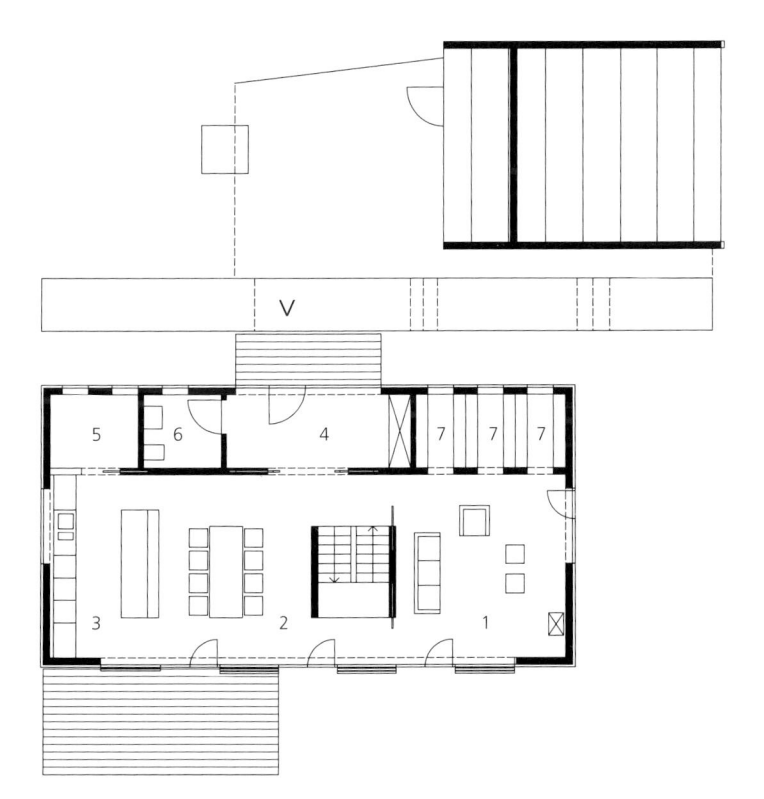

Erdgeschoss
M 1:200

1 Wohnen
2 Essen
3 Küche
4 Eingang
5 Speisekammer
6 WC
7 Bibliothek

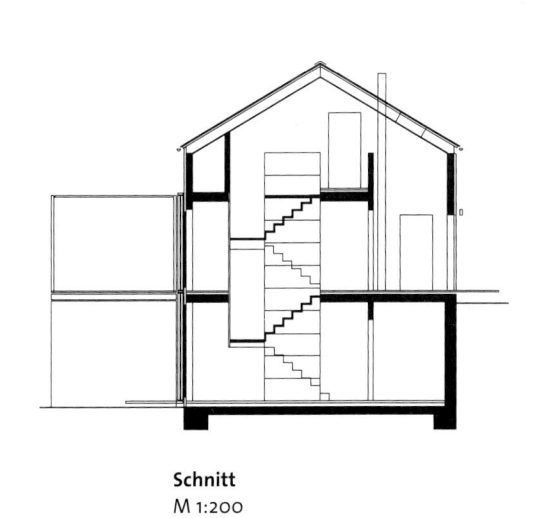

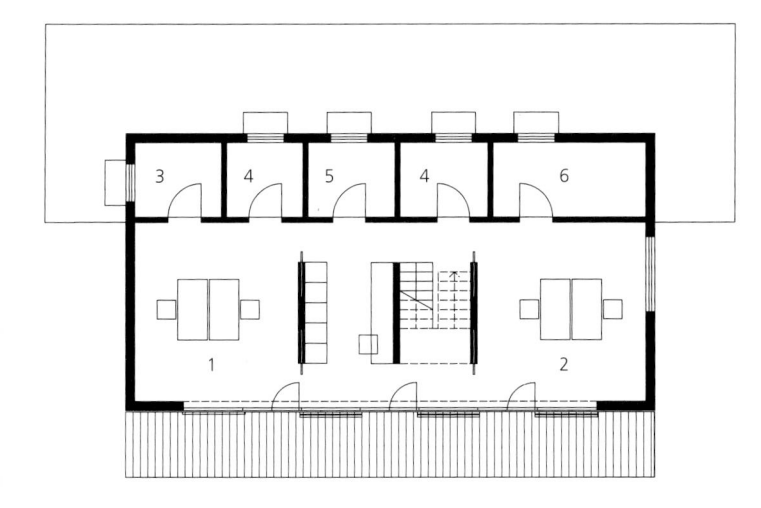

Schnitt
M 1:200

Gartengeschoss
M 1:200

1 Wohnen
2 Arbeiten
3 Heizung
4 Abstellraum
5 Bad
6 Nebenraum

■ Holzbau in Vogtsburg-Schelingen
Architekten: schaudt architekten, Konstanz

Intelligent konstruiert

Lageplan

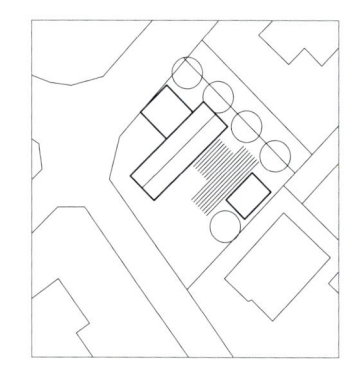

Naturbelassene Materialien prägen das Erscheinungsbild dieses Hauses am Fuß des Kaiserstuhls. Mit seinem Satteldach, einem Vorbau für das Treppenhaus und einer quer zur Gebäudelängsrichtung angeordneten Pergola, die auf der Gartenseite durch einen Schuppen abgeschlossen wird, fügt sich das Haus hervorragend in die dörfliche Umgebung ein. Es gliedert das Grundstück so, dass auf der Südseite ein großer geschützter Gartenbereich entsteht.

Das lang gestreckte, schmale Gebäude entwickelt sich an der Straße und lässt in seinem Inneren eine lichtdurchflutete Atmosphäre mit vielfältigen Ausblicken auf die schöne Landschaft des Kaiserstuhls entstehen. Nach Südosten, zum Garten hin, prägen zweigeschossige Glasflächen mit großformatigen Scheiben die Ansicht, während sich das Haus zur Straßenseite im Nordwesten eher geschlossen darstellt. Der giebelseitige Eingang führt zu einer langen Erschließungsachse im Inneren, an der die einzelnen Funktionsbereiche aufgereiht sind.

Der zusammenhängende Wohn-Ess-Bereich mit der offenen Küche wird von beiden Längsseiten belichtet, was einen sehr großzügigen Innenraumeindruck bewirkt. Eine aus dem knapp 5 Meter breiten Baukörper ausgegliederte geradläufige Treppe erschließt das Obergeschoss und ermöglicht die Durchgängigkeit des konstruktiven Prinzips, bei dem eine Kastendecke die gesamte Hausbreite überspannt. In der oberen Etage werden die Räume mittels einer längs angeordneten Schrankwand und quer verlaufender Holzständerwände aufgeteilt. Giebelseitig gibt es eine Galerie, die über einen Luftraum mit dem Wohnbereich im Erdgeschoss in Verbindung steht.

Das Gebäude wurde komplett in Holzrahmenbauweise errichtet: Holzständer mit 6 mal 12 Zentimetern wurden wärmegedämmt und auf beiden Seiten mit Holzwerkstoff- beziehungsweise Gipsfaserplatten beplankt. Die innere Gipsfaserschicht wurde lediglich verspachtelt und gestrichen, sodass keine zusätzlichen Putz- oder Tapezierarbeiten anfielen. Ein konsequent durchgehaltenes Raster und die Verwendung standardisierter Ständerprofile ermöglichten einfache Anschluss- und Eckdetails. Besonders leistungsfähig ist auch die bereits erwähnte Kastendecke: Die Deckenelemente bestehen aus einer beidseitig beplankten Balkenlage. Die untere Schale ist aus einer Douglasie-Mehrschichtplatte und bildet die sichtbare Oberfläche der Decke. Der Einbau oberflächenfertiger Wand- und Deckenelemente bietet ein enormes Sparpotenzial.

▎Großformatige Isolierglaseinheiten sind auf der Gartenseite unmittelbar mit den Holzständern verbunden und sorgen für optimale Aussichten ins Grüne. Zwischen Geräteschuppen und Haus entsteht im Bereich der Holzterrasse ein geschützter Innenhof, der zum Wohnen im Freien geradezu einlädt.

▎Die Giebelfassade im Nordwesten erhält durch den vorgestellten Edelstahlkamin einen vertikalen Akzent.

Auch das Dach besteht aus vorfabrizierten Kastenelementen, bei denen die untere Schale bereits fertige Oberflächenqualität besitzt. Die Dacheindeckung aus großformatigen, gewellten Faserzementplatten wurde ohne Lattung und Konterlattung direkt mit den Kastenelementen der Dachkonstruktion verschraubt.

Da das Gebäude nicht unterkellert ist, konnten Erdaushub und kostenintensive Stahlbetonarbeiten reduziert werden. So ruht das Wohnhaus auf Streifenfundamenten und einer Stahlbetonplatte. Als Ersatz für einen Keller und die damit verbundenen Abstellflächen errichtete man im Garten einen Schuppen, ebenfalls in Holzrahmenbauweise. Auch der große Anteil fest verglaster Fassadenelemente, bei denen die Glasscheiben über Pressleisten aus Aluminium direkt mit den Ständern verbunden werden, führte zur Kosteneinsparung.

▌Die mit Cortenstahl beplankte Wand des Treppenhauses bildet einen effektvollen Kontrast zum Weiß der Wände und dem hellen Holzton von Decke und Boden.

▌Im Obergeschoss hat man darauf verzichtet, die raumteilenden Wände bis unter das Dach zu ziehen. Dadurch wirkt auch das Bad geräumig.

▌Mit der Galerie entfaltet das Haus eine zweigeschossige Räumlichkeit, die auch von außen an der Fassade ablesbar ist.

▌Oben: Eine heitere Raumatmosphäre herrscht in dem lichtdurchfluteten Wohn-Ess-Bereich mit Kronleuchter über dem Tisch.

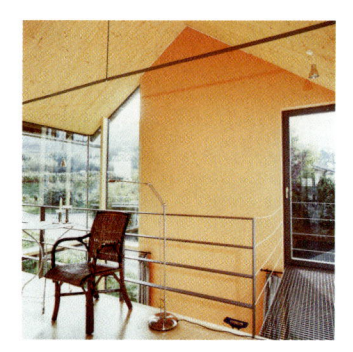

Gebäudedaten

Grundstücksgröße:
574 m²

Wohnfläche:
153 m²

Zusätzliche Nutzfläche:
84 m²

Anzahl der Bewohner:
2

Bauweise:
Holzrahmenbau

Baujahr:
2002

Baukosten pro m² Wohn- und Nutzfläche:
1.250 Euro

Eigenleistung:
10.000 Euro

Baukosten gesamt:
200.000 Euro

Obergeschoss
M 1:200

1 Galerie
2 Schlafen
3 Bad
4 Kind
5 Flur
6 Luftraum

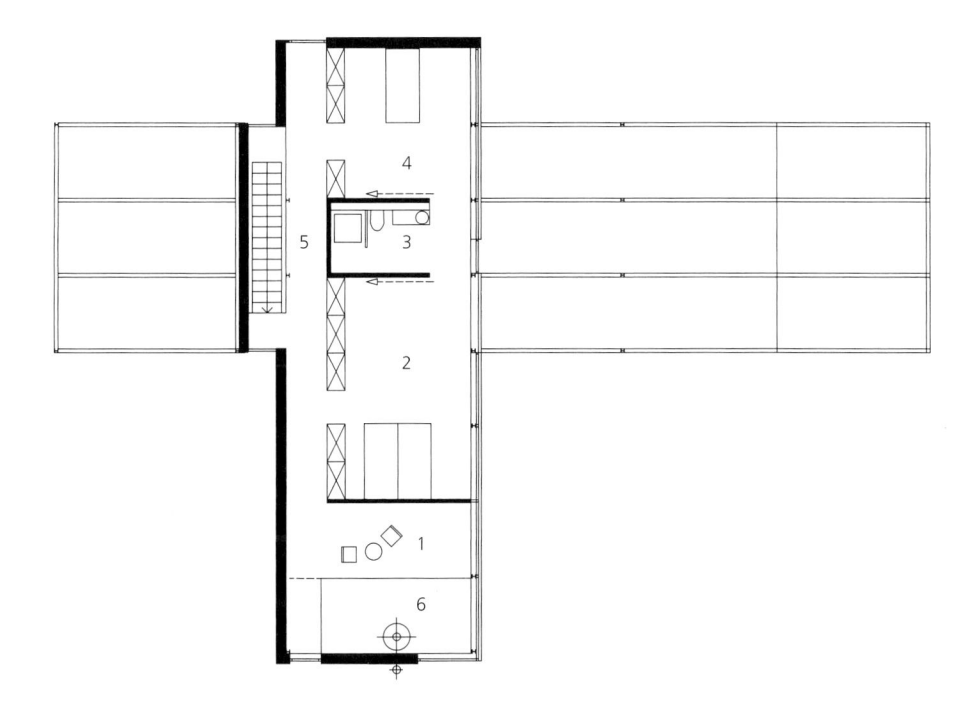

Erdgeschoss
M 1:200

1 Wohnen, Essen
2 Kochen
3 Gästebad
4 Haustechnik, Abstellraum
5 Terrasse
6 Schuppen

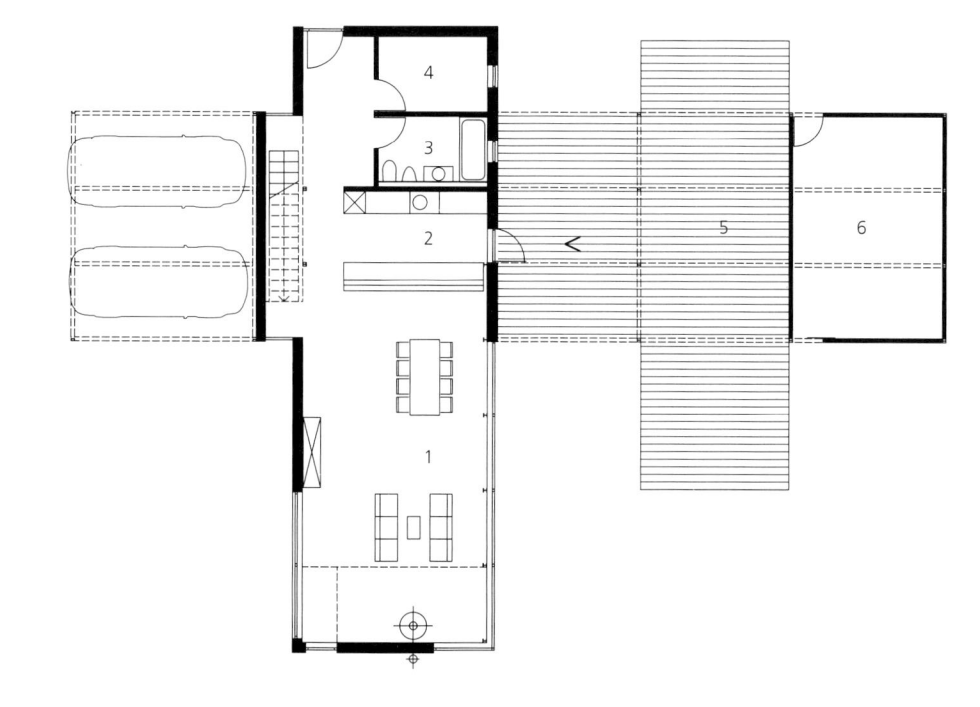

Schnitt
M 1:200

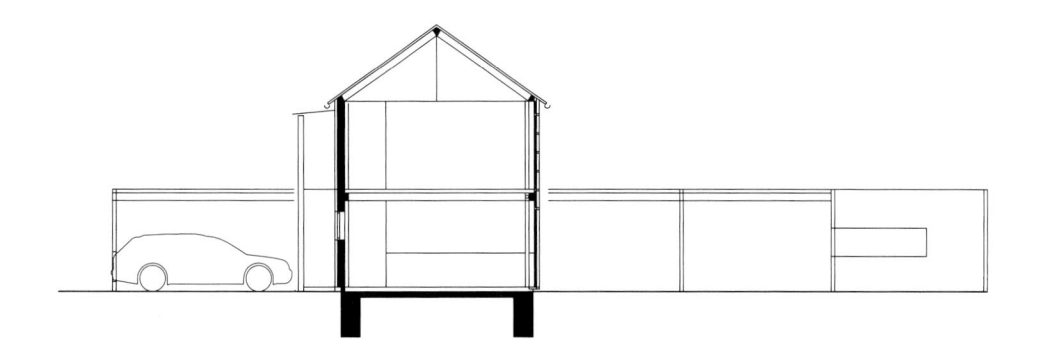

Holzbau in Glottertal
Architekten: schaudt architekten, Konstanz

Klein aber fein

Lageplan

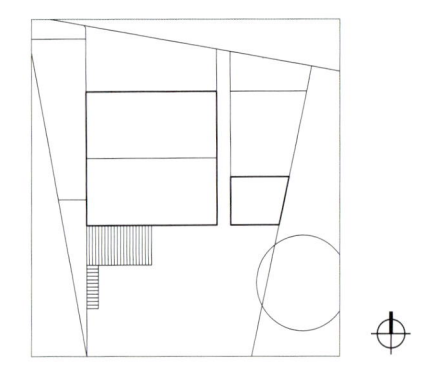

In der Schwarzwaldgemeinde Glottertal entstand dieses Haus für eine allein stehende Frau. Das Gebäude entwickelt sich als einfacher ortsüblicher Haustyp mit Satteldach auf einer Grundfläche von 8 mal 8 Metern. Gegenüber der Straße und der umgebenden Bebauung ist es um 70 Zentimeter abgesenkt, sodass trotz der vorgegebenen niedrigen Traufhöhe zwei Vollgeschosse realisiert werden konnten. Man betritt das Gebäude über einen Zuweg von Osten, wo ein Carport sowie ein zusätzlicher Abstellraum vorgelagert sind.

Der quadratische Grundriss ist einfach gegliedert und wird von wenigen Innenwänden in vier gleich große Bereiche unterteilt. Im Erdgeschoss befinden sich die Schlafräume auf der Südseite, sowie die dienenden Räume – Abstellkammer, Bad/WC –, die sich zur Straße nach Norden hin orientieren. Um trotz des abgesenkten Erdgeschosses die schöne Aussicht auf die Schwarzwaldlandschaft genießen zu können, wurden der Wohn- und Essraum sowie die Küche ins Obergeschoss gelegt. Dadurch konnte trotz der geringen Grundfläche ein großzügiger lichtdurchfluteter Raum geschaffen werden, der bis unter den Dachfirst reicht. Von diesem Raum aus gelangt man auf die Veranda, eine Stahlkonstruktion mit Holzbeplankung, von der eine Stahltreppe hinunter in den Garten führt. Ein offenes Treppenhaus und eine kleine Galerie verbinden die beiden Geschosse miteinander. Über einen Stahlsteg mit Scherentreppe erreicht man den Heizraum und einen zusätzlichen Stauraum unter dem Dach. Durch diese Anordnung sowie den zusätzlichen Abstellraum im Außenbereich konnte auf einen Keller verzichtet werden, was zu einer extrem günstigen Gründung führte, da nur geringe Erdarbeiten nötig waren.

Die Außenwände wurden aus Fertigelementen in Holztafelbauweise mit 18 Zentimeter Mineralwolledämmung errichtet. Die Geschossdecken sind als Kastendecken mit Kiesschüttung und Trittschalldämmung gefertigt. Sie sind jeweils mit Douglasie-Dreischichtplatten beplankt, die gleichzeitig als Deckenuntersicht und als Fußbodenbelag dienen. Das 45 Grad geneigte Satteldach wurde als Warmdach, ebenfalls aus vorgefertigten Kastenelementen mit 18 Zentimeter Mineralwolledämmung ausgeführt und mit Tondachziegeln eingedeckt. Die wenigen nichttragenden Innenwände wurden in Leichtbauweise errichtet.

Die Fassaden sind durchgehend mit wetterunempfindlichen, zementgebundenen, dunkelgrau eingefärbten Spanplatten bekleidet. Vorgehängte, holzverschalte Schie-

▋ Eine bequeme Treppe führt vom Wohngeschoss mit Südterrasse in den Garten. Mit Holzschiebeläden lassen sich die großen Fensterflächen der Südseite schließen.

▋ Eher geschlossen präsentiert sich das Haus im Norden und Osten. Anthrazitfarbene, zementgebundene Spanplatten dienen der Fassadenbekleidung und tragen zu dem verbindlichen, präzisen Erscheinungsbild des Hauses bei.

beläden dienen als Sonnenschutz vor den großen Fenstern und lockern die Ansichten auf. Die Westfassade ist vollständig geschlossen, da das Grundstück für eine Doppelhausbebauung vorgesehen ist. Auf Dachaufbauten wurde komplett verzichtet, sodass die Dachfläche bis auf wenige Rohrentlüftungen ebenfalls vollständig geschlossen ist.
Die Temperierung des Gebäudes erfolgt über eine Gas-Brennwertheizung mit Heizkörpern als Wärmetauscher sowie über einen Kachelofen im Obergeschoss. Das Warmwasser wird zentral aufbereitet, zusätzliche Einsparungen bei den Unterhaltskosten werden durch Regenwassernutzung erzielt. Das Haus konnte mit vorgefertigten Dach-, Wand- und Deckenelementen in nur sieben Monaten komplett erstellt werden.

Gebäudedaten

Grundstücksgröße:
ca. 500 m²

Wohnfläche:
110 m²

Zusätzliche Nutzfläche:
12 m²

Anzahl der Bewohner:
1

Bauweise:
Holzrahmenbau

Baujahr:
2000

Baukosten pro m² Wohn- und Nutzfläche:
1.400 Euro

Baukosten gesamt:
175.000 Euro

■ Oben: Durch den Niveauunterschied zwischen Carport und tiefer liegendem Erdgeschoss entsteht ein geschützter Eingangsbereich, der von einer Glaspergola überdeckt wird.

■ Mitte: Ein großer, holzbefeuerter Kachelofen dient als zweite Wärmequelle im Haus und trägt auch im Sommer zu einem behaglichen Raumgefühl bei.

■ Unten: Holzboden und Holzdecke geben auch dem Bad eine besondere Atmosphäre.

■ Unter dem offenen Giebel entfaltet sich ein großzügiger Wohnraum. Der Essplatz wirkt einladend.

■ Ein schmaler Stahlsteg erschließt einen Technik- und Abstellraum unter dem Dach. Er ist nicht nur ein attraktives Einbauelement, sondern dient zudem der Aussteifung des Hauses.

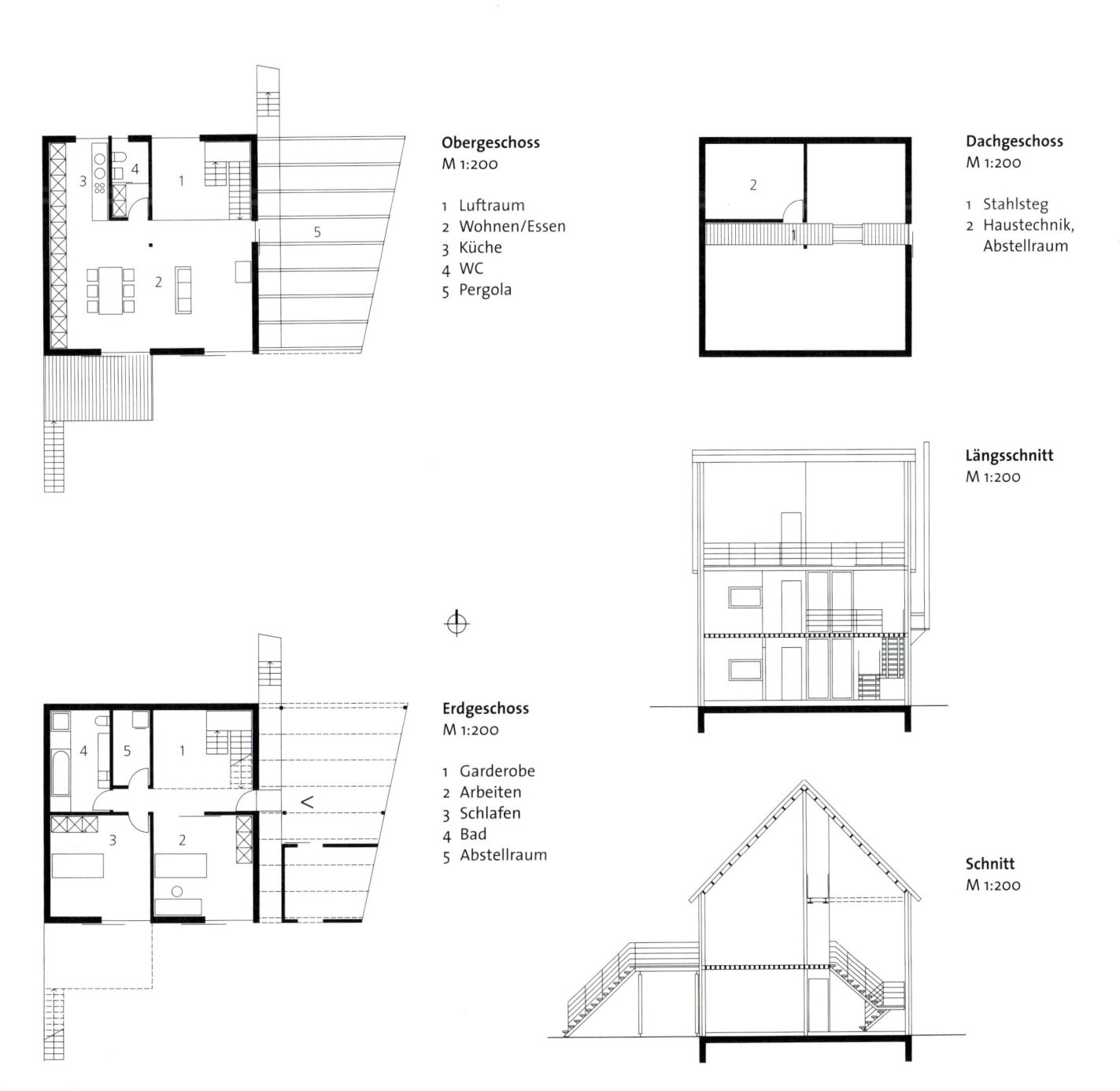

Obergeschoss
M 1:200

1 Luftraum
2 Wohnen/Essen
3 Küche
4 WC
5 Pergola

Dachgeschoss
M 1:200

1 Stahlsteg
2 Haustechnik, Abstellraum

Längsschnitt
M 1:200

Erdgeschoss
M 1:200

1 Garderobe
2 Arbeiten
3 Schlafen
4 Bad
5 Abstellraum

Schnitt
M 1:200

■ Holzbau in Villingen-Schwenningen
Architekten: Architekten Linie 4, Villingen-Schwenningen

Haus mit Wespentaille

Lageplan

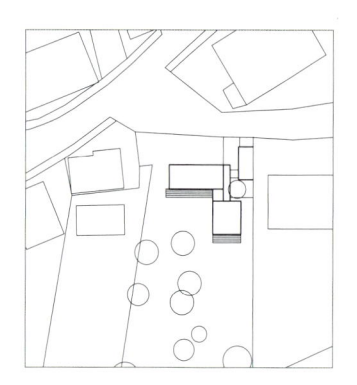

Getrennt schlafen und gemeinsam wohnen, das ist das Erfolgsrezept bei diesem Familienhaus, bei dem ein Gebäudeflügel für die Kinder und einer für die Eltern vorgesehen ist. Durch einen gemeinsamen Eingangsbereich im Westen verbunden entwickelt sich das „Kinderhaus" nach Süden, während das „Elternhaus" den nördlichen Gebäudeflügel bildet. Der Bauplatz liegt im Zentrum des Ortsteils Tannheim und ist von traditionell ländlicher Bebauung umgeben. Mit seinen holzverschalten Wänden und den ausladenden Pultdächern fügt sich das Haus gut in die Umgebung ein.

Die beiden Wohneinheiten sind autark und jeweils mit eigener Erschließung, Sanitär- und Küchenzellen versehen, sodass sie gegebenenfalls ohne größere bauliche Eingriffe nach Auszug der Kinder zu zwei getrennten Einheiten entwickelt werden können. Das „Elternhaus" beinhaltet im Erdgeschoss einen großzügigen Koch-, Ess- und Wohnbereich, der durch einen eingestellten Küchenblock und einen riesigen offenen Kamin unterteilt ist. Drei geschosshohe Glaselemente öffnen den Wohnraum im Süden auf breiter Front zu einer vorgelagerten Holzterrasse. Entlang der geschlossenen nördlichen Außenwand führt eine geradläufige Treppe ins Obergeschoss. Hier trennt ein großzügiger Luftraum den Arbeitsbereich vom Schlafbereich der Eltern ab. Eine angewendete Treppe führt vom Eingangsbereich in den Keller mit Lager- und Technikräumen.

An den Eingangsbereich schließt sich im Norden eine Verbindungsspange zum „Kinderhaus" an. Während das Obergeschoss zwei Kinderzimmer aufnimmt, ist das Erdgeschoss als großzügiges Apartment mit Nasszelle, Küche und nach Süden orientiertem Kinderzimmer mit vorgelagerter Holzterrasse ausgebildet.

In regelmäßigem Abstand von 1 Meter sind in den Außenwänden Kanthölzer angeordnet. Eine beidseitige Schalung schließt die Kerndämmung aus Mineralwolle ein. Die Deckenbalken bleiben sichtbar und tragen einen Fußbodenaufbau mit schwimmendem Estrich und Dielenbelag aus Douglasienholz. Die hinterlüftete Wetterschale, ebenfalls aus Douglasienholz, kontrastiert reizvoll zu den anthrazitfarbenen Dachpfannen der Pultdächer.

Auch bei diesem Haus ist eine Reihe von Faktoren für das kostengünstige Bauen zu nennen: Das Gebäude ist nach Süden großflächig verglast, während sich alle anderen Fassaden überwiegend geschlossen präsentieren. Fensteröffnungen haben gleiche Abmessungen, die aus dem Modul der Holzrahmenbauweise hergeleitet sind. Die Vor-

▋ Als wohne man inmitten einer Streuobstwiese: Das nach Süden offene Holzhaus fügt sich harmonisch in seine ländliche Umgebung ein.

▋ In Proportion und Materialwahl nimmt das Haus einen Dialog mit den umgebenden Gehöften auf. Von der Dorfstraße her zeigt es sich eher geschlossen.

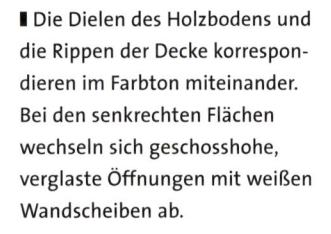

▍Die Dielen des Holzbodens und die Rippen der Decke korrespondieren im Farbton miteinander. Bei den senkrechten Flächen wechseln sich geschosshohe, verglaste Öffnungen mit weißen Wandscheiben ab.

▍Eine geradläufige Stahltreppe lässt eine räumliche Verbindung vom Erdgeschoss bis unter das Dach entstehen.

▍Von der Küchenzeile aus sind Blickbeziehungen nach Norden und Süden möglich. Eine offene Anrichte verbindet die Küche mit dem Essbereich.

fertigung der Decken- und Wandelemente in der Zimmerei erlaubt eine schnelle Montage am Bauplatz. Die einfachen Pultdächer bilden große zusammenhängende Flächen ohne Durchbrüche. Anstelle einer Garage wurde ein offener Carport mit Außenlager ausgeführt. Dazu kommt die ländliche Lage, die speziell im Handwerk ein günstigeres Preisniveau ermöglicht. Das Haus mit der Wespentaille, das jederzeit in zwei voneinander unabhängige Teile getrennt werden kann, passt sich optimal den Bedürfnissen einer heranwachsenden Familie an.

Gebäudedaten

Grundstücksgröße:
2.951 m²

Wohnfläche:
165 m²

Zusätzliche Nutzfläche:
75 m²

Anzahl der Bewohner:
5

Bauweise:
Holzrahmenbau

Baujahr:
2000

Baukosten pro m² Wohn- und Nutzfläche:
800 Euro

Eigenleistung:
40.000 Euro

Baukosten gesamt:
240.000 Euro

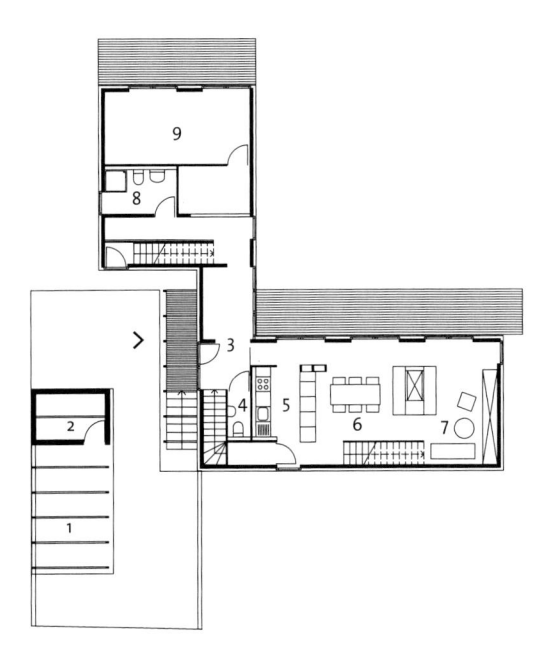

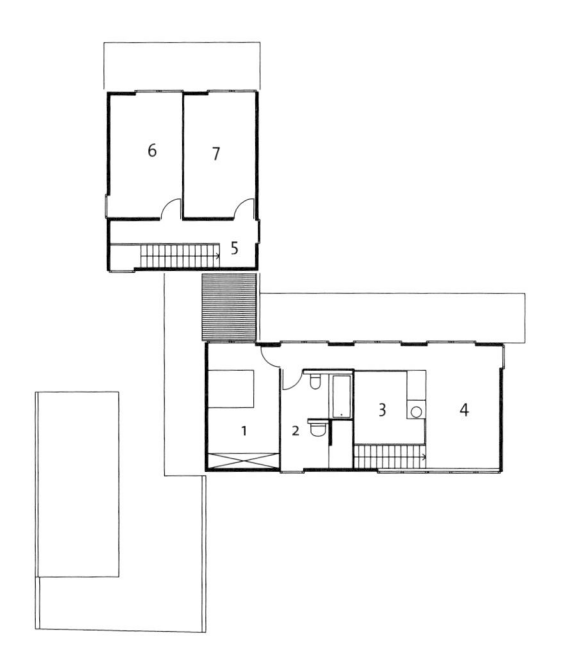

Erdgeschoss
M 1:300

1 Carport
2 Außenlager
3 Windfang
4 WC
5 Küche
6 Essen
7 Wohnen
8 Bad
9 Kind

Obergeschoss
M 1:300

1 Eltern
2 Bad
3 Luftraum
4 Arbeiten
5 Flur
6 Kind
7 Kind

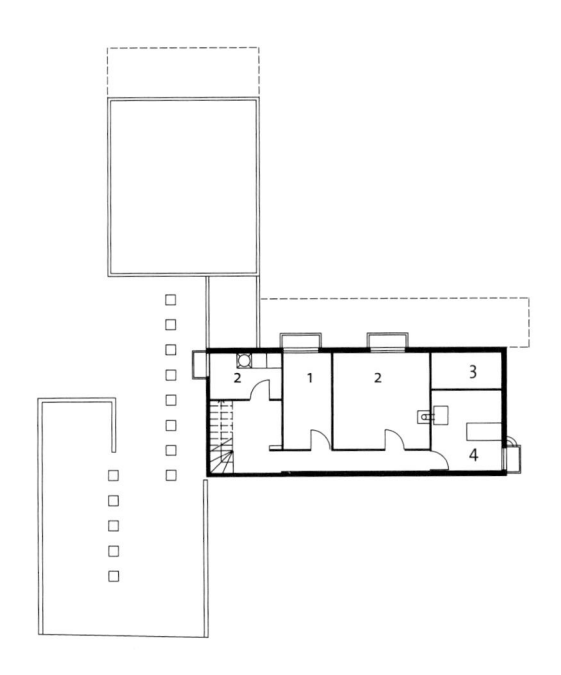

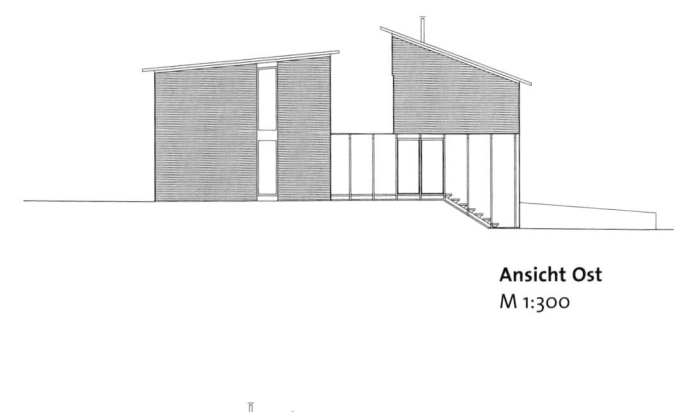

Untergeschoss
M 1:300

1 Hausarbeit
2 Lager
3 Öllager
4 Haustechnik

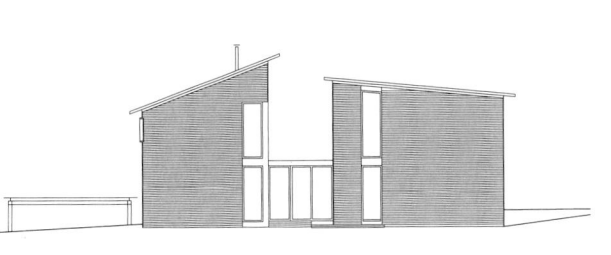

Ansicht Ost
M 1:300

Ansicht West
M 1:300

Massivbau in Villingen-Schwenningen
Architekten: Architekten Linie 4, Villingen-Schwenningen

Wohnen auf fünf Ebenen

Lageplan

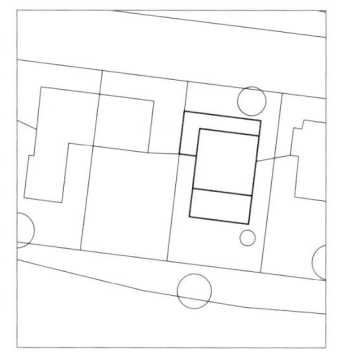

Das Gebäude befindet sich in der Südstadt von Villingen-Schwenningen am Rande eines Naturschutzgebietes und fügt sich traufständig in die bereits vorhandene Straßenbebauung ein. Das leicht geneigte Grundstück grenzt im Süden an den Warenbach. Die klare Linienführung des Baukörpers reflektiert Prinzipien des Bauhausstils. Zur Straße hin präsentiert sich das Haus als glatter Kubus mit artikuliertem Sockel- und Attikabereich, während es zum Garten hin durch Vor- und Rücksprünge vielfältige Wohn- und Freibereiche erzeugt. Unter Ausnutzung der Hanglage wurde das Erdgeschoss als Split-Level gestaltet, sodass sich das Haus dem Geländeverlauf anpasst. Trotz der großen räumlichen Vielfalt zeigen Grundrisse und Schnitte strukturelle Klarheit.

Der Baukörper gliedert sich in drei Teile: In das leichte, transparente Sockelgeschoss mit dem von außen sichtbaren Wohn- und Essbereich, in den sich im Norden daran angrenzenden, geschlosseneren Bereich mit Garage, Eingang und Treppenhaus, und schließlich in einen liegenden massiven Kubus, der sich mit Pultdach und Dachterrasse zur Sonne und zur Landschaft hin öffnet. In diesem befinden sich die Bäder, Schlaf- und Arbeitsräume. Die Materialwahl entspricht den unterschiedlichen Funktionsbereichen mit einem Sockel aus Glas, Sichtbeton und Paneelen zur Fassadenbekleidung sowie dem darüber liegenden Kubus aus verputztem Mauerwerk.

Von der großzügigen Eingangszone neben der Doppelgarage gelangt man in den Koch- und Essbereich, der sich, dem Gelände folgend, über fünf Stufen in einen tiefer liegenden Wohnraum erweitert. Eine zweiläufige Treppe zwischen Eingang und Garage erschließt den Keller mit Abstellräumen und einen Technikraum, in dem die Gasheizung untergebracht ist. Im ersten Obergeschoss liegen die Schlafräume der beiden Kinder mit eigenem Bad. Die Arbeitsräume teilen sich eine nach Süden gerichtete Terrasse und sind zur Landschaft hin orientiert. Im zweiten Obergeschoss befindet sich der elterliche Bereich mit Schlafraum, Ankleide, Bad und Sauna. Wahlweise über das Schlafzimmer der Eltern oder über den Bad-Sauna-Bereich gelangt man auf die nach Süden orientierte großzügige Dachterrasse.

Die tragenden Wände des Hauses bilden eine klare Struktur, sodass die Lasten auf kurzen Wegen in den Baugrund abgeleitet werden können. Bei der Planung wurde sehr auf die Durchgängigkeit von tragenden und auch von raumabschließenden Bauteilen vom Keller bis zum Dach-

▪ Großflächige Öffnungen sind auf der Südseite in den Baukörper geschnitten. Eine Terrasse im Erdgeschoss und eine Dachterrasse im zweiten Obergeschoss erhöhen die Wohnqualität.

▪ Auf der Straßenseite wird die Horizontale durch das abgesetzte Sockelgeschoss und ein durchgängiges Fensterband im Attikabereich optisch betont.

▌ Die offene Küche und der Essplatz liegen auf dem gleichen Niveau innerhalb des abgestuften Erdgeschosses.

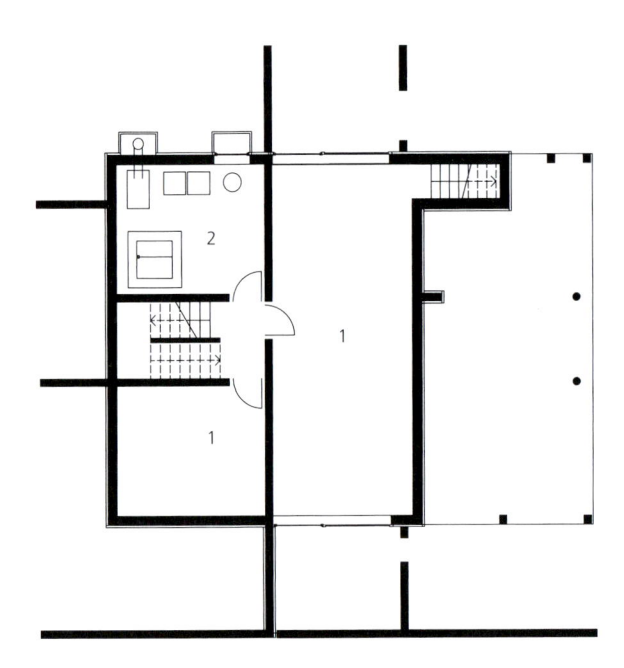

▌ Der Wohnbereich ist ebenerdig an den Garten angeschlossen.

Untergeschoss
M 1:200

1 Keller
2 Haustechnik, Gas, Heizung

geschoss geachtet. Das einfache Pultdach benötigt weder Gauben noch Fenster, die Details im Dachbereich sind auf das Notwendige begrenzt.
Die Beschränkung auf wenige Materialien und die Verwendung einfacher, klarer Details half ebenso Kosten einzusparen wie die Vorfertigung der ausfachenden Fassadenelemente, die auch eine Verkürzung der Bauzeit bewirkte. Die Gliederung der einzelnen Funktionsbereiche führt zu einem spannungsvollen Baukörper, der ein attraktives Wohnen auf insgesamt fünf Ebenen ermöglicht.

Gebäudedaten

Grundstücksgröße:
480 m²

Wohnfläche:
250 m²

Zusätzliche Nutzfläche:
90 m²

Anzahl der Bewohner:
4

Bauweise:
Massivbau (Ziegel, Stahlbeton)

Baujahr:
2000

Baukosten pro m² Wohn- und Nutzfläche:
735 Euro

Baukosten gesamt:
250.000 Euro

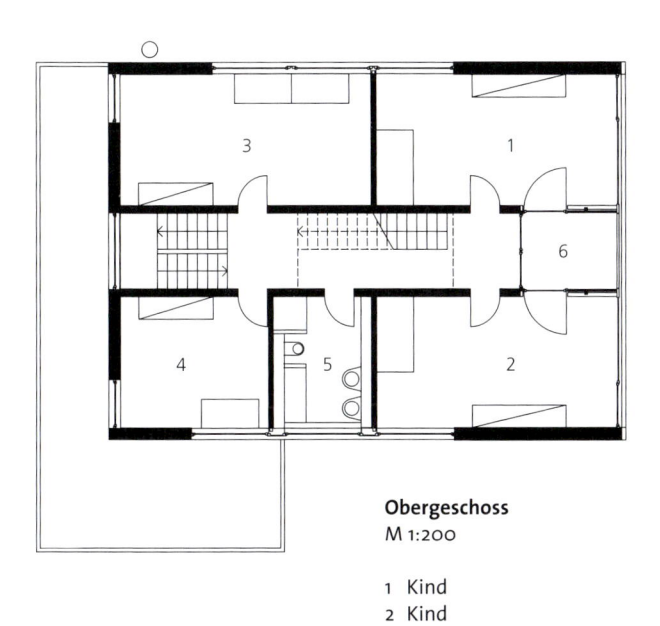

Obergeschoss
M 1:200

1 Kind
2 Kind
3 Arbeiten
4 Arbeiten
5 Bad
6 Loggia

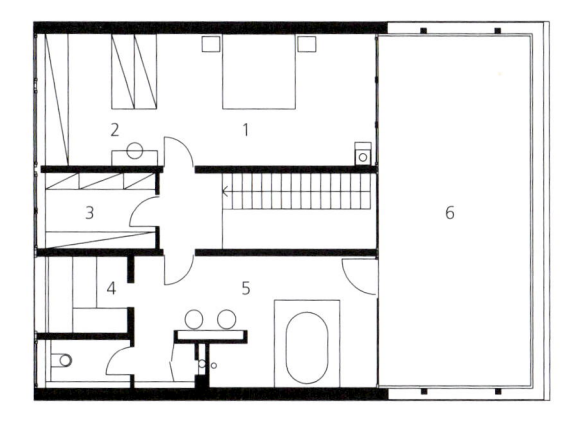

Dachgeschoss
M 1:200

1 Schlafen
2 Ankleide
3 Schrankraum
4 Sauna
5 Bad/WC
6 Dachterrasse

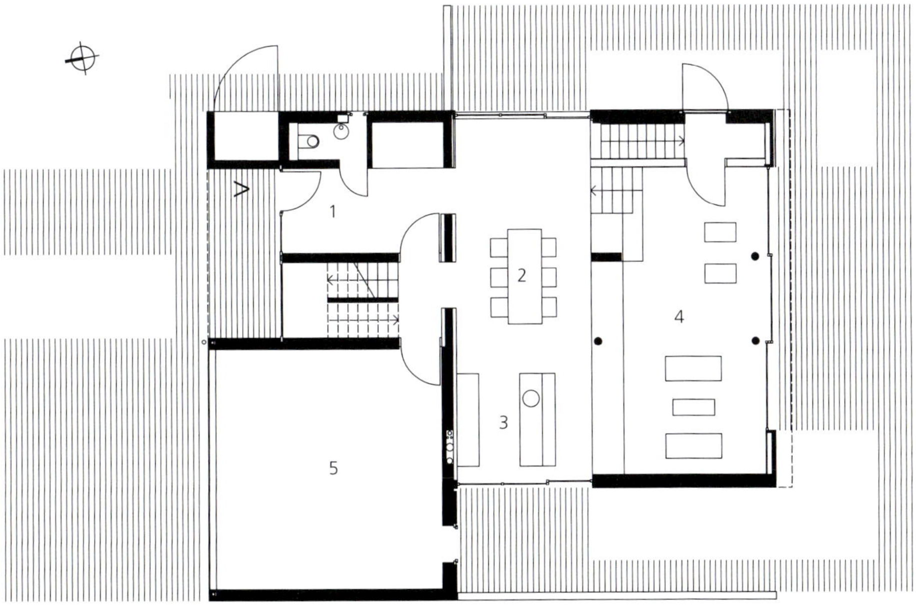

Erdgeschoss
M 1:200

1 Eingang
2 Essen
3 Küche
4 Wohnen
5 Doppelgarage

■ Links: Die unterschiedlichen Niveaus der Wohnflächen verleihen dem Innenraum perspektivische Tiefe.

■ Mitte: Zwischen den beiden Kinderzimmern im ersten Obergeschoss gibt es eine kleine Loggia mit Aussicht zum Garten.

■ Rechts: Mit seinen wandverankerten Stufen wirkt das Treppenhaus filigran und lichtdurchflutet.

■ Wohnhaus in Waal
Architekten: Stadtmüller.Burkhardt.Architekten, Kaufbeuren

Die Kunst des Fügens

Lageplan

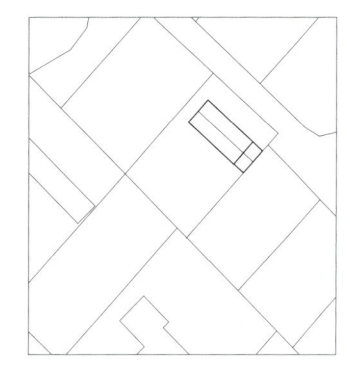

Auf ebenem Gelände, das im Norden an eine Erschließungsstraße angrenzt, entstand dieser lang gestreckte Baukörper inmitten des Dorferweiterungsgebiets. Das mit seiner Längsachse ostwestlich orientierte Haus besitzt ein asymmetrisches Satteldach mit allseitigem Dachüberstand. Auf drei Seiten sind die mit Faserzementplatten bekleideten Fassaden des Hauses weitgehend geschlossen, während sie nach Süden fast vollständig verglast sind. Der Garagenanbau im Osten hat ein kongruentes Satteldach, die Außenhaut wurde mit dem gleichen Material verkleidet, sodass ein harmonisches Ganzes entsteht.

Auffällig sind die präzisen Details, die Schlankheit der Tragglieder und die Exaktheit der Linienführung an Augpunkten, wie sie horizontale und vertikale Fugen, aber auch Traufe und First darstellen. Dieses außergewöhnliche, ästhetisch wirkende Erscheinungsbild hängt mit einer sehr durchdachten Konstruktion zusammen, die die unterschiedlichen Baumaterialien gezielt ihrer jeweiligen Funktion entsprechend einsetzt. Deshalb ist das Haus eine Mischkonstruktion, deren Flexibilität und Großzügigkeit im Inneren mit Hilfe von vier Stahlrahmen in Gebäudequerrichtung erreicht wird. Wandscheiben aus Stahlbeton an den drei geschlossenen Seiten des Hauses bilden zusammen mit den vorgefertigten Holzrahmenelementen der Dachflächen ein ausgesteiftes Gehäuse, das im Inneren eine flexible Grundrissaufteilung mit leichten Trennwänden aus Gipskarton und nach Süden eine vollständige Öffnung der Fassade ermöglicht.

Das Gebäude wird von Norden her erschlossen. Unweigerlich fällt der Blick auf den Essbereich, der die Mitte des Hauses bildet und über einen Luftraum mit dem Obergeschoss verbunden ist. Die offene Küche hat einen separaten Zugang über die Garage. Rechts vom Eingang liegt der nach Süden orientierte Wohnraum. Ins Obergeschoss führt eine Spindeltreppe, die in der Nordwestecke des Hauses liegt und durch eine Übereckverglasung belichtet wird. Das nach Süden komplett geöffnete Obergeschoss ist ein kaum unterteilter, großer Raum mit Schlaf- und Arbeitsbereich, Bad, Sauna und Balkon. Um Kosten zu sparen, wurde auf eine Unterkellerung verzichtet, das Gebäude erhielt lediglich einen kleinen Hausanschlussschacht unter dem Technikraum.

Die Wirtschaftlichkeit des Hauses wird durch einen konstruktiven Entwurf unterstützt, der gezielt auf die Leistungsfähigkeit des jeweiligen Materials ausgerichtet ist. Dazu gehört auch die Berücksichtigung der Abmessungen

■ Elegant und luftig wirkt das Haus auf der Eingangsseite. Das lang gestreckte Fensterband unter dem Vordach betont den Eingang.

■ Ungewöhnlich transparent ist die Südseite. Ein Aussteifungskonzept, das die Dachflächen mit einbezieht, erlaubt die vollständige Öffnung der Fassade.

▪ Auf das Wesentliche reduziert: Die minimalistische Spindeltreppe wird über eine Übereckverglasung belichtet.

▪ Im Süden wirken der Dachüberstand und der schmale Balkon als Sonnenschutz.

Gebäudedaten

Grundstücksgröße:
658 m²
Wohnfläche:
164 m²
Zusätzliche Nutzfläche:
18 m² (Garage)
Anzahl der Bewohner:
2

Bauweise:
Mischbau aus Stahlbeton, Stahl und Holz
Baujahr:
2002
Baukosten pro m² Wohn- und Nutzfläche:
1.346 Euro
Baukosten gesamt:
245.000 Euro

industriell vorgefertigter Produkte, wie zum Beispiel der Faserzementplatten, die konsequent in einem Raster von 62,5 Zentimetern – dem halben Plattenformat – eingebaut wurden. Ein anderes Beispiel sind die dünnen Stahlrohrstützen, die im Norden und Süden den sparrenlosen Dachvorsprung tragen, wobei anstelle einer Regenrinne ein U-Profil als Dachrandträger verwendet wird. Dieses Tragwerk dient gleichzeitig auch der Entwässerung der Dachflächen, indem die Stützen als Fallrohre benutzt werden. Das auf der Südseite weiter heruntergezogene Dach bildet einen optimalen Sonnenschutz für das Obergeschoss. Ein 75 Zentimeter breiter Holzbalkon schützt das Erdgeschoss vor der steil einfallenden Südsonne. Zusätzlich können die Glasflächen im Süden durch außen liegende Lamellenraffstores verschattet werden.

▪ Oben: Blick vom Wohnraum in den Eingangsbereich. Deckenhohe Glaswände sorgen für Transparenz.

▪ Das filigrane Stahlskelett ermöglicht ein offenes Raumkonzept im Obergeschoss. Über den Luftraum in der Mitte wird eine optische Verbindung zum Wohn- und Essbereich im Erdgeschoss hergestellt.

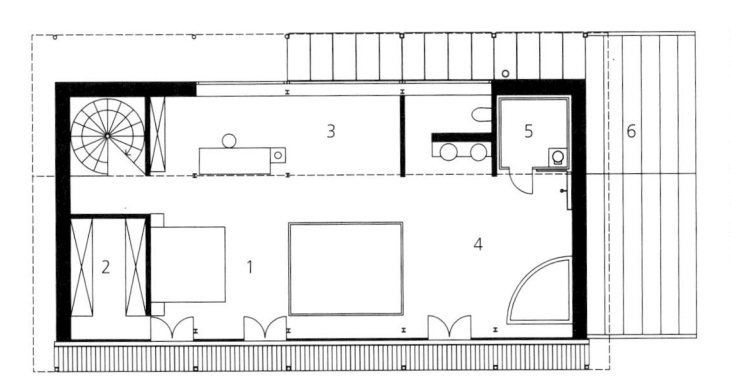

Obergeschoss
M 1:200

1 Schlafen
2 Ankleide
3 Arbeiten
4 Bad
5 Sauna
6 Balkon

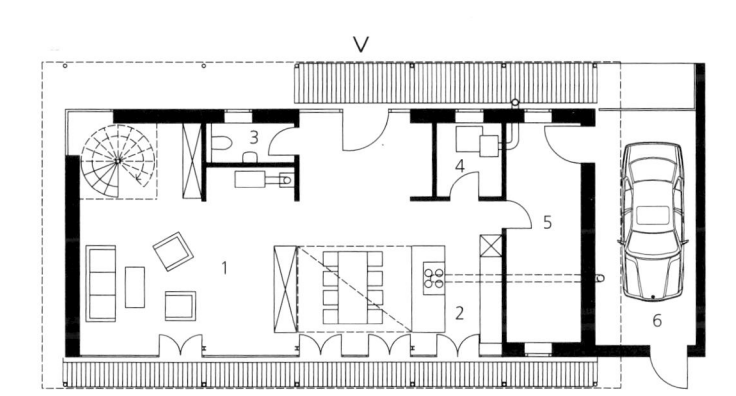

Erdgeschoss
M 1:200

1 Wohnen, Essen
2 Kochen
3 WC
4 Haustechnik
5 Abstellraum
6 Garage

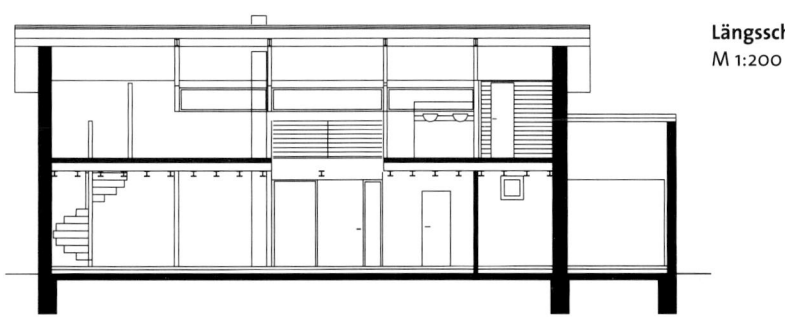

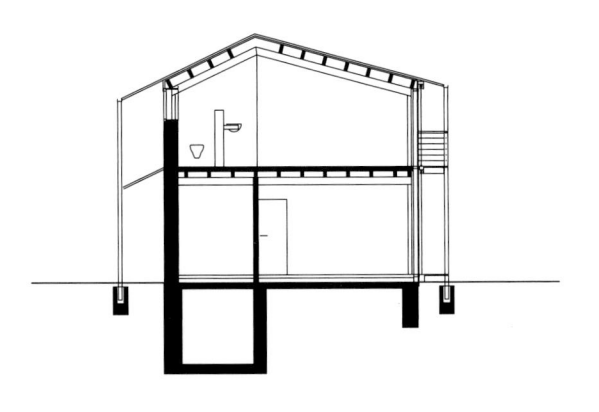

Längsschnitt
M 1:200

Schnitt
M 1:200

■ **Massivhaus in Leutersberg**
Architekten: Manfred Morlock, Düsseldorf, und GMS-Architekten

Mit landschaftstypischem Dachüberstand

Lageplan

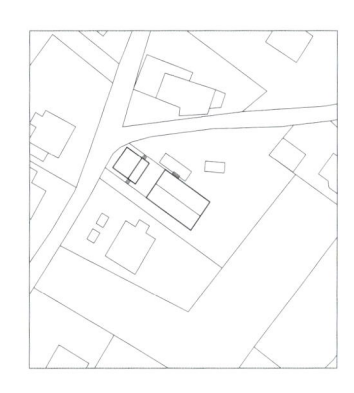

Ein Hanggrundstück in einer kleinen Gemeinde zwischen Freiburg und Schallstadt bietet einen atemberaubenden Blick in das Rheintal, der bis hinüber zu den Vogesen reicht. Ein einfaches, ziegelgedecktes Satteldach liegt auf einem Spalier von Stützen auf, die das Haus allseitig umgeben, sodass auf Eingangsebene ein umlaufendes, durch den Dachüberstand geschütztes Holzdeck entsteht.
Zur Straße hin bildet dieser umlaufende Balkon die Erschließung. Vom offenen Carport betritt man das Haus seitlich von Norden her.
Das Raumprogramm entwickelt sich auf drei Geschossen und umfasst eine separate Einliegerwohnung im Untergeschoss, dessen hangseitiger Teil Kellerräume aufnimmt. Im Erdgeschoss liegen eine nach Südwesten orientierte, offene Küche mit Essplatz und ein nach Osten ausgerichteter Schlafraum mit Bad und Ankleide. Das Dachgeschoss als Allraum überrascht mit seinem freien und offenen Grundriss. Unter dem 45 Grad steilen Dach mit den beidseitig verglasten Giebeln entwickelt sich ein ost-west-orientierter, großzügiger Wohnbereich.
Das in Massivbauweise errichtete Haus besitzt gemauerte Außenwände aus Poroton und Stahlbetonplattendecken. Eine waagrechte Schalung aus Douglasienholz bildet die Wetterhaut für eine mineralische Dämmschicht, die auf dem Mauerwerk angebracht wurde. Holz bestimmt die Ansichten des Hauses und bildet einen Kontrast zu den weiß gehaltenen Fensterrahmen, dem roten Dach und dem filigranen Stahlgeländer des Umgangs.
Der kompakte Kern des Hauses ist klar strukturiert: Sämtliche Nebenräume sind in einer Spange auf der Nordseite untergebracht, die Hanglage ermöglichte einen geringen Aushub für einen nur halbgeschosshohen Keller. Weitere Gründe für die Wirtschaftlichkeit des Hauses sind die geringen Deckenspannweiten, die einfache Dachkonstruktion ohne Aufsätze, Gauben und Durchbrüche, das offene Raumkonzept des Dachgeschosses sowie die Verwendung von Stahlbetonfertigteilen im Untergeschoss.
Die Wohnqualität des Hauses besteht in der besonderen Beziehung zwischen Innen- und Außenraum, die in jedem Geschoss durch vorgelagerte Holzdecks erreicht wird. Auffällig sind auch die präzisen und durchdachten Details der Hüllkonstruktion, deren Elemente durch den üppigen Dachüberstand sehr gut vor den Einflüssen der Witterung geschützt sind. Mit einer Mindestbreite von 1 Meter sind Balkone und Umgänge vielfältig nutzbar und erweitern das Wohnraumangebot des Hauses erheblich.

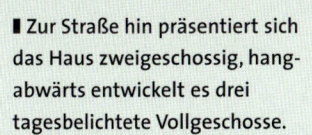

■ Zur Straße hin präsentiert sich das Haus zweigeschossig, hangabwärts entwickelt es drei tagesbelichtete Vollgeschosse.

■ Der Umgang bietet nicht nur zusätzliche Aufenthaltsqualitäten im Außenraum, sondern dient auch dem konstruktiven Holzschutz der Fassade.

■ Der lichtdurchflutete Wohnraum unter dem Steildach wirkt großzügig und luftig. Die Aussicht ins Rheintal ist eine besondere Augenweide.

Gebäudedaten

Grundstücksgröße:
1.200 m²

Wohnfläche:
177 m²

Zusätzliche Nutzfläche:
13 m²

Anzahl der Bewohner:
2

Bauweise:
Massivbau mit hinterlüfteter Außenschale aus Holz

Baujahr:
2003

Baukosten pro m² Wohn- und Nutzfläche:
1.158 Euro

Eigenleistung:
ca. 35.000 Euro

Baukosten gesamt:
220.000 Euro

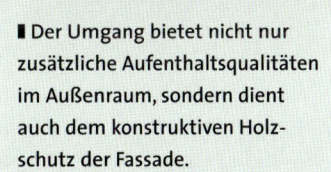

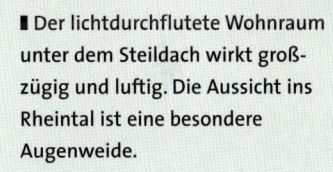

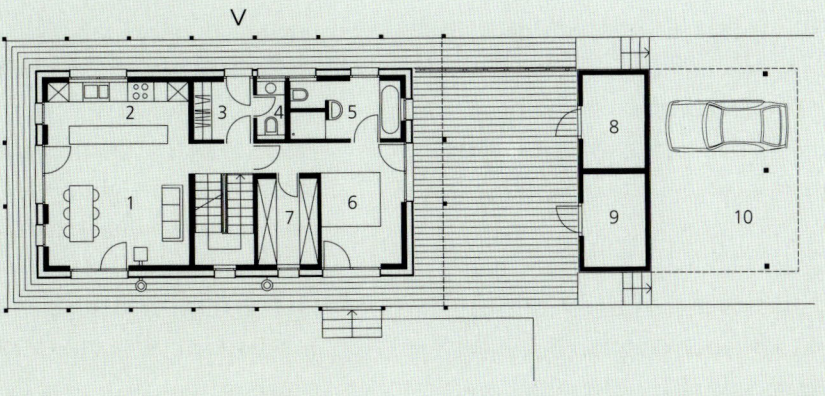

Erdgeschoss
M 1:200

1 Essen
2 Kochen
3 Windfang
4 WC
5 Bad
6 Schlafen
7 Ankleide
8 Geräte
9 Pflanzen
10 Carport

■ **Holzbau in Gaienhofen**
Architekten: Atelier Ruff Weber, Konstanz

Illuminiertes Volumen

Lageplan

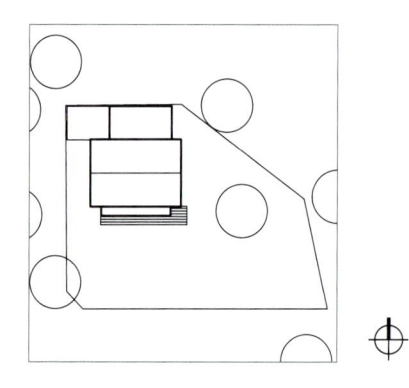

Nahe am Schweizer Ufer, in der landschaftlichen Idylle der Höri, liegt das Haus auf einer Anhöhe am Ortsrand von Gaienhofen. Als ein von der Natur verwöhnter Landstrich zwischen den westlichen Armen des Bodensees übt die Höri von jeher eine große Anziehungskraft auf kreative Menschen aus. Im Zusammenspiel mit den Bauherren wurde ein individuelles Gebäude in Holzbauweise entwickelt. Identität und Transparenz waren wichtige Zielvorgaben für den Entwurf, dessen Konstruktion und Gestalt von einem engen Kostenrahmen bestimmt wurden.

Die maximal mögliche Bauhöhe nutzten die Architekten, um die Wohnfläche auf vier Ebenen zu entwickeln und somit aus den oberen Geschossen den Ausblick auf den See zu ermöglichen. Durch die Hanglage erhält das Atelier im Untergeschoss einen direkten Ausgang in den Garten. Große Glasflächen an der Süd-, Ost- und Westseite erlauben die Nutzung solar eingestrahlter Energie. Südbalkon und -terrasse erweitern die Wohnflächen ins Freie.

Mit seiner Nord-Süd-Ausrichtung gliedert sich das Haus in fünf hintereinander gestaffelte Zonen. Den Auftakt bildet der Carport, der auch als überdachter Eingangsbereich dient und den Besucher empfängt. Die Funktionszone im Norden des Hauses nimmt Treppen, Küche, Haustechnik und Sanitärräume auf. Sämtliche Installationen und Leitungsführungen sind in diesem Bereich untergebracht. Die dritte Zone ist eine Filterzone und besteht aus 65 Zentimeter breiten Holzwandscheiben, die als Stützen dienen. Die Zwischenräume fungieren hier wahlweise als Schränke, Regale oder als Durchgänge. Der Stauraum kann von beiden Seiten genutzt werden. Nach Süden orientiert liegt die Wohnzone mit Ess- und Wohnbereich im Erdgeschoss und Kinder- und Spielzimmer im Obergeschoss. Als fünfte und letzte Zone sind der Balkon und die Terrasse zu verstehen, welche die Verbindung zum Garten herstellen.

Leichtigkeit und Transparenz werden durch lediglich 6 Zentimeter breite Ständer und Träger, die in einem regelmäßigen Raster von 1 Meter angeordnet sind, erreicht. Die sichtbaren Balkendecken vergrößern die Raumhöhe optisch. Eine einheitliche Bekleidung von Dach und Wand mit zementgebundenen Holzfaserplatten, so genannten Duripaneelplatten, bestimmt die Ansichten der Nord- und Südseiten. Die Giebelseiten sind teilweise holzverschalt und werden durch umlaufende Glasbänder hervorgehoben.

Die Gebäudeheizung wird mittels Gasbrennwerttechnik betrieben. Eine Solaranlage mit thermischen Flächenkollektoren zur Heizungsunterstützung und Brauchwasser-

▌ Leuchtstoff und farbige Folien als einmalige Installation lassen das Haus in einem verfremdeten Licht erscheinen und heben die strukturelle Ordnung hervor.

▌ Die einheitliche Bekleidung mit anthrazitfarbenen Duripaneelplatten hebt den Unterschied zwischen Dach und Wand auf.

▎Der Baukörper besticht durch seine klare und einfache Form. Die holzverschalte Giebelseite tritt durch die umlaufende Verglasung deutlich aus dem Volumen hervor.

erwärmung ist vorgesehen. Der Kaminofen im Wohnbereich ist als Holzzusatzheizung gedacht und deckt den Energiebedarf in den Übergangszeiten. Zum Einzug wurden die Bauherren von den Architekten mit einer Lichtinstallation überrascht: „Licht erweckt Räume zum Leben, am Tag die Natur, in der Nacht die Kunst. Fließendes Licht in fließenden Räumen. Die Lesbarkeit der Strukturen wird verändert, verdeutlicht, verfälscht, erkannt ..."

▎Links: Terrasse und Balkon schieben sich im Süden in den Garten.

▎Rechts: Der Eindruck im Wohnraum wird von der präzisen Holzrahmenkonstruktion bestimmt, die filigran und luftig wirkt und großflächige Öffnungen in alle Richtungen ermöglicht.

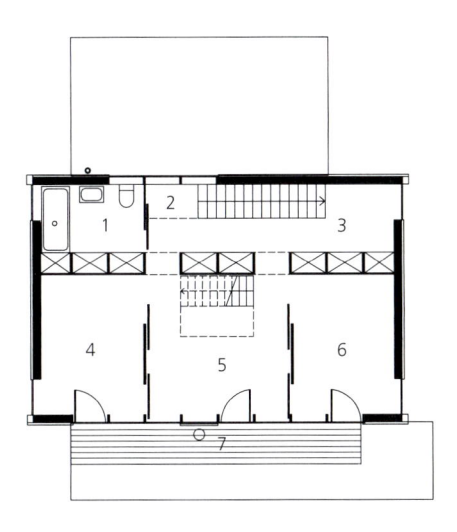

Obergeschoss
M 1:200

1 Bad
2 Luftraum
3 Flur
4 Kind
5 Arbeiten, Spielen
6 Kind
7 Balkon

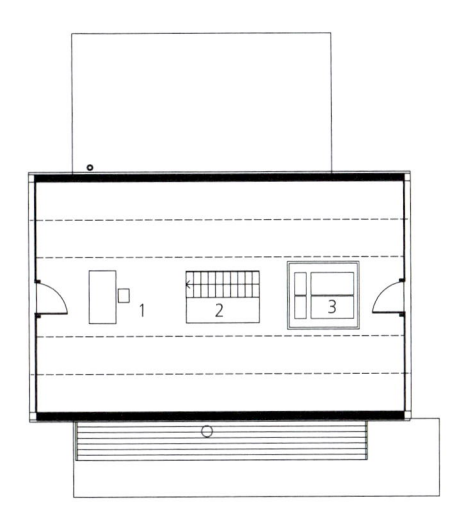

Dachgeschoss
M 1:200

1 Arbeiten
2 Luftraum
3 Schlafen

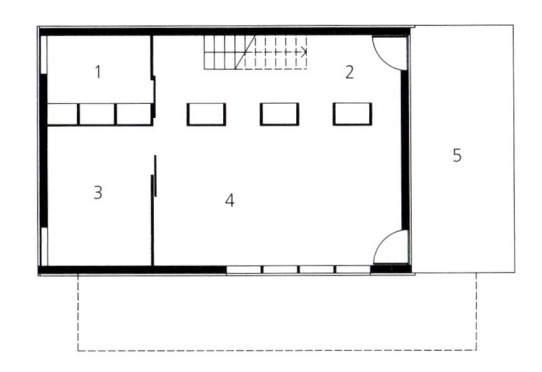

Untergeschoss
M 1:200

1 Haustechnik
2 Flur
3 Lager
4 Atelier
5 Tiefhof

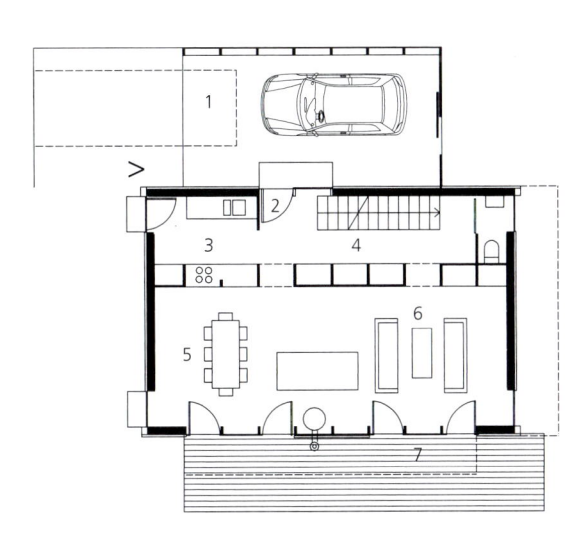

Erdgeschoss
M 1:200

1 Carport
2 Eingang
3 Küche
4 Empfang
5 Essen
6 Wohnen
7 Terrasse

Gebäudedaten

Grundstücksgröße:
550 m²

Wohnfläche:
181 m²

Zusätzliche Nutzfläche:
46 m²

Anzahl der Bewohner:
4

Bauweise:
Holzrahmenbau

Baujahr:
2003

Baukosten pro m² Wohn- und Nutzfläche:
950 Euro

Eigenleistung:
20.000 Euro

Baukosten gesamt:
207.300 Euro

■ **Holzbau in Konstanz-Istein**
Architekt: Torsten Gabele, Konstanz

Archetypisch einfach

Lageplan

Der klare, fast schlicht wirkende Baukörper fügt sich wie selbstverständlich in die Baustruktur der Gemeinde Istein ein. Giebelständige Häuser prägen den Ortsrand und bilden einen lockeren Übergang in die ländliche Umgebung. Auffällig sind jedoch die Proportionen des schlanken, dreigeschossigen Hauses, das nur 5,40 Meter breit und 15 Meter lang ist und sich auch durch Materialwahl und Farben von der umgebenden Bebauung abhebt.

Eine Wetterschale aus hinterlüfteten Lärchenholzbrettern charakterisiert die Längsseiten des Hauses. Im Westen lenkt ein vorgelagerter dreigeschossiger Wintergarten, der das Profil des Hauses als Glaskonstruktion fortsetzt, die Blicke auf sich. Er dient als Aussichtspunkt und Energiesammler. Farbig gestaltete Fensterrahmen durchbrechen die hölzerne Außenschale. Das Satteldach erhielt eine Stehfalzdeckung aus Titanzinkblech. Feine Metallbaudetails des Dachs, des Wintergartens und des offen geführten Kamins bereichern das Erscheinungsbild des Hauses.

Über einen kleinen, dem Haus vorgelagerten Windfang gelangt man auf der Nordseite in das Gebäude. Ein kompakter Installations- und Erschließungsblock dient als Raumteiler und zoniert die einzelnen Funktionsbereiche im Inneren. So sind im Erdgeschoss nur Schiebetüren erforderlich, um Küche und Essbereich vom Wohnraum abzutrennen. Bei geöffneten Schiebetüren erscheint das gesamte Erdgeschoss als ein großer Raum, der im Westen durch den Wintergarten und eine ihm vorgelagerte Terrasse ins Freie verlängert wird. Eine steile, geradläufige Treppe führt in das Obergeschoss. Hier nimmt der Installationskern eine Nasszelle auf, die zwei großzügige Räume voneinander trennt. Das Dachgeschoss mit Galerie wird als Abstell- und Technikraum genutzt.

Das Gebäude ist nicht unterkellert und steht auf zwei Streifenfundamenten. Ein verzinkter Stahlrahmen dient als einjustierte Schwelle, auf der die Holzkonstruktion errichtet wurde. Dach-, Wand- und Deckenelemente wurden mit dem Tieflader zur Baustelle gebracht und innerhalb eines Tages montiert. Die Vorfertigung der einzelnen Elemente erfolgte zuvor witterungsunabhängig in der Montagehalle der Zimmerei. Die Wandelemente wurden mit einseitiger Beplankung angeliefert, die Montage der hinterlüfteten Vorsatzschale war ein Beitrag, den die Bauherren zum Teil in Eigenleistung erbracht haben. Die hoch wärmegedämmte Gebäudehülle zeigt eine uniforme Struktur, deren tragende Elemente Kanthölzer bilden. Zwischen einer beidseitigen Beplankung mit Holzwerk-

▌Zur freien Landschaft orientiert ist der Wintergarten im Westen mit vorgelagerter Terrasse. Er dient als Energiesammler und verleiht dem Haus als expressives Gestaltungselement eine individuelle Note.

▌Der Neubau fügt sich harmonisch in die Struktur aus giebelständigen Häusern ein.

Archetypisch schlicht wirkt die Ostansicht. Die Reduktion der Gestaltungselemente steigert die ästhetische Wirkung von Material und Form.

Gebäudedaten

Grundstücksgröße:
1.300 m²

Wohnfläche:
130 m²

Zusätzliche Nutzfläche:
15 m² (Carport, Abstellraum)

Anzahl der Bewohner:
2

Bauweise:
Holzrahmenbau

Baujahr:
2000

Baukosten pro m² Wohn- und Nutzfläche:
1.275 Euro

Eigenleistung:
25.000 Euro

Baukosten gesamt:
165.000 Euro

stoffplatten ist eine Dämmschicht aus Mineralwolle eingebaut. Die Decke des ersten Obergeschosses spannt über 5 Meter und besteht aus einer brettschichtverleimten Vollholzdecke.

Der Energieversorgung dient ein Brennwertkessel im Erdgeschoss und ein Warmwasserspeicher im Dachgeschoss. Als zusätzliche Wärmequelle wurde im Wohnzimmer ein Kachelofen eingebaut. Das hoch gedämmte Holzhaus erreicht Niedrigenergiestandard und interpretiert mit dem einfachen titanzinkblechgedeckten Satteldach und der horizontalen Lärchenholzschalung das Bauen im ländlichen Raum neu. Mit einfachen Mitteln wird eine prägnante Holzkonstruktion gestaltet, die in ihrer Ausrichtung an die vorhandenen Gebäude an der Ortsstraße anknüpft, sich ansonsten aber deutlich abhebt und einen Bezug zu den davor liegenden Grünflächen und Feldern sucht.

▌Bei Nacht wirkt der illuminierte Wintergarten wie eine Laterna magica.

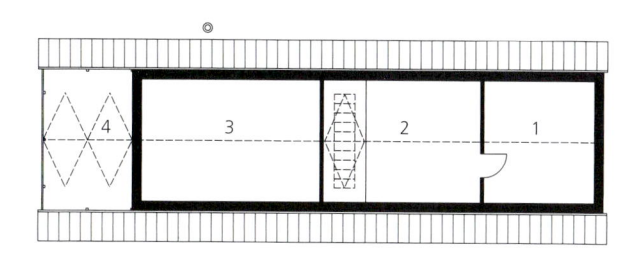

Dachgeschoss
M 1:200

1 Abstellraum, Technik
2 Galerie
3 Luftraum, Zimmer
4 Luftraum, Wintergarten

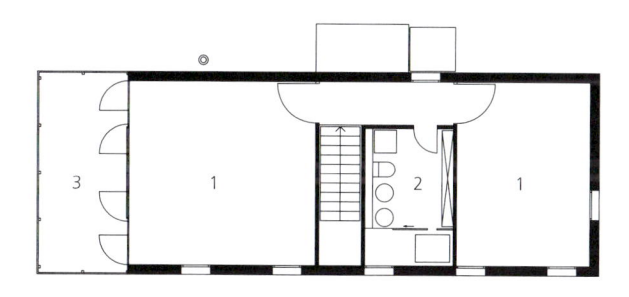

Obergeschoss
M 1:200

1 Zimmer
2 Bad
3 Luftraum, Wintergarten

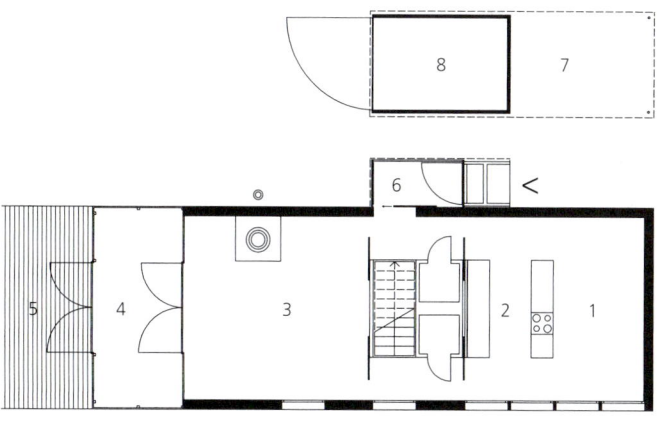

Erdgeschoss
M 1:200

1 Essen
2 Kochen
3 Wohnen
4 Wintergarten
5 Terrasse
6 Eingang, Windfang
7 Carport
8 Gartengeräte

115

■ **Massivbau in Dogern**
Architekten: Bäuerle.Lüttin Architekten, Konstanz

Leichte Schale, harter Kern

Lageplan

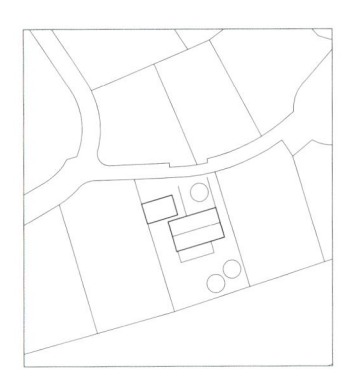

Das Wohnhaus befindet sich als eines der ersten Gebäude in einem Neubaugebiet am nordwestlichen Ortsrand von Dogern. Auf zwei Geschossen bietet es Wohnraum für eine vierköpfige Familie. Um eine Hofsituation zu gestalten, wurde das Gebäude ganz im Süden des Baufensters platziert, wobei der Hof durch den Carport, einen Abstellraum und einen umlaufenden Sichtschutz aus Holz gefasst wird. Die Nordfassade ist auf die notwendigen Öffnungen reduziert.

Das Haus ist ein Massivbau mit tragenden Wänden aus Kalksandstein und Stahlbetondecken. Durch den leichten Charakter von Fassade und Dach ist dieses konstruktive Merkmal nach außen hin kaum spürbar. Betrachtet man das Gebäude von innen, fällt einem der schöne, klar gegliederte Grundriss auf. Eine Versorgungsspange in der Mitte nimmt die Installationen auf. Sie trennt die Nebenräume auf der Nordseite von den Wohnräumen auf der Südseite. Die günstige Unterteilung des Grundrisses mit wohlproportionierten Räumen ermöglichte es auch, die Spannweiten der Decken gering zu halten.

Das Erdgeschoss ist durch den offenen Grundriss geprägt, der Wohnen, Essen und Kochen miteinander verbindet. Im Sommer lässt sich der Wohnraum durch großflächiges Öffnen der Fensterfront auf eine mit Holzbohlen beplankte Terrasse erweitern. Im Obergeschoss, nach Süden orientiert, befinden sich zwei Kinderzimmer und das Schlafzimmer der Eltern. Diese Räume haben einen gemeinsamen Balkon, der für das Erdgeschoss auch als konstruktiver Sonnenschutz dient. Das geräumige Badezimmer und ein Arbeitsraum schließen das Stockwerk ab. Ein schönes Detail bildet die einläufige Wangentreppe aus Stahl mit eingesetzten Holzstufen, die über ein großflächiges Dachfenster belichtet wird.

Eine gezielte Auswahl an Materialien und einfache Detaillösungen schaffen hohe Qualität zu niedrigen Preisen. Dazu zählen die Faserzementbekleidung der Fassade, das mit großformatigen Faserzementwellplatten gedeckte Dach ebenso wie die Industrieparkettböden in den Aufenthaltsräumen und der Natursteinbelag im Treppenhaus. Alles in allem wirkt das Haus hochwertig und elegant.

Die Nutzung passiver Sonnenenergie durch die großflächige Südverglasung, die Wärmeschutzverglasung, eine Zisterne zur Regenwassernutzung, die geringe Versiegelung der Außenflächen sowie die Verwendung natürlicher Materialien zeigen, dass dieses Haus auch nach ökologischen Gesichtspunkten gebaut wurde.

■ Ein auskragendes Dach, ein vorgesetzter Balkon und die beiden breiten Stufen, die von der Terrasse auf den Rasen führen, betonen die Horizontale, sodass das Haus nach Süden transparent, leicht und elegant wirkt.

■ Oben rechts: Die Fassadenverkleidung aus Faserzementplatten trägt wesentlich zum einheitlichen Erscheinungsbild des schlichten, kompakten Baukörpers bei.

■ Oben: Auch die Räume im Obergeschoss sind konsequent zum Garten hin orientiert. Über ein Glasband im Firstbereich fällt zusätzliches Licht in den Erschließungsflur.

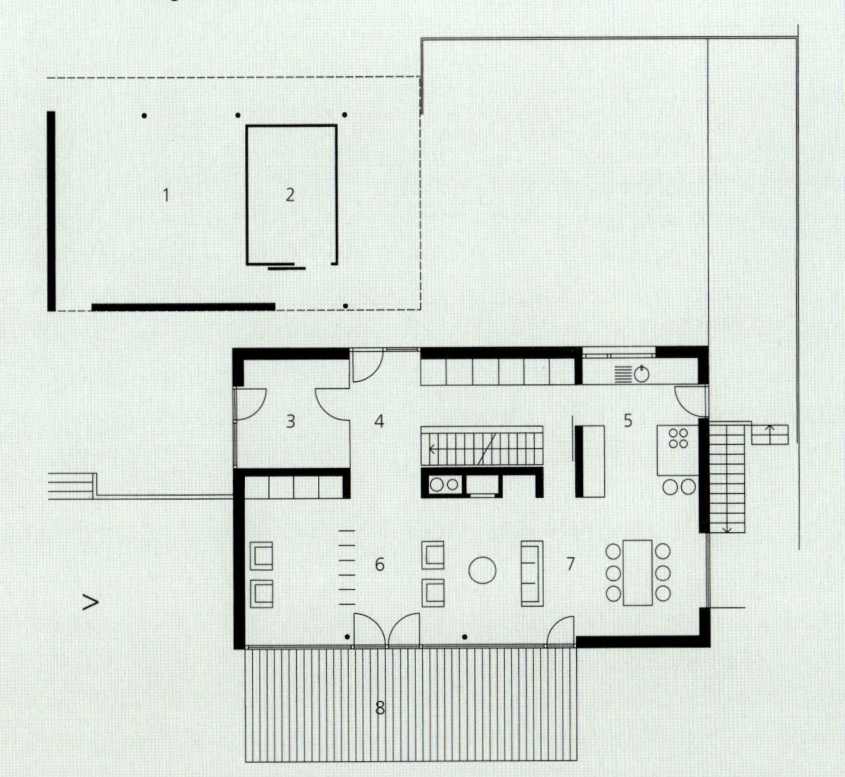

Gebäudedaten

Grundstücksgröße:
668 m²

Wohnfläche:
200 m²

Zusätzliche Nutzfläche:
80 m²

Anzahl der Bewohner:
3

Bauweise:
Massivbau mit tragenden Wänden aus Kalkstandstein-Mauerwerk und Stahlbetondecken

Baujahr:
2002

Baukosten pro m² Wohn- und Nutzfläche:
860 Euro

Eigenleistung:
6.000 Euro

Baukosten gesamt:
240.000 Euro

Erdgeschoss
M 1:200

1 Carport
2 Abstellraum
3 Hauswirtschaft
4 Flur
5 Küche
6 Wohnen
7 Essen
8 Terrasse

■ **Wohnhaus in Martinszell**
Architekten: becker architekten, Kempten

Traditionell und zukunftsweisend

Lageplan

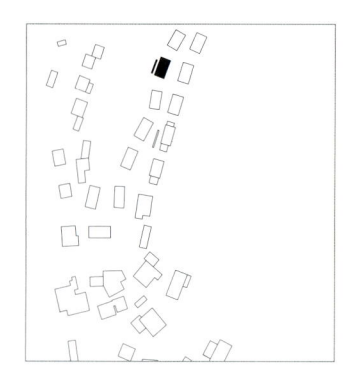

Auf halbem Weg zwischen Kempten und Immenstadt im Allgäu liegt Martinszell, das zur Gemeinde Waltenhofen gehört. Als Straßensiedlung erstreckt sich das alte Dorf am Osthang eines Höhenrückens. Das Grasland unterhalb des Dorfes wird als Weideland genutzt, der Talgrund wird vom Flusslauf der Iller durchzogen. Der typische Allgäuer Dorfcharakter im Nahbereich wird in der Ferne durch das Panorama der Grünten- und Oberstdorfer Berge vollendet. Im Bereich der Dorferweiterung präsentiert sich das Haus mit einem zweigeschossigen stadelartigen Baukörper und auskragendem Satteldach und reflektiert damit bäuerliche Vorbilder. Eine feine, umlaufende Lärchenholzschalung, die im Laufe der Zeit eine silbergraue Patina ansetzen wird, folgt der traditionellen Manier.

Von der Dorfstraße aus entwickelt sich das Gebäude in verschiedenen Schichten. Zunächst trennt eine hohe, lang gestreckte Holzlege das Haus zum öffentlichen Straßenraum hin ab und bildet einen kleinen, halb öffentlichen Vorhof, der in die Privatsphäre des Hauses überleitet. Zwischen der Erschließungszone mit Treppe und den Individualräumen bildet eine Schrankwand im Erdgeschoss und im Obergeschoss eine durchlässige Abtrennung. Drei rechtwinklig zueinander angeordnete Stahlbetonscheiben dienen als Aussteifungselemente. Durch einbetonierte Heizrohre werden diese Massivbauteile thermisch aktiviert. Die Stufen der geradläufigen Treppe sind einseitig in die längs angeordnete Stahlbetonscheibe eingespannt.

Das teilunterkellerte Haus ist eine Mischkonstruktion aus Stahlbeton, Holz, Glas und Stahl. Die Materialien werden entsprechend ihren jeweiligen Eigenschaften gezielt verwendet: Stahlbeton stellt die Verbindung zum Erdreich her und dient in den Obergeschossen als thermisch aktivierbare Masse dem Wärmeaustausch mit der Raumluft. Holz ist das Konstruktionsmaterial für Dach, Decke und Wände. Die Holzfaserdämmung der Außenhülle bietet hervorragende thermische Eigenschaften. Die hinterlüftete Lärchenholzschalung dient dem konstruktiven Holzschutz der tragenden Teile der Außenwand. Nach Süden und Osten ist das Haus im Erdgeschoss mit großformatigen Schiebeelementen fast vollständig verglast. In diesem Bereich wird die Holzständerwand durch schlanke Stahlrohrstützen ersetzt.

Das materialgerechte Konstruieren eröffnet dem Holzbau neue Ausdrucksmöglichkeiten, sodass das Haus nur auf den ersten Blick einem Stadel ähnelt, sich bei genauerer Betrachtung aber als ein technologisches Produkt der

▌Als hätte er schon immer dazugehört: Der stadelförmige Baukörper des Wohnhauses fügt sich harmonisch in die Allgäuer Landschaft ein.

▌Außen liegende Lamellenraffstores sind ein hervorragendes Instrument zur Verschattung der großen Glasflächen des Wohnraumes.

▌ In die Wandscheiben aus Sichtbeton sind Schiebetüren eingelassen, die eine Trennung von Wohn-, Ess- und Arbeitsbereich im Erdgeschoss ermöglichen.

▌ Einseitig in die Sichtbetonwand eingespannte Stufen verleihen dem Treppenlauf Transparenz.

▌ Oben links: Von der Küche aus überblickt man die halb öffentliche Vorzone des Hauses auf der Westseite.

▌ Oben rechts: Schiebetüren teilen die Individualräume im Obergeschoss vom Schrankflur ab.

Gebäudedaten

Grundstücksgröße:
591 m²
Wohnfläche:
174 m²
Zusätzliche Nutzfläche:
71 m²
Anzahl der Bewohner:
5

Bauweise:
Mischbau: Holzrahmenbau, Innenbetonschotten mit Betonkernaktivierung
Baujahr:
2001
Baukosten pro m² Wohn- und Nutzfläche:
1.546 Euro
Baukosten gesamt:
268.940 Euro

Gegenwart erweist. Die bauphysikalischen Annehmlichkeiten, die räumliche Großzügigkeit und die stellenweise fast totale Transparenz wären in früherer Zeit unvorstellbar gewesen. Das Haus hebt sich vom üblichen Einfamilienhausbau deutlich ab: Indem es traditionelle Bauformen und Materialien verwendet, diese jedoch in zeitgemäßer Weise neu interpretiert, verleiht es der Dorferweiterung ein Stück regionaler Identität.

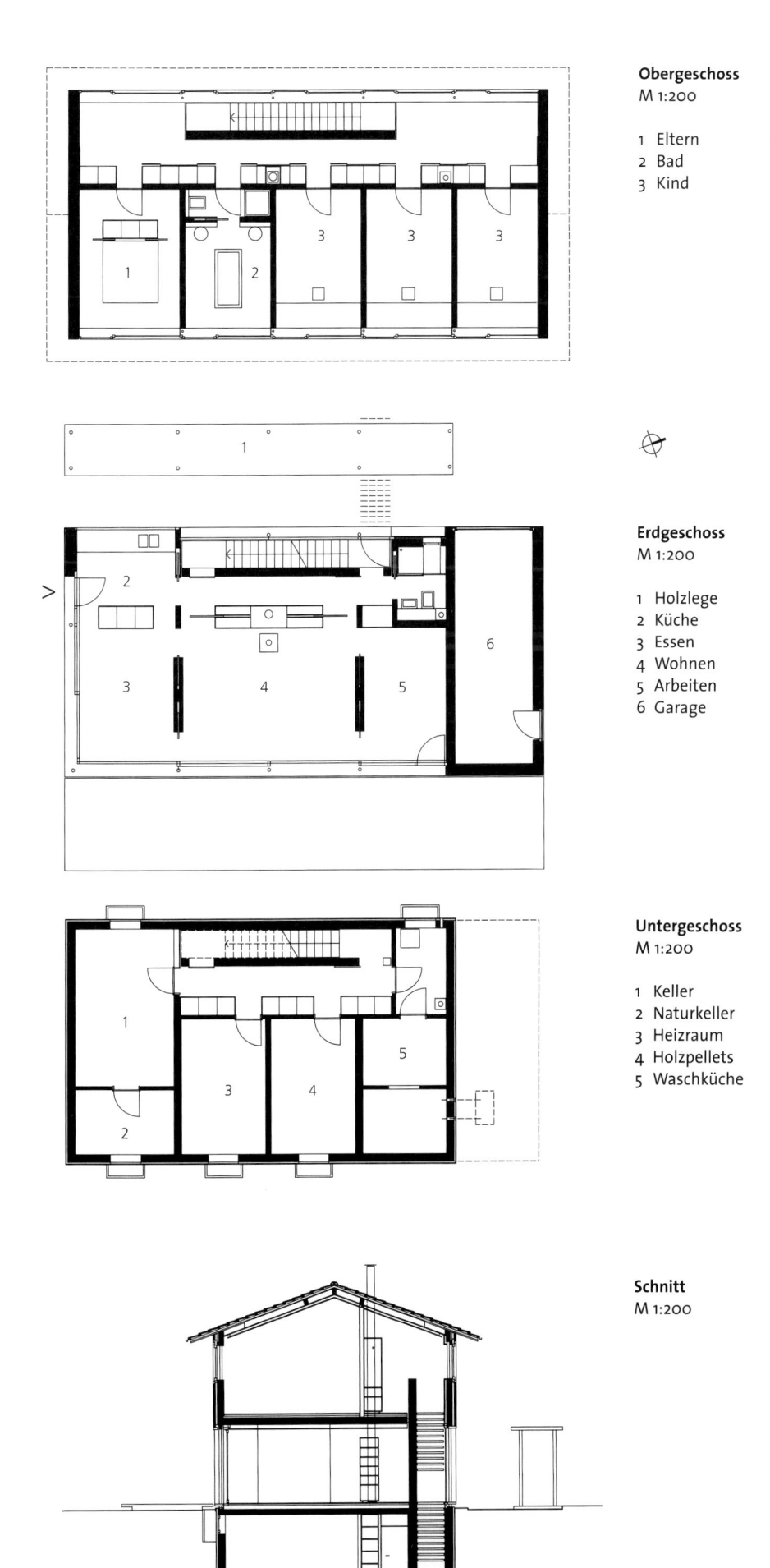

Obergeschoss
M 1:200

1 Eltern
2 Bad
3 Kind

Erdgeschoss
M 1:200

1 Holzlege
2 Küche
3 Essen
4 Wohnen
5 Arbeiten
6 Garage

Untergeschoss
M 1:200

1 Keller
2 Naturkeller
3 Heizraum
4 Holzpellets
5 Waschküche

Schnitt
M 1:200

■ Holztafelbau in Mauerbach
Architekten: querkraft architekten, Wien

Kompakte Leichtbaubox

Lageplan

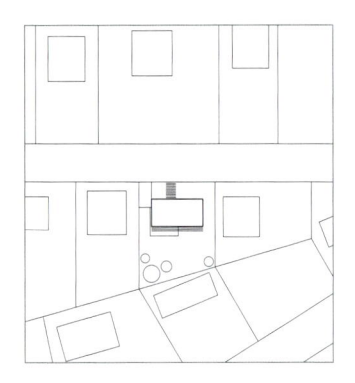

Nur 15 Autominuten westlich von Wien steht dieses kompakte Einfamilienhaus für eine dreiköpfige Familie. Nach Abbruch eines alten Wochenendhauses aus der Nachkriegszeit wurde über den ursprünglichen Kellersockel eine Leichtbaubox gestellt. Aus Kostengründen wurde der bestehende Keller in das neue Haus integriert und mit der Vollverglasung der Gartenfront zu einem echten Gartengeschoss aufgewertet. Dabei stützt sich die Holzkonstruktion nur einseitig auf den massiven Sockel, während sie auf der anderen Seite von zwei dünnen Stahlstützen getragen wird.

Von der Straße im Norden gelangt man über eine Holzbrücke ebenerdig in das neue Erdgeschoss, das, ungewöhnlich genug, die Schlafräume beinhaltet. Aufgrund der Tallage innerhalb der Siedlung und der weitaus besseren Aussicht im Obergeschoss hat man sich entschieden, den Wohn- und Essraum nach oben zu verlegen. Eine knapp 90 Zentimeter breite Servicespange entlang der Straßenseite übernimmt die Versorgungsfunktionen des Hauses. Im Erdgeschoss ist es auf diese Weise möglich, separate Bäder den Schlafräumen unmittelbar zuzuordnen. Im Obergeschoss besteht ein Teil dieses Servicetrakts aus einer Küchenzeile. Minimale Fensteröffnungen innerhalb der Versorgungsspange prägen die Ansicht der Nordfassade.

Ganz anders zeigt sich das Haus nach Südwesten, wo die Ansicht von einer zweigeschossigen Glaswand bestimmt wird. Ein filigraner Stahlbalkon mit Lärchenholzrost bietet eine breite Aussichtsplattform im Obergeschoss. Vorbildlich ist der außen liegende Sonnenschutz aus individuell verstellbaren Sonnensegeln, die als eine Art zweite Hülle vor der Glaswand im Südwesten angebracht sind. Mithilfe dieser filigranen Konstruktion wird die pragmatische Rechtwinkligkeit der Holzkiste überwunden und eine sehr attraktive Ansicht geschaffen.

Dank des hohen Vorfertigungsgrades der Holztafelbauweise konnte das Haus in nur einem Tag aufgestellt werden. Der Holzbau besteht in der Summe aus 20 Teilen – 8 Wand- und 12 Deckenelementen. Auch die Glasfassade im Südwesten wurde in 2 geschossweise vorgefertigten Elementen zum Bauplatz gebracht und eingebaut. Die Holzrahmen dieser Elemente bestehen aus Brettschichtholz und tragen zusammen mit der Rückwand alle Deckenlasten. Die Außenwandverkleidung besteht aus einer 24 Millimeter starken, sägerauen Lärchenholzschalung. Das einfache Bitumendach ist extrem kostengünstig und

▌Die Aussicht in den Garten und vom Obergeschoss auch in das Tal wird zum bestimmenden Merkmal der Südwestfassade, die ganz aus Glas und einem textilen Sonnenschutz besteht.

▌Über einen schmalen Holzsteg gelangt man von der Straße aus ebenerdig in das Erdgeschoss. Kleine Fenster mit vorgehängten Blumentopfbalkonen unterbrechen die gleichmäßige Lärchenholzverschalung.

von möglichen Fehlerquellen befreit, da Durchdringungspunkte vermieden wurden, indem die Installationen offen vor der Hauswand liegen.

Die Notwendigkeit, Kosten zu sparen, führte im Inneren zu originellen Lösungen. So wurde zum Beispiel die Rückwand der Treppe mit einer gelben Lkw-Plane bespannt. Ein weiteres unkonventionelles Detail sind die Sportnetze, die das Treppengeländer und die Brüstungen sichern. Der extrem hohe Grad der Vorfertigung und ein exakt an den Bedürfnissen einer kleinen Familie orientiertes Raumprogramm machen dieses Haus zum Prototyp des individuellen und geschmackvollen Wohnens.

■ Links: Feine Holzlamellen als Boden, Sportnetze als Brüstung und Gartenmöbel vermitteln den Charme eines Schiffsdecks.

■ Rechts: Die gelbe Rückwand der Treppe aus einer Lkw-Plane und ein Sportnetz als Absturzsicherung wirken lässig und unkonventionell.

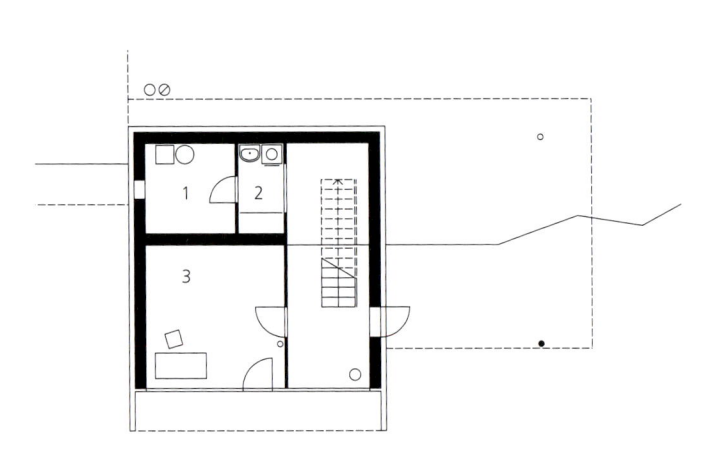

Untergeschoss
M 1:200

1 Haustechnik
2 Waschküche
3 Arbeiten

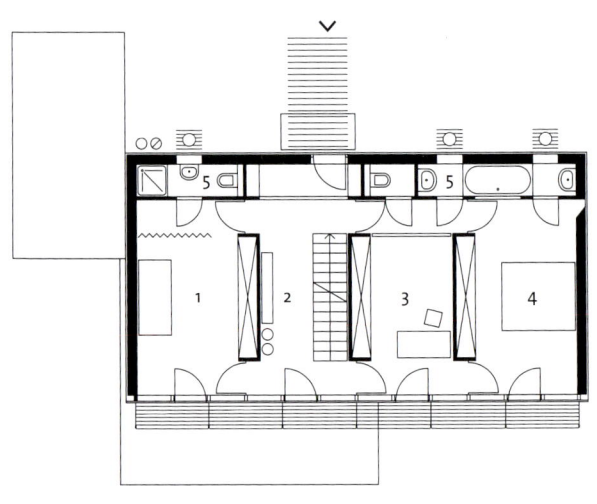

Erdgeschoss
M 1:200

1 Kind
2 Treppe/Flur
3 Arbeiten
4 Eltern
5 Bad

Gebäudedaten

Grundstücksgröße:
500 m²

Wohnfläche:
160 m²

Zusätzliche Nutzfläche:
20 m²

Anzahl der Bewohner:
3

Bauweise:
Holztafelbau

Baujahr:
2002

Baukosten pro m² Wohn- und Nutzfläche:
1.500 Euro

Baukosten gesamt:
243.000 Euro

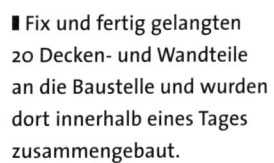

■ Fix und fertig gelangten 20 Decken- und Wandteile an die Baustelle und wurden dort innerhalb eines Tages zusammengebaut.

■ Auch die verglaste Südwestfassade besteht aus nur zwei Elementen, die einschließlich aller Fenster und Türen montiert wurden.

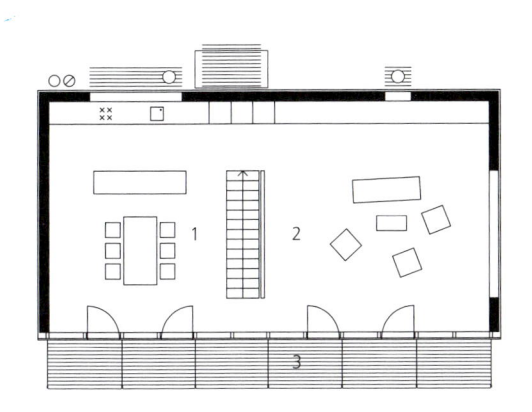

Obergeschoss
M 1:200

1 Küche, Essen
2 Wohnen
3 Balkon

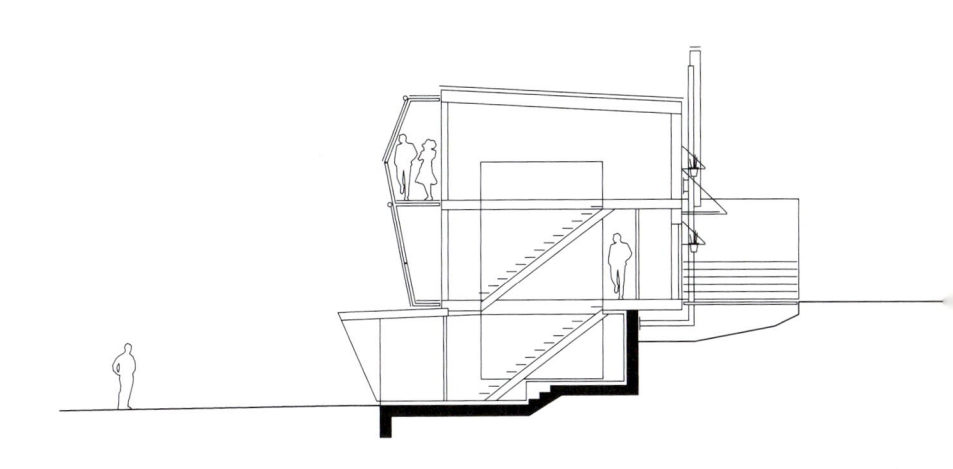

Schnitt
M 1:200

■ **Massivbau in Neustift am Walde**
Architekten: archiguards projects, Wien

Für Genießer

Lageplan

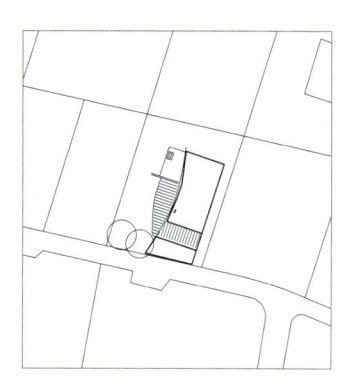

Dieses Wohnhaus in Neustift am Walde im Bundesland Wien in Österreich dient seinem Besitzer als temporäre Alternative zu seiner Stadtwohnung. Es steht in einem Kleingarten auf einer bebaubaren Grundfläche von 80 Quadratmetern. Das Untergeschoss, das halb in das nach Norden hin leicht abfallende Gelände eingegraben ist, wurde aus Schalsteinmauerwerk errichtet. Das darüber befindliche Erdgeschoss hat zwei massive Wandscheiben, die in Nord-Süd-Richtung verlaufen und einen Dachstuhl aus Holz tragen.

Hinterlüftete Holzlamellen bilden eine filigrane Schale vor den Wandscheiben. Die Nordseite des etwa 12,50 mal 6,50 Meter großen Obergeschosses ist vollflächig verglast und gibt den Blick frei auf die gegenüberliegenden Weinberge. Die ebenfalls transparente Südseite wird, zusammen mit der vorgelagerten Terrasse, durch einen gegenüberliegenden Sichtschutz von der Zufahrtstraße abgeschirmt. Im auskragenden Erdgeschoss befindet sich ein ganz in Weiß gehaltener Raum für Ruhe und Erholung. Durch deckenhohe, weiße Vorhänge kann das Zimmer je nach Bedarf geöffnet oder geschlossen werden – die Blickbeziehungen zur Außenwelt lassen sich auf diese Weise gegebenenfalls ganz unterbinden.

Das Untergeschoss dient kulinarischen Aktivitäten: Hier befinden sich Küche und Essbereich mit nach Westen vorgelagerter Terrasse. Unter der Erdoberfläche im rückwärtigen Teil des Hauses liegen ein großer Weinkeller, die sanitären Anlagen und die Haustechnik. Beide Geschosse werden durch eine geradläufige Treppe mit Stufen aus Sichtbeton, die einseitig in einer Sichtbetonwand verankert sind, miteinander verbunden. Eine großzügige, zweiflügelige Eingangstür sitzt mitten in der konkav geschwungenen Westfassade und bildet die einzige Öffnung in der mit Lärchenholzlamellen bekleideten Fläche. Den Eingang erreicht man über einen ebenfalls mit Lärchenholz ausgelegten Vorplatz.

Das in Massivbauweise errichtete Haus verfügt über genügend Speichermasse, um ein relativ konstantes Innenklima zu gewährleisten. Die vollflächige Verglasung der Nordseite verhindert unkontrollierte solare Wärmeeinstrahlung und ermöglicht eine blendfreie indirekte Tagesbelichtung. Im Winter kann die tief stehende Sonne die schwarz gehaltene Wand hinter der Lärchenschalung an der Westseite bescheinen und erwärmen. Im Sommer hingegen wird diese Wand durch die Lamellen verschattet und bleibt deshalb kühl.

▪ Den Eingang in der konkav geschwungenen Westfassade erreicht man über einen lärchenholzgedeckten Vorplatz.

▪ Die Küche im Sockelgeschoss besitzt einen eigenen, ins Gelände eingeschnittenen Freisitz. Mit einem runden Eckdetail verlängert sich der Lärchenholzbelag des Vorplatzes von der Eingangsebene bis auf das Niveau der unteren Terrasse.

▎Die vollverglaste Nordseite bietet eine fantastische Aussicht auf das Weinbaugebiet im Wiener Nordwesten. Die Empore im Wohnraum betont dieses Raumerlebnis zusätzlich.

▎Die Wohnküche im Untergeschoss mit Ausgang ins Freie stellt einen direkten Kontakt zur reizvollen Landschaft her.

Schnitt
M 1:200

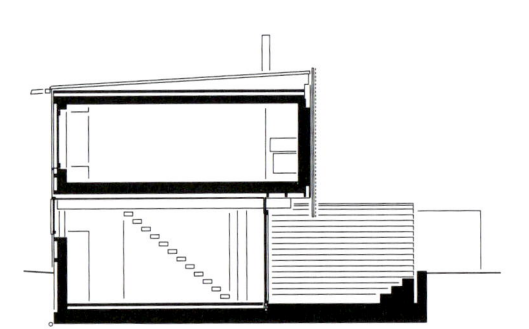

Längsschnitt
M 1:200

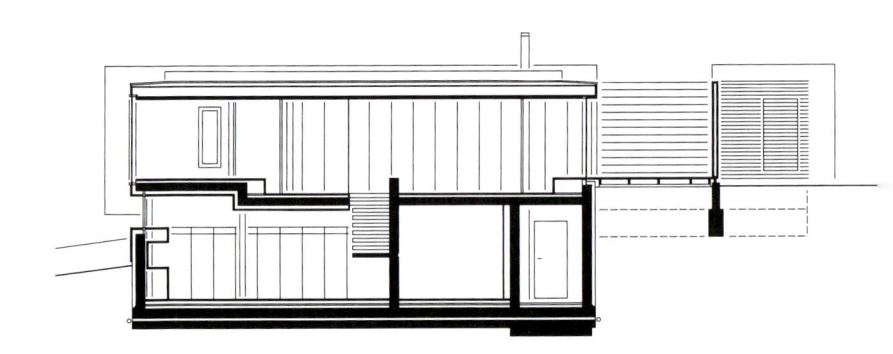

Gebäudedaten

Grundstücksgröße:
400 m²

Wohnfläche:
110 m²

Zusätzliche Nutzfläche:
80 m²

Anzahl der Bewohner:
2

Bauweise:
Massivbau, holzbekleidet

Baujahr:
2001

Baukosten pro m² Wohn- und Nutzfläche:
1.655 Euro

Baukosten gesamt:
245.000 Euro

Mitten in einem Weinbaugebiet, vor den Toren Wiens gelegen, bietet dieses Haus seinen Nutzern die Möglichkeit, sich auf Wesentliches zu konzentrieren und den Alltag hinter sich zu lassen. Zu diesem Konzept passt die spartanische, aber äußerst geschmackvolle Innenausstattung, die Teil des Bauauftrags war. Dabei wird die Inneneinrichtung zum integralen Bestandteil des Hauses, sodass die Bewohner nur noch wenige zusätzliche Einrichtungsgegenstände benötigen.

▌Die geradläufige Treppe teilt den oberen Wohnraum in zwei Bereiche. Durch deckenhohe Vorhänge, die ganz in eigens dafür vorgesehene Boxen eingefahren werden können, ist der Raum wahlweise extrovertiert oder introvertiert.

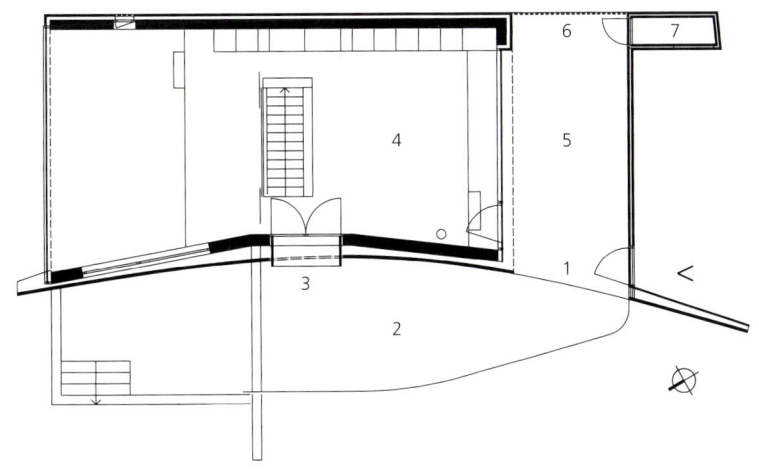

Erdgeschoss
M 1:200

1 Gartentor
2 Vorplatz
3 Eingang
4 Wohnen/Schlafen
5 Terrasse
6 Sichtschutz
7 Geräte

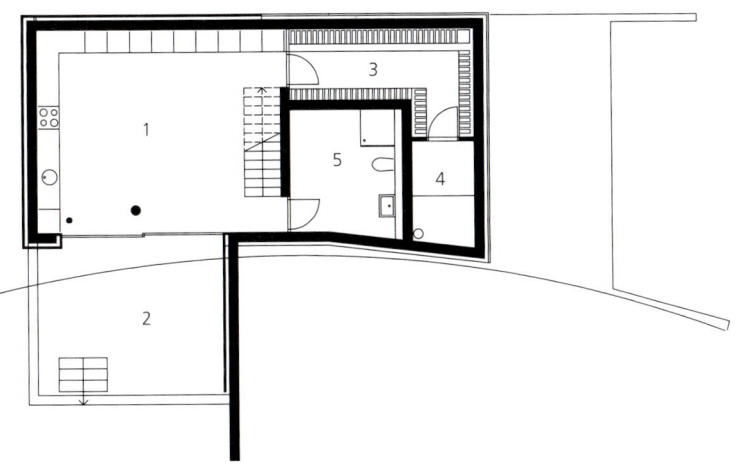

Untergeschoss
M 1:200

1 Küche, Essen
2 Terrasse
3 Weinkeller
4 Haustechnik
5 Bad

■ **Massivbau in Wien**
Architekten: mark gilbert architektur + Holodeck.at, Wien

Bewohnbares Faltwerk

Lageplan

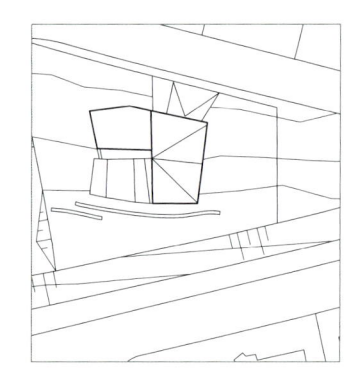

In exponierter Lage inmitten einer ehemaligen Kleingartensiedlung am Stadtrand von Wien, mit schönen Aussichten nach Süden und Westen, entstand dieses Haus. Östlich des dreiecksförmigen, parkähnlichen Grundstücks befindet sich eine Hauptverkehrsstraße. Mit seiner weitgehend geschlossenen Ostfassade wendet sich das Gebäude vom Verkehrslärm ab, um im Süden und Westen möglichst viel vom Grünland des Grundstücks zu profitieren. Dabei wird der Rasen wie ein Teppich behandelt, der über das Gelände und das Haus verlegt wird, bis er schließlich über eine Rampe an die Schwelle des um ein Geschoss höher liegenden Wohnraums heranreicht. Das Dach des Hauses besteht aus einer geknickten Schale aus Sichtbeton, die in einer ansteigenden Bewegung dem Geländeverlauf zu folgen scheint.

Im Sockelgeschoss sind die Bibliothek, das Gästezimmer und die Wirtschaftsräume untergebracht. In der darüber liegenden Ebene befinden sich der Wohnraum und die Küche, während der höchste Punkt des Hauses vom Elternzimmer eingenommen wird. Von der Eingangshalle führt eine mäanderförmige Treppe in einer Art räumlichen Promenade zunächst in den höher gelegenen Wohnraum und von dort in das unter dem Dach gelegene Elternzimmer. Diese Treppe bildet das Zentrum des Hauses: Von hier kann man nicht nur in die Eingangshalle und den Kindertrakt blicken, sondern auch bis hin zum Wienerwald, der sich vor der großen Glaswand ausstreckt. Auf Niveau der Eingangshalle befinden sich die Kinderzimmer mit einem nach Süden verglasten Spielflur. Gewissermaßen als Fuge zwischen den unterschiedlichen Niveaus der beiden Gebäudeflügel dienen die Eingangshalle und die Spielterrasse, die unmittelbar vor dem Kindertrakt liegt. Die Konstruktion ist eine Komposition aus drei Elementen mit jeweils unterschiedlichem Material: Der gemauerte Sockel hat eine rau verputzte Oberfläche. Seine plastische Form wirkt wie ein massiver, behauener Block. Die gefaltete Schale ist aus Beton – sie wird vom Sockel getragen und definiert mit ihren Faltungen gewissermaßen die Innen- und Außenräume. Die geknickte Holz-Glas-Fassade schließt den aus der Faltung der Betonschale entstandenen Raum ab.

Die Oberflächenbehandlung der Schale ist besonders bemerkenswert: Sie hat eine Haut aus Kautschuk. Das ursprünglich ausschließlich als Dachabdichtung verwendete Material wird zu einer homogenen Haut für Dach, Fassade, Terrasse und Deckenuntersicht. Diese UV-beständige

■ Mit der geschlossenen Ostseite ist das Haus zur angrenzenden Hauptverkehrsstraße hin abgeschirmt, während es sich nach Süden und Westen mit Aussicht zum Wienerwald öffnet.

■ Bereits von der Straße erkennt man das Split-Level-Konzept des Hauses. Eine Rampe führt in die Eingangshalle.

Gebäudedaten

Grundstücksgröße:
999 m²

Wohnfläche:
215 m²

Zusätzliche Nutzfläche:
38 m² (Garage)

Anzahl der Bewohner:
4

Bauweise:
Massivbau

Baujahr:
2002

Baukosten pro m² Wohn- und Nutzfläche:
1.115 Euro

Baukosten gesamt:
265.000 Euro

Membran hat eine leicht karierte Oberflächenstruktur, die eine schöne Patina annimmt, wenn sie der Witterung ausgesetzt wird. Als kostengünstige Hülle für Dach und Wand verleiht sie dem Haus sein charakteristisches Erscheinungsbild. Die 64 Zentimeter breiten Kautschukbahnen wurden so ausgelegt, dass sie die gefaltete Form der Schale unterstreichen. Die Bekleidung der geschlossenen Ostfassade wurde in Form zweier vorgefertigter Paneele einschließlich Unterkonstruktion und Wärmedämmung in der Werkstatt konfektioniert und mittels Kran vor Ort montiert. Die einfache Handhabung der Folie ermöglichte die Ausbildung präziser Anschlüsse an die Fassade.

▮ Die uniforme Kautschukhülle ist Abdichtung und Bekleidung für Dach, Wand und Decke. Die innovative Verwendung der Folie erwies sich als wirtschaftliche Lösung.

▮ Mit der gewinkelten, teilweise zweigeschosshohen Glaswand profitiert das Haus maximal von Garten und Aussicht.

▮ Deckenhohe Glaswände beziehen den Außenraum in das Wohnerlebnis mit ein.

▮ Kurze, gerade Treppenläufe verbinden die verschiedenen Niveaus des Hauses sehr bequem miteinander. Dabei bildet die Treppe eine mäandrierende Figur.

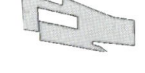

Systemelemente des Hauses in Explosionsdarstellung

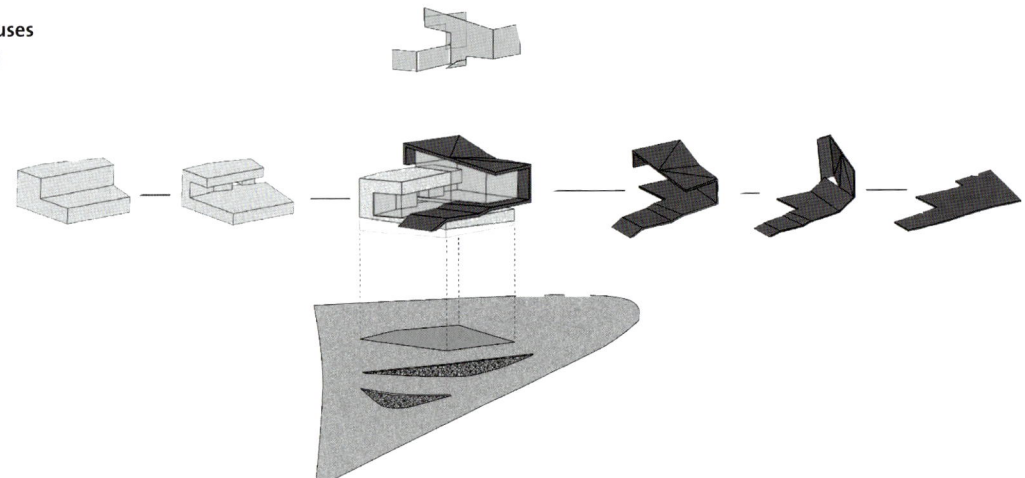

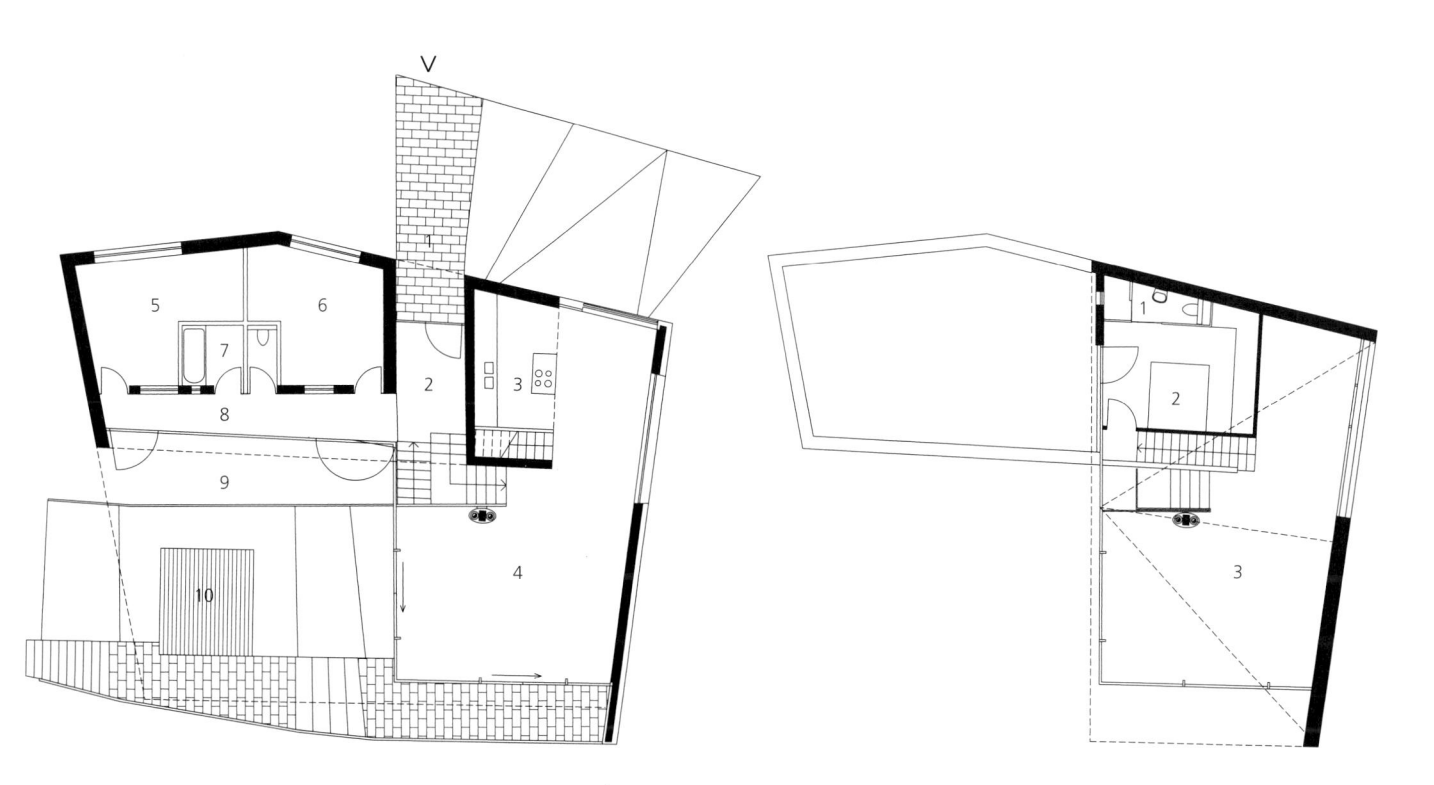

Erdgeschoss
M 1:200

1 Zugangsrampe
2 Eingangshalle
3 Küche
4 Wohnen
5 Kinder
6 Kinder
7 Bad
8 Spielflur
9 Spielterrasse
10 Freisitz

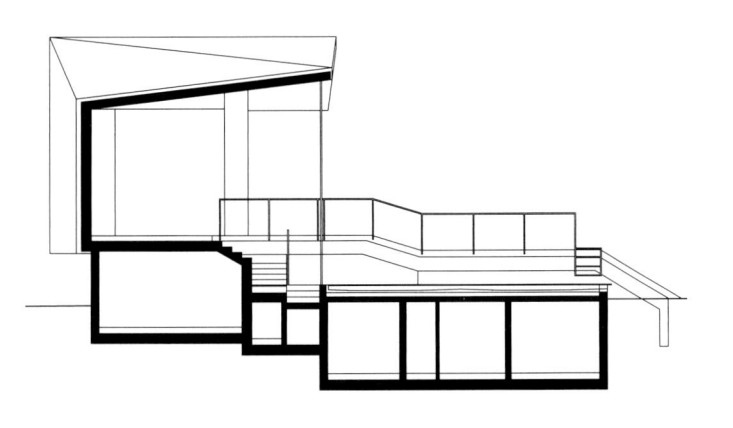

Obergeschoss
M 1:200

1 Bad
2 Eltern
3 Luftraum

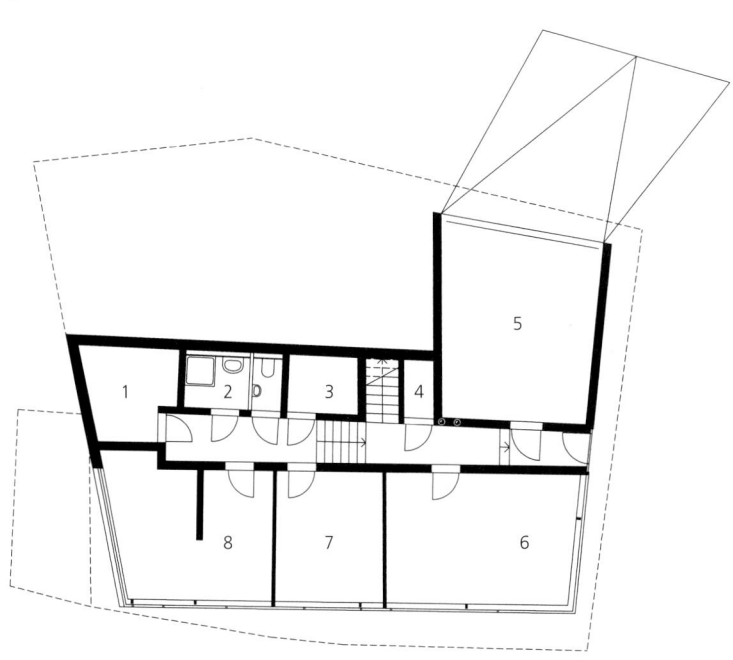

Schnitt
M 1:200

Untergeschoss
M 1:200

1 Weinkeller
2 Bad
3 Haustechnik
4 Gastherme
5 Garage
6 Bibliothek
7 Gäste
8 Hauswirtschaft

■ **Holzbau in Steyr-Münichholz**
Architekten: Hertl.Architekten, Steyr

Weniger kann mehr sein

Lageplan

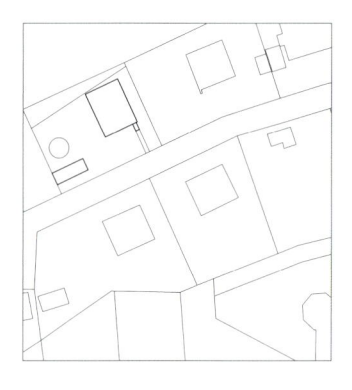

Mit der Vorgabe eines extremen Low-Cost-Einfamilienhauses wurde dieses Haus in Steyr-Münichholz als Holzsystembau konzipiert. Lediglich der Geräteschuppen im Garten wurde als Stahlcontainer dazugestellt. Auf die problematische Grundstückssituation mit der Erschließungsstraße im Süden und dem Ausblick nach Norden reagierten die Architekten mit dem Entwurf eines introvertierten Gebäudes: Von Süden her fällt Licht in den Wohnraum, ohne dass ein Einblick von der Straße aus möglich ist. Auf der anderen Seite filtern Bäume den Ausblick ins Tal und bilden einen räumlichen Abschluss des zu einer Veranda geöffneten Wohnbereichs.

Aufriss und Grundriss des Hauses spiegeln die funktionale Gliederung wider. Im Grundriss erkennt man drei Raumschichten mit einer Erschließungszone im Osten, einer daran anschließenden Funktionszone und einer nach Westen orientierten Wohnraumspange. Räumlich korrespondiert der mit einem Glaskörper geschlossene Ausschnitt im Obergeschoss mit dem Einschnitt im Erdgeschoss, der die nach Norden orientierte Veranda bildet. Dieser Zonierung entsprechend betritt man das Haus an der Südwestecke und gelangt in einen zweigeschossigen Vorraum, in dem eine geradläufige Treppe ins Obergeschoss führt. Eine frei gestellte Box mit Küche, Abstellraum und WC ist die einzige Unterbrechung des ebenerdigen Großraumes. Im Obergeschoss ist die Funktionsspange mit Schrankfluren, Bad und Nebenräumen ausgefüllt. Sie bildet gewissermaßen einen Filter zu den Schlafräumen auf der Westseite.

Die klare strukturelle Ordnung des Hauses erlaubte die Entwicklung eines Holzbausystems mit vorgefertigten Wand- und Deckenelementen. Die Außenwände sind Holzständerwände mit einer beidseitigen Beplankung aus Grobspanplatten und innen liegender Dämmung. Die Geschossdecke ist ebenfalls als Sandwichkonstruktion aufgebaut, wobei die Deckenbalken beidseitig mit Holzwerkstoffplatten beplankt sind. Dieser Sandwichaufbau führt zu hoch belastbaren Leichtbauelementen. Man spricht hier auch von einer Holztafelbauweise. Eine sägerau belassene, vertikale Lärchenholzschalung bildet eine werkstoffgerechte Wetterschale für die tragende Holzkonstruktion.

Der Kostenrahmen wurde auch dadurch eingehalten, dass Nebenräume in einem Stahlcontainer ausgelagert wurden und deshalb auf eine Unterkellerung verzichtet werden konnte. Durch die Maßhaltigkeit und Präzision der Fertigteile konnte im Inneren bei Decken, Böden und Wänden

■ Das introvertiert organisierte Haus öffnet sich auf der Nordseite im Erdgeschoss durch einen messerscharf geführten Einschnitt in den Baukörper.

■ Geheimnisvoll und uneinsehbar zeigt sich das Haus zur Straße. Ein weit auskragendes Vordach signalisiert den Eingang.

auf zusätzliche Bekleidungen und Dekore verzichtet werden. Der Fußbodenbelag im Erdgeschoss besteht aus Trockenestrich, der lediglich lackiert wurde. An Decken und Böden bleiben die lackierten Grobspanplatten sichtbar. **Einfachheit ist hier das Ergebnis** eines Entwurfs- und Konstruktionsprozesses, bei dem es gelungen ist, funktionale Anforderungen und konstruktive Aspekte in Einklang zu bringen. Am Ende dieses Integrationsprozesses steht das Produkt Haus, das sich in diesem Fall durch Wirtschaftlichkeit und architektonische Qualität gleichermaßen auszeichnet.

▪ Mit der herausgeschnittenen Veranda reagiert das Haus räumlich auf die Geländekante im Norden.

Gebäudedaten

Grundstücksgröße:
634 m²

Wohnfläche:
153 m²

Anzahl der Bewohner:
3

Bauweise:
Holztafelbau

Baujahr:
2003

Baukosten pro m² Wohn- und Nutzfläche:
1.018 Euro

Eigenleistung:
6.000 Euro

Baukosten gesamt:
156.000 Euro

Raumzonen

Freigestellte Box

Einschnitte

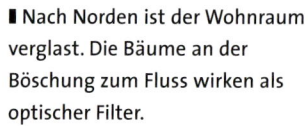

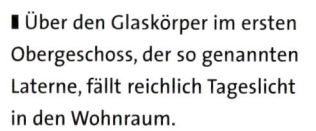

▪ Nach Norden ist der Wohnraum verglast. Die Bäume an der Böschung zum Fluss wirken als optischer Filter.

▪ Über den Glaskörper im ersten Obergeschoss, der so genannten Laterne, fällt reichlich Tageslicht in den Wohnraum.

Obergeschoss
M 1:200

1 Flur
2 Luftraum
3 Dunkelkammer
4 Schrankflur
5 Technik
6 Bad
7 Schrankflur
8 Kind
9 Arbeiten
10 Eltern

Erdgeschoss
M 1:200

1 Zugang
2 Parken
3 Werkstatt
4 Geräte
5 Flur
6 WC
7 Abstellraum
8 Küche
9 Veranda
10 Wohnen

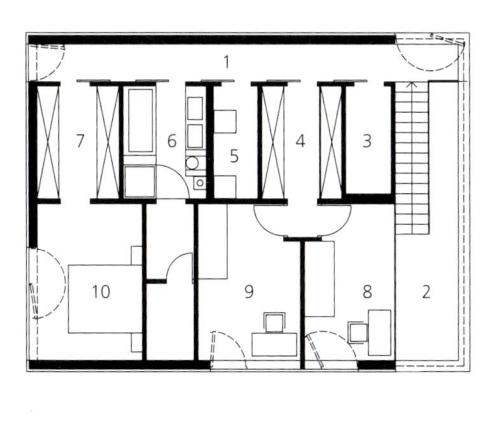

■ Blick durch die gläserne Laterne auf den stählernen Gerätecontainer.

■ Die einzige Unterbrechung des fließenden Raumes im Erdgeschoss ist die frei gestellte Funktionsbox.

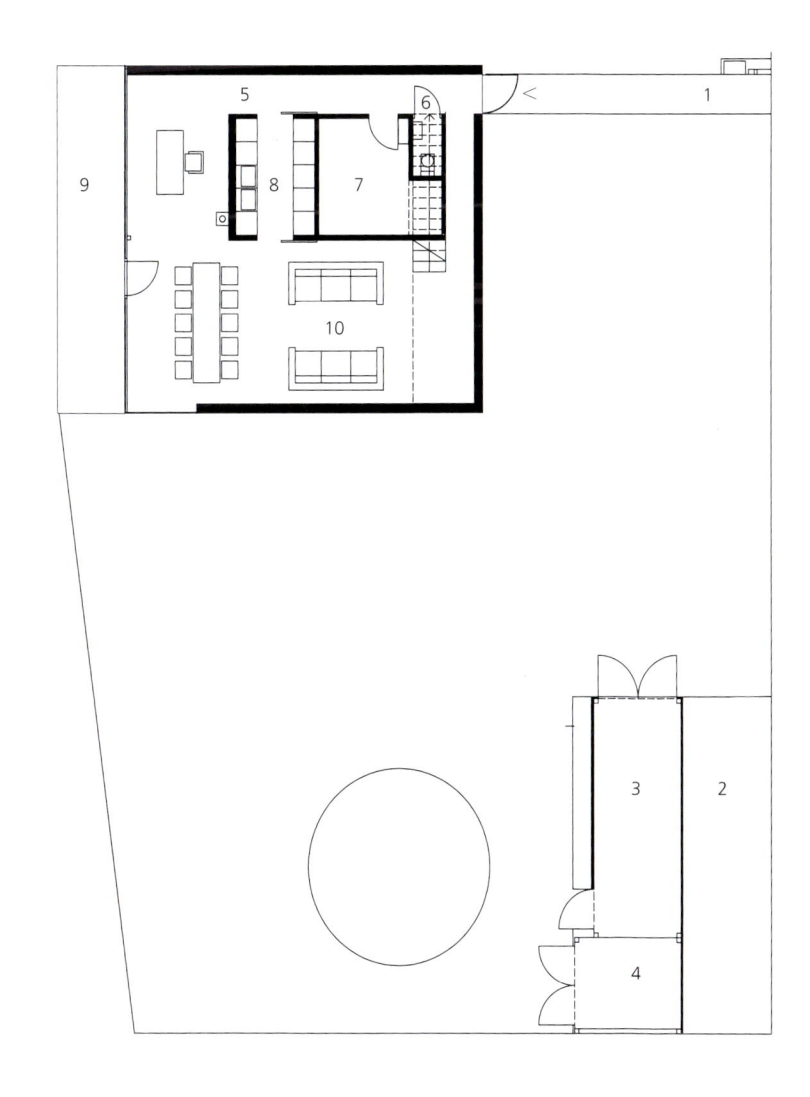

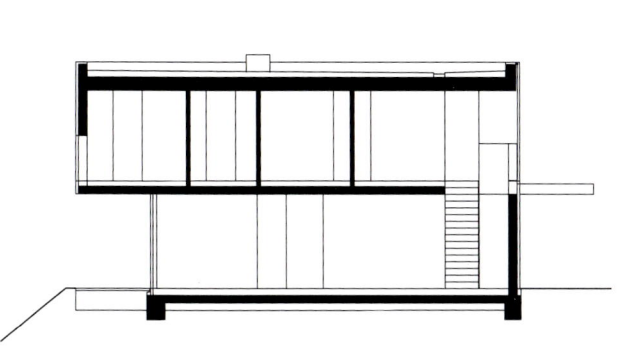

Längsschnitt
M 1:200

Schnitt
M 1:200

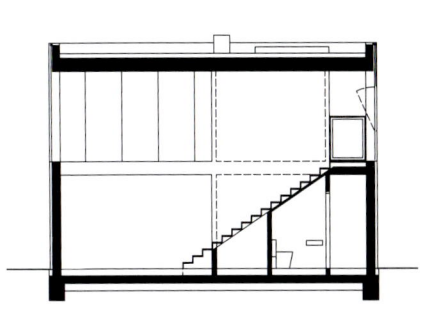

■ **Massivbau in Steyr-Gleink**
Architekten: Hertl.Architekten, Steyr

Mehr sein als scheinen

Lageplan

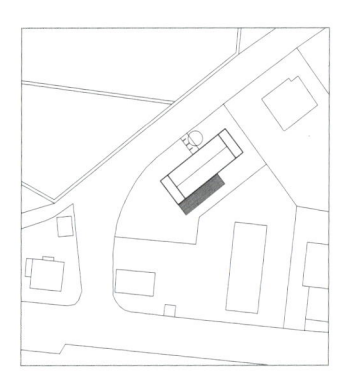

Das oberösterreichische Dorf Gleink entwickelte sich um eine Klosteranlage herum. Die in Ost-West-Richtung verlaufende Hauptstraße prägt das Zentrum des Dorfes und führt auf den Eingang des Klosters zu. Während sich der Straßenzug nach Süden zur Stadt Steyr hin mit losen Bebauungsstrukturen öffnet, ist die Nordseite, an der auch das Stift liegt, von geschlossener Bauweise geprägt. Traufständige Häuser mit zweigeschossigen Lochfassaden bestimmen das Ortsbild.

Das Dorfhaus nimmt den Dialog mit dieser Baustruktur auf und füllt eine Baulücke, die zwei Dorfstraßen miteinander verknüpft. Ein Satteldach mit 45 Grad Neigung sitzt auf dem Baukörper von 22,5 Metern Länge und 8 Metern Breite. Mit seiner Kubatur fügt sich das Gebäude in die Maßstäblichkeit des Dorfes ein. Ein sattes Grau zieht sich über Dach und Fassade. Scharfe Kanten und bündige Flächen lassen das Haus noch schlichter erscheinen als die ländlichen Bauten aus früherer Zeit.

Die Ansichten werden von Fenstertüren bestimmt, die als senkrechte Streifen die Fassaden in unregelmäßigen Abständen durchbrechen. Glas und Putz liegen fast in einer Ebene, um die Flächigkeit der Außenhaut zu betonen. Französische Balkone stellen den Bezug zum Außenraum her. In Querrichtung überwindet das Haus einen Niveauunterschied von einem halben Geschoss, sodass der Wohnraum abgesenkt ist und ein direkter Zugang zum Garten geschaffen werden konnte. An beiden Giebelseiten kragt die Stahlbetonflachdecke des Obergeschosses aus und bildet einen überdachten Stellplatz auf der Nordseite sowie einen geschützten Freisitz auf der Südseite.

Der Innenraumeindruck wird bestimmt von geschossübergreifenden Durchbrüchen, langen Blickachsen und einer offenen Dachuntersicht, die das Volumen des Baukörpers erlebbar machen. Das Haus ist eine Mischkonstruktion mit massiven Wänden aus Hochlochziegeln und Stahlbeton, Stahlbetondecken und einer Stahlrahmenkonstruktion für das Dach. Eingeschobene Gasbetonplatten bilden den in Inneren sichtbaren Raumabschluss des Dachstuhls.

Die Beschränkung auf wenige Materialien, die mit präzisen Details gefügt sind, begründet nicht nur die Wirtschaftlichkeit des Hauses, sondern bestimmt auch seine ästhetische Anmutung. Der Architekt erläutert: „Das Haus will kein Aufsehen erregen, es will eine Lücke im Dorfgefüge schließen, es will sich einer Struktur unterwerfen, die man in der Gegend kaum noch findet: der Struktur des Dorfes ..." Der einfachen Form sind sämtliche Funktionen

▍ Die Nordwestansicht zeigt die gelungene Einbindung in die dörfliche Baustruktur. Wie selbstverständlich fügen sich Vorfahrt und Eingang in den Straßenraum ein.

▍ Die auskragende Geschossdecke am Südwestgiebel dient als Sonnenschutz für den vollverglasten und abgesenkten Wohnraum im Erdgeschoss.

im Inneren untergeordnet. Vollkommen in den Baukörper integriert sind Garage und Werkstatt im Norden, während der um acht Stufen abgesenkte, nach Süden orientierte Wohnraum auf die Hanglage des Grundstücks reagiert. Hinter einer homogenen, grauen Außenhaut verbirgt sich eine großzügige, lichtdurchflutete Wohnlandschaft, die man auf den ersten Blick nicht vermuten würde.

Gebäudedaten

Grundstücksgröße:
784 m²
Wohnfläche:
226 m²
Anzahl der Bewohner:
1–4
Bauweise:
Massivbau (Ziegel, Stahlbeton, Dach Gasbeton in Stahlrahmen)

Baujahr:
2003
Baukosten pro m² Wohn- und Nutzfläche:
1.082 Euro
Eigenleistung:
8.000 Euro
Baukosten gesamt:
245.000 Euro

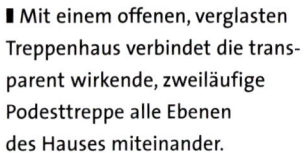

▌Mit einem offenen, verglasten Treppenhaus verbindet die transparent wirkende, zweiläufige Podesttreppe alle Ebenen des Hauses miteinander.

▌Deckenhohe Fenstertüren unterteilen die Fassade in vertikale Streifen. Französische Balkone stellen einen direkten Außenbezug her.

▌Geschossübergreifende Lufträume und der offene Dachstuhl bewirken einen großzügigen Raumeindruck in der oberen Ebene.

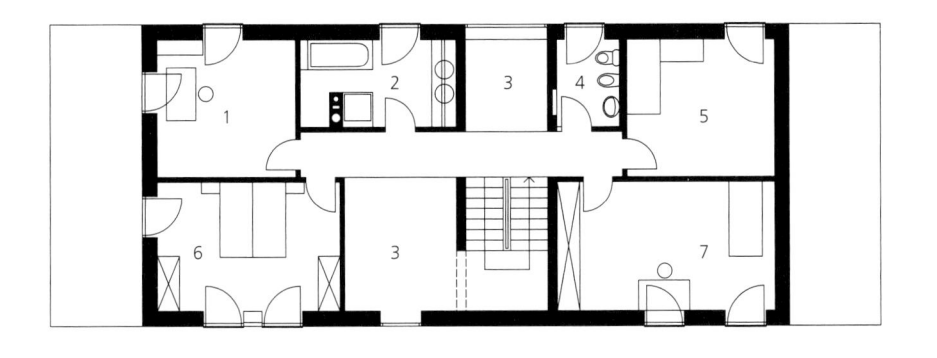

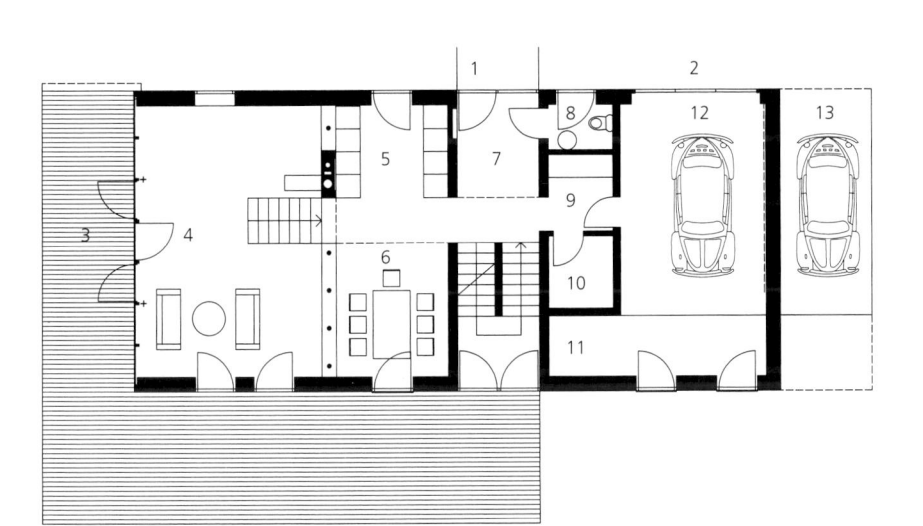

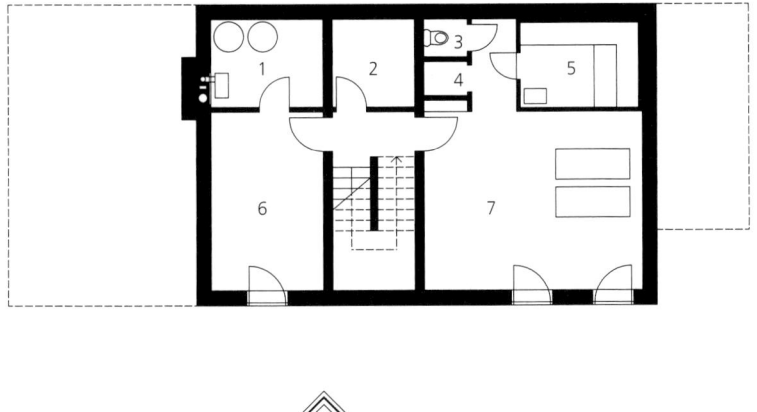

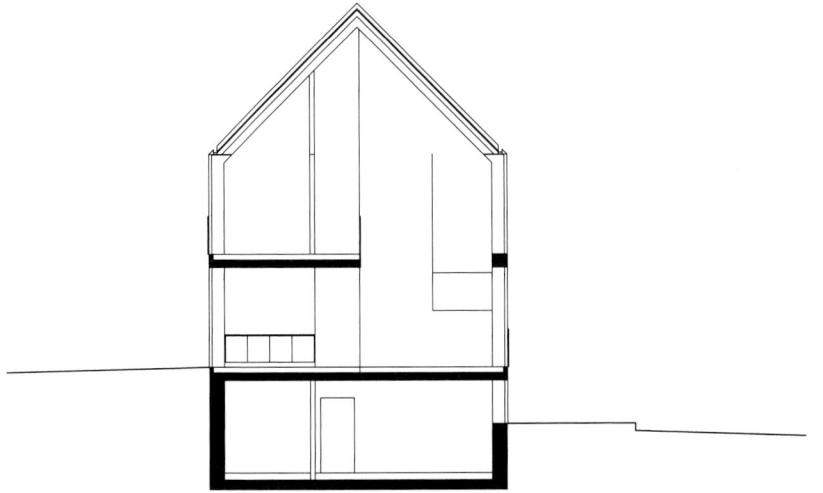

Obergeschoss
M 1:200

1 Büro
2 Bad
3 Luftraum
4 WC
5 Gast
6 Schlafen
7 Zimmer

Erdgeschoss
M 1:200

1 Zugang
2 Vorfahrt
3 Terrasse
4 Wohnen
5 Küche
6 Essen
7 Diele
8 WC
9 Schleuse
10 Abstellraum
11 Werkstatt
12 Garage
13 Carport

Untergeschoss
M 1:200

1 Technik
2 Anschlussraum
3 WC
4 Dusche
5 Sauna
6 Keller
7 Wellness

Schnitt
M 1:200

141

■ **Holzbau in Münchendorf**
Architekten: querkraft architekten, Wien

Das Haus im Haus

Lageplan

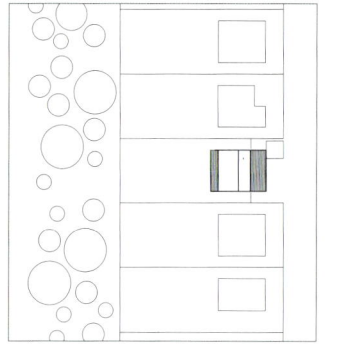

Irrtümlich doppelt produzierte Isolierglastafeln im Format 120 mal 250 Zentimeter eines Glasherstellers waren das auslösende Moment für diesen hoch transparenten Holzskelettbau im niederösterreichischen Münchendorf. In weiser Voraussicht hatte der Bauherr den Sonderposten von 52 Glastafeln angekauft und auf dem Grundstück zwischengelagert. Ein Großteil dieser Glastafeln bildet heute die vollkommen transparenten Ost- und Westfassaden des Wohnhauses. Eine zweigeschosshohe, luftige Pergola, die mit transluzenten Acrylwellplatten eingedeckt ist, überspannt auf der Eingangsseite eine 4 Meter breite, offene Vorzone. Eine eingeschossige, grüne Box ist der Blickfang am Eingang. Als Kellerersatzraum schirmt sie den Vorplatz seitlich ab und dient im Obergeschoss als Terrasse. Auch auf der Westseite sind die Glasflächen durch eine 2 Meter breite Vorzone geschützt.
Im Erdgeschoss stellt eine Holzterrasse den Übergang zum Garten her, im Obergeschoss bilden der mit Acrylglaswellplatten gedeckte Dachüberstand und der Holzbalkon einen Pufferraum zwischen innen und außen. Durch diese üppigen Vorzonen verfügt das Haus über zwei Dimensionen, deren Nutzung von der Jahreszeit abhängt.
Im Inneren setzt sich das offene Konzept des Hauses fort. Lediglich die vollkommen geschlossenen Giebelwände im Norden und Süden und das Stützraster des Holzskeletts gliedern den Raum, der im Erdgeschoss die Funktionen Kochen, Essen und Wohnen sowie eine minimale Nasszelle umfasst. Eine offene Stahlwendeltreppe führt ins Obergeschoss, dessen Aufteilung von den konstruktiven Achsen des Hauses bestimmt wird. Dadurch entstehen drei gleich große Räume mit einem gemeinsamen Balkon im Westen.
Das dreischiffige Holzskelett strukturiert den Innenraum und fasst zudem die Außenräume unter einem Dach zusammen. Durch die Konstruktion erhält das Haus nicht nur Gliederung, Maßstab und Proportion – die Einfachheit der Konstruktion und die Stringenz der Fassadengliederung erlauben zudem im Inneren vielschichtige Nutzungen. Der einfache Grundriss ist hierfür eine wichtige pragmatische Grundlage. Offenheit von Architektur – im Sinne vielseitigen Gebrauchs – lässt genügend Spielraum für mögliche Ausgestaltungen, ohne auf bestimmte Nutzungen fixiert zu sein. So ist es nur konsequent, dass auch die Verkehrsflächen in diesem Haus vor allem anderweitig verwendet werden, beispielsweise für Heimarbeiten der Eltern oder gemeinsames Spielen der Kinder im Obergeschoss.

■ Vier schlanke Holzstützen und ein transluzentes Vordach bilden einen Portikus zum öffentlichen Raum, der einladend und großzügig wirkt.

Die frühzeitige Investition des Bauherrn in den Werkstoff Glas hat sich gelohnt, wenn er heute sagt: „Das Gesicht, also die Ansicht von außen, war mir nicht wichtig, viel entscheidender war: Wie erlebe ich den Ausblick von innen nach außen – was wollte ich sehen? Die Fassade sollte so sein, dass die Räume lichtdurchflutet sind, die Aussicht nach draußen optimiert ist und die Natur, also der Garten, sich maximal mit den Aufenthaltsräumen verbindet. Heute kann ich mir nicht vorstellen, in einem Haus zu wohnen mit ein paar Gucklöchern, kleinen und größeren; das wäre mir zu dunkel, die Sicht zu sehr eingeschränkt."

▌ Die geschützten Freibereiche, die den Aufenthaltsräumen vorgelagert sind, schaffen eine fast südländische Atmosphäre auf Terrasse und Balkon.

▌ Ein Hingucker ist die mit grüner Folie bespannt Gerätebox auf der Ostseite die einen Kellerraum ersetzt.

▌ Eingerahmt von der filigranen Holzkonstruktion weitet sich die Landschaft hinter dem Vordach.

▌ Kommunikativ und ungezwungen erscheint die Eingangssituation mit der grellgrünen Gerätebox.

Schnitt
M 1:200

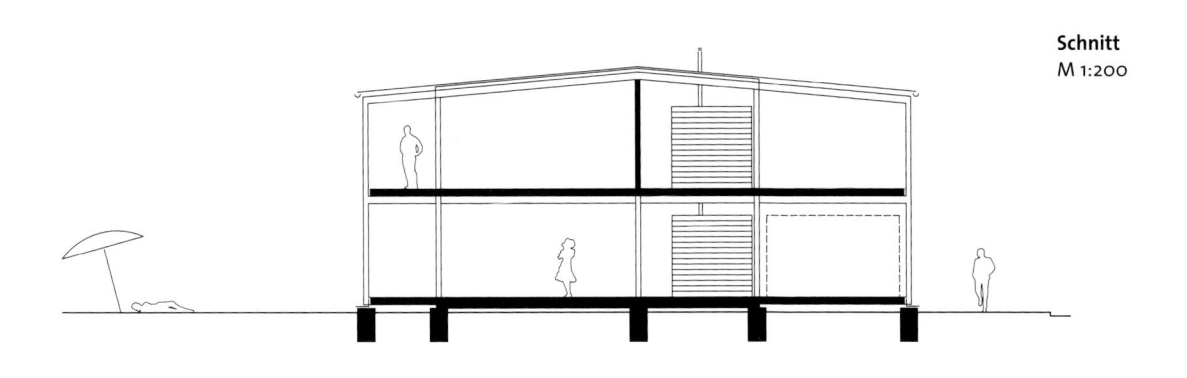

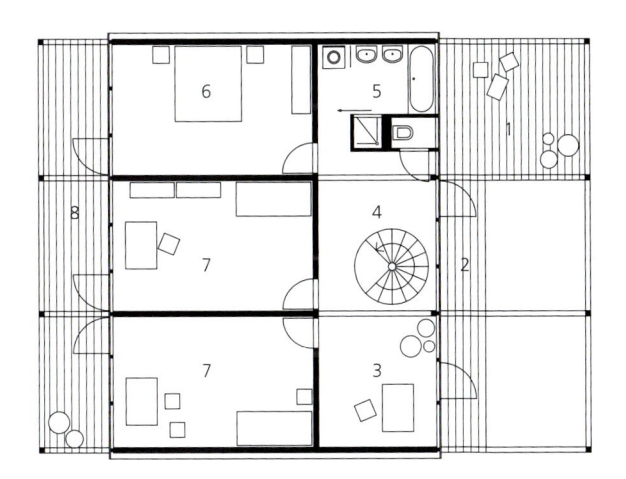

Obergeschoss
M 1:200

1 Terrasse
2 Balkon
3 Arbeiten
4 Erschließung
5 Bad
6 Schlafen
7 Kind
8 Balkon

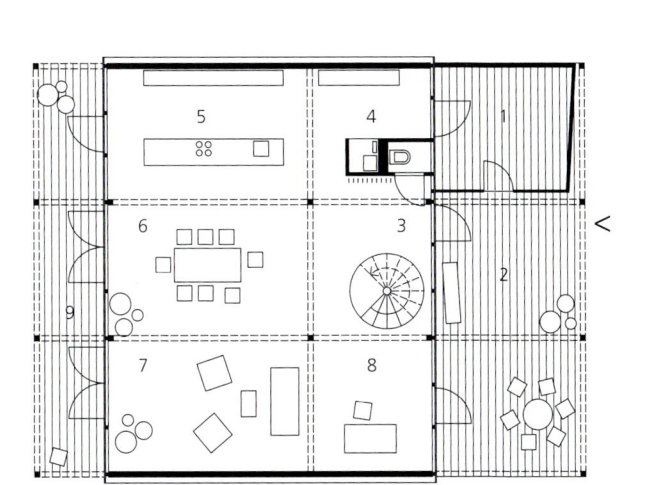

Erdgeschoss
M 1:200

1 Lager- und Geräteraum
2 Vorplatz
3 Eingang
4 Hauswirtschaft
5 Küche
6 Essen
7 Wohnen
8 Arbeiten
9 Terrasse

Gebäudedaten

Grundstücksgröße:
750 m²

Wohnfläche:
180 m²

Zusätzliche Nutzfläche:
100 m²

Anzahl der Bewohner:
4

Bauweise:
Holzskelettbau

Baujahr:
2000

Baukosten pro m² Wohn- und Nutzfläche:
1.250 Euro

Baukosten gesamt:
228.000 Euro

■ Holzbau in Jois
Architekten: P.ARC GmbH, Peter Raab und Johannes Kaufmann, Wien

Das Haus, das mit dem Tieflader kam

Lageplan

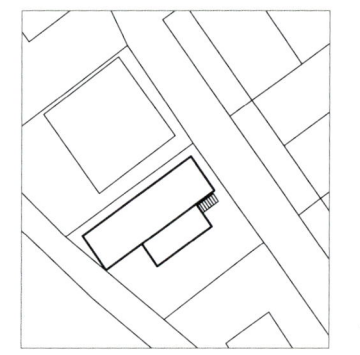

„Städter haben zum Hausbauen zu wenig Zeit, zwei linke Hände oder zu wenig Geld, um ihre Hausvorstellung vom Stararchitekten schlüsselfertig realisieren zu lassen", so äußerte sich der Bauherr dieses ungewöhnlichen Hauses. Jois am Neusiedlersee und seine sonnigen Weinberge weckten toskanische Gefühle und den Wunsch, dort zu bauen. Bauen aber nur, wenn keine Handwerker zu beaufsichtigen sind, wenn nicht tägliche und wochenendliche Baustellenbesuche zur Pflicht werden und wenn die Kosten nicht aus dem Ruder laufen. Der Architekt hatte gleich zwei Lösungen zu bieten: einen optimalen Entwurf für das kleine Grundstück und die anschließende Fertigung des Hauses in einer großen Halle im Bregenzer Wald nach einem Bausystem des Vorarlberger Architekten Johannes Kaufmann und der Zimmerei Michael Kaufmann. **Baustress gleich null** lautete das Versprechen – und richtig: 15 Meter lang, 4,5 Meter breit, in blauem Plastik verpackt, wurde das in Holzrahmenbauweise vorgefertigte Haus samt Küche und Badezimmer einschließlich der Wandschränke und Kleinmöbel quer durch Österreich gefahren und mit einem Spezialkran auf das massive Sockelgeschoss gesetzt. Vorher musste mit dem Bausachverständigen der Gemeinde eine Lösung für das nicht erlaubte Flachdach gefunden werden – es wurde ein Pultdach. **„Irgendwann in der Mitte** der vierwöchigen Fertigungszeit", berichtet der Bauherr, „besuchten wir unser Haus, quasi in utero, halb fertig und etwas unscheinbar in einer Halle, die für einen Airbus reichen würde. An einem Mittwoch im Juni erschien dann der Tieflader in der schmalen Straße. Es dauerte ein paar Stunden und das blaue Paket entfaltete sich wie ein Schmetterling durch die Lüfte zu einem richtigen Haus ..." Zweieinhalb Tage brauchte es dann noch, um die Terrasse, die Installationen im Sockelgeschoss und andere Kleinigkeiten zu komplettieren. **Das Sockelgeschoss** liegt teilweise unter Erdniveau, erstreckt sich über die halbe Fläche des Hauptgeschosses und umfasst Abstellraum, Sauna, Ruheraum, Bad sowie eine vorgelagerte Terrasse. Die andere Hälfte wird als gedeckter Pkw-Abstellplatz genutzt. Das Hauptgeschoss wird vom Straßenniveau über einige Stufen und eine Terrasse mit Pergola erschlossen. Es besteht aus Wohnraum, Küche, Schlafbereich und Bad. Sichtlich zufrieden mit seinem „Haus aus der Fabrik" berichtet der Bauherr, dass er keinen Hammer in die Hand habe nehmen müssen, um seinen Traum vom Wohnen mit Blick auf Weinberg und See zu verwirklichen.

■ Die Wohnebene kragt über dem Sockelgeschoss aus und bietet Raum für einen gedeckten Stellplatz.

■ Links oben: Das erhöht liegende Wohngeschoss wird von außen über eine großzügige Südterrasse mit Pergola erschlossen.

■ Rechts oben: Die Farbe Weiß und Naturholztöne bestimmen den Innenraum des fein detaillierten Wohngeschosses.

Gebäudedaten

Grundstücksgröße:
225 m²

Wohnfläche:
87 m²

Zusätzliche Nutzfläche:
20 m² (Carport)

Anzahl der Bewohner:
2

Bauweise:
Sockelgeschoss: Stahlbeton
Hauptgeschoss: Holztafelbau

Baujahr:
2002

Baukosten pro m² Wohn- und Nutzfläche:
1.840 Euro

Baukosten gesamt:
160.000 Euro

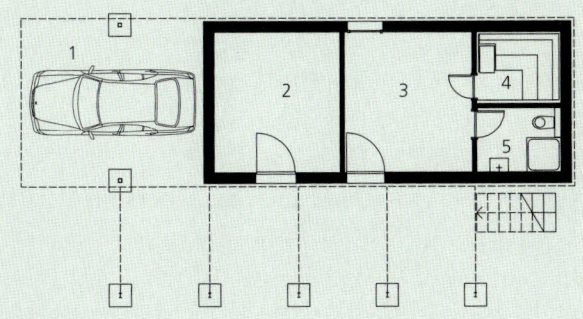

Untergeschoss
M 1:200

1 Carport
2 Abstellraum
3 Ruhe/Gäste
4 Sauna
5 Bad

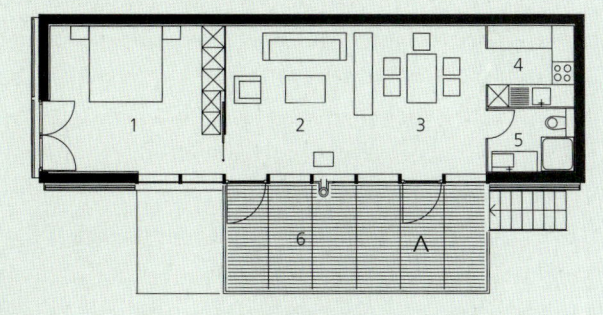

Obergeschoss
M 1:200

1 Schlafen
2 Wohnen
3 Essen
4 Küche
5 Bad
6 Terrasse

■ **Wohnturm über dem Bodensee**
Architekt: k_m architektur Daniel Sauter, Wolfurt und Lindau

Baumhaus mit Aussicht

Lageplan

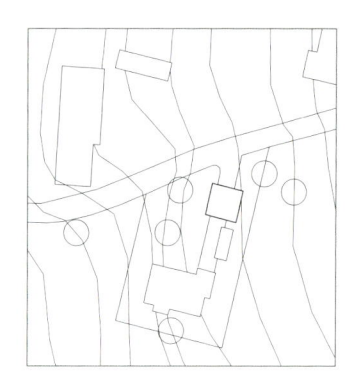

Das leicht abfallende Grundstück liegt inmitten landwirtschaftlicher Grünfläche am Ortsrand von Hörbranz bei Bregenz. Im Norden grenzt es an die Dorfstraße an, im Süden befindet sich ein Einfamilienhaus aus dem Jahr 1960. Für das Gesamtenergiekonzept des Baukörpers war es wichtig, den Schattenschlag im Winter, der durch das bestehende Einfamilienhaus verursacht wird, zu umgehen und die Sonneneinstrahlung auch in dieser Jahreszeit zu nutzen.

Der Architekt entwarf daher einen viergeschossigen, turmartigen Holzbau, der von der Dorfstraße über einen weiträumigen, überdachten Vorplatz erschlossen wird. Das Erdgeschoss umfasst den Eingangsbereich mit großzügiger Garderobe, das erste Obergeschoss Kinder-, Schlaf- und Badezimmer. Im zweiten Obergeschoss befinden sich Küche und Essplatz und im dritten Obergeschoss schließlich der Wohnraum. Jede dieser Wohnebenen hat eine vorgelagerte Loggia mit raumhoher Verglasung, die einen herrlichen Dreiländerblick mit Berg- und Bodenseepanorama ermöglicht.

Der klare und schlichte Holzbau steht wie selbstverständlich als vertikaler Quader zwischen Hochstammbäumen. Eine horizontale Holzschalung, die auf der Nordseite vor dem Treppenhaus in eine plastisch profilierte, vertikale Schalung wechselt, sowie die Einschnitte der Loggien im dritten und vierten Obergeschoss gliedern den Baukörper und verzahnen ihn optisch mit den umgebenden Bäumen. Der in Fertigteile elementierte Holzbau wurde innerhalb von drei Tagen aufgerichtet.

Ein massiver Betonkern verbindet als Treppenhaus alle vier Stockwerke und dient gleichzeitig als aussteifendes Element. Die tragende Konstruktion aus Fassaden- und Deckenelementen besteht aus dem Holz der Weißtanne. Aus demselben Holz wurden auch Fenster und Türen, Fußböden und Deckenverkleidung sowie die Wetterschale hergestellt. So wirkt das Haus wie aus einem Stück gearbeitet. Auf synthetische Lacke und Holzschutzmittel wurde komplett verzichtet. Die Wärmedämmung der Außenhaut besteht aus 36 Zentimeter starkem Thermohanf, der wie Holz ein nachwachsender und recycelbarer Baustoff ist. Die gesamte Energie für Warmwasser und Heizung des Niedrigenergiehauses erzeugen die Hochleistungs-Vakuum-Kollektoren auf dem Dach.

Durch den hohen Anteil an vorgefertigten Teilen konnten über 80 Prozent des Gebäudes in der Werkstatt hergestellt werden, wodurch es keine unnötigen Ausfallzeiten durch

▍Der stehende Quader ragt in den Himmel und verzahnt sich mit den Kronen der Bäume in unmittelbarer Nachbarschaft.

▍Der Eingang im Erdgeschoss wirkt schlicht und elegant. Auch von hier ist ein Rundumblick möglich.

■ Hinter der vertikal profilierten Schalung auf der Nordseite verbirgt sich das aussteifende Treppenhaus.

Schlechtwetter oder andere Faktoren gab. Für die relativ geringen Baukosten, die zirka 30 Prozent unter einem vergleichbaren traditionellen Gebäude liegen, sind auch die einfache Konstruktion und das konsequent durchgehaltene Bau- und Ausbauraster verantwortlich. Der Wohnturm erhebt sich über einer Grundfläche von lediglich 7 mal 7 Metern und entwickelt das Raumprogramm einer Familie auf vier Geschossen. Durch die Beschränkung auf wenige Materialien und den Verzicht auf Unnötiges ist ein außergewöhnlicher Holzbau mit hohem ästhetischen und praktischen Nutzen entstanden.

■ Die Fotovoltaikanlage auf der Südseite liefert 2.280 Kilowattstunden pro Jahr und deckt damit den gesamten Jahresbedarf. Vakuumröhrenkollektoren auf dem Dach dienen der Warmwasserbereitung.

■ Küche, Essplatz und Loggia bilden eine funktionale Einheit und nehmen ein ganzes Geschoss ein.

■ Wie auf einer Aussichtsplattform fühlt man sich im dritten Obergeschoss: Der Wohnraum bietet einen fantastischen, über Eck laufenden Panoramablick.

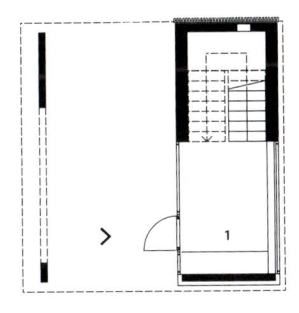

Erdgeschoss
M 1:200

1 Eingang, Garderobe

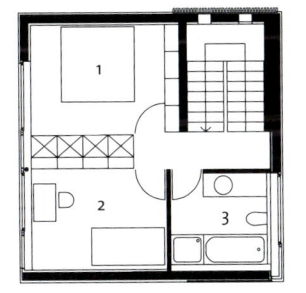

1. Obergeschoss
M 1:200

1 Eltern
2 Kinder
3 Bad

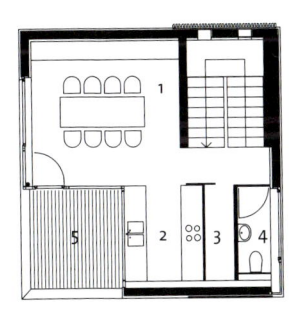

2. Obergeschoss
M 1:200

1 Essen
2 Kochen
3 Speisekammer
4 WC
5 Loggia

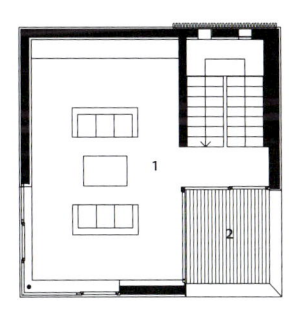

3. Obergeschoss
M 1:200

1 Wohnen
2 Loggia

Gebäudedaten

Grundstücksgröße:
420 m²

Wohnfläche:
103 m²

Zusätzliche Nutzfläche:
15 m²

Anzahl der Bewohner:
4

Bauweise:
Holztafelbau, Treppenturm aus Stahlbeton

Baujahr:
2001

Baukosten pro m² Wohn- und Nutzfläche:
Keine Angaben

Baukosten gesamt:
unter 250.000 Euro

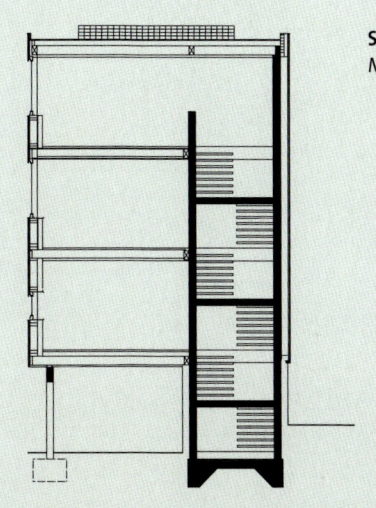

Schnitt
M 1:200

■ **Wohnhaus in Lauterach**
Architekt: Hermann Kaufmann, Schwarzach

Nachverdichtet

Lageplan

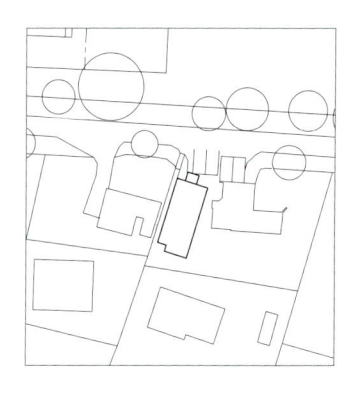

In einem Wohngebiet im Vorarlberger Lauterach wurde dieses Wohnhaus in eine äußerst beengte Situation zwischen zwei bestehende Einfamilienhäuser eingefügt. In dem Haus östlich des Neubaus leben die Eltern der Bauherrin. Gemeinsam mit ihnen wurde die Positionierung des Gebäudes und die Situation des Eingangs auf der Nordseite erarbeitet, der von beiden Familien genutzt wird.

Die Hanglage des Grundstücks ermöglicht einen straßenseitigen Eingang direkt in die Wohnebene. Das untere Geschoss, das etwa 1 Meter unter Gartenniveau liegt, nimmt die Schlafräume auf und besteht aus Stahlbeton, wobei die Sichtbetonaußenwände innenseitig gedämmt wurden. Das Obergeschoss wurde in Holztafelbauweise errichtet und ist durch eine eingestellte Küchen-Sanitärbox untergliedert. Mit seiner sehr gut gedämmten Hülle sowie einer Komfortlüftung mit Wärmerückgewinnung erreicht das Haus annähernd Passivhauswerte und dies, obwohl der Gebäudekörper sich nicht durch ein optimales Verhältnis von Hüllfläche zu Volumen auszeichnet.

Fast wie ein Kontrast zu der vergleichsweise bescheidenen Größe des Hauses wirkt seine hochwertige Innenarchitektur mit edlen Materialien und präzisen Details. So entsteht eine äußerst ansprechende Wohnatmosphäre. Die Konzeption eines Küchen-Sanitärblocks im Obergeschoss, der wie ein eingestelltes Möbel wirkt, ermöglicht den Verzicht auf raumunterteilende Wände. Vom Eingang im Norden bis zum Balkon im Süden wird der Wohn-Essbereich als eine zusammenhängende räumliche Einheit erlebt und wirkt dadurch großzügig. Vom Essplatz aus gelangt man über eine Außentreppe an der Ostseite auf einen Freisitz im Garten. Das Haus zeigt, wie innerhalb einer bestehenden Siedlungsstruktur durch die Bereitschaft zu unkonventionellen Wohnformen und durch intelligente Planung nachverdichtet werden kann.

■ Mit einem großen, allseits umrahmten Fenster und einem vorgelagerten kleinen Balkon wendet sich das Haus dem Garten zu.

■ Vom Essplatz gelangt man über eine Außentreppe an der Ostseite zu einem Freisitz im Garten.

Gebäudedaten

Grundstücksgröße:
196 m²
Wohnfläche:
103 m²
Zusätzliche Nutzfläche:
17 m²
Anzahl der Bewohner:
3

Bauweise:
Mischbau: Stahlbeton, Holz
Baujahr:
2002
Baukosten pro m² Wohn- und Nutzfläche:
1.875 Euro
Eigenleistung:
10.000 Euro
Baukosten gesamt:
225.000 Euro

▌ Im massiven Sockelgeschoss, das 1 Meter unter Gartenniveau liegt, befinden sich die Schlafräume. Die darüber liegende Wohnebene wurde in Holztafelbauweise errichtet.

▌ Das Wohn- und Esszimmer erfährt durch die großflächige Verglasung nach Osten und Süden eine räumliche Erweiterung und wirkt trotz der begrenzten Abmessungen großzügig und lichtdurchflutet.

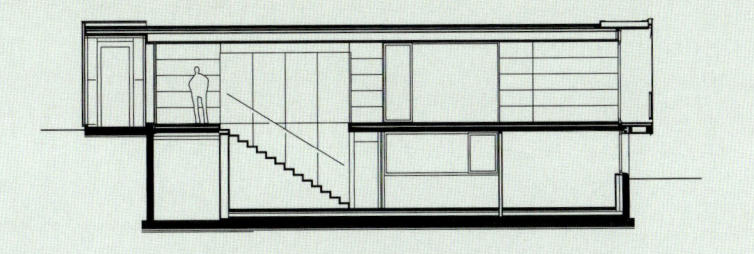

Längsschnitt
M 1:200

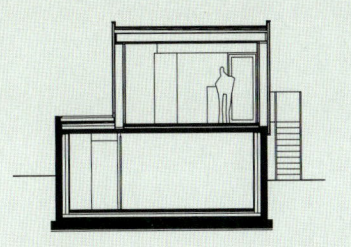

Schnitt
M 1:200

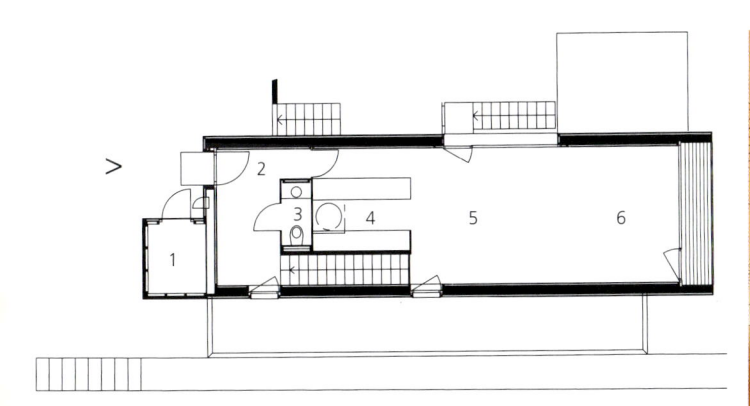

Obergeschoss
M 1:200

1 Geräte
2 Eingang
3 WC
4 Küche
5 Essen
6 Wohnen

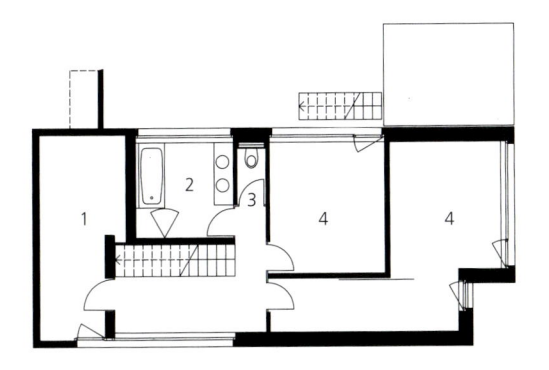

Untergeschoss
M 1:200

1 Haustechnik
2 Bad
3 WC
4 Schlafen

▍Die Küche als rot lackiertes Einbauelement erscheint wie ein hochwertiges Möbel in dem offenen Wohnbereich.

■ Holzbau in Wolfurt
Architekten: bauarchitektur ing. gerold leuprecht gmbh, Dornbirn

Präzise wie ein Holzmöbel

Lageplan

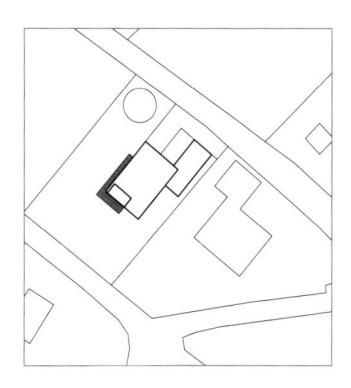

Als Erstes von drei baugleichen Häusern wurde dieses Holzhaus auf einem Hochplateau über der Rheintalgemeinde Wolfurt gebaut. Mit großflächigen Verglasungen öffnet sich das Gebäude zum Garten und profitiert von der reizvollen Aussicht. Als Niedrigenergiehaus folgt die Ausrichtung der Grundrisse der Einstrahlung des Sonnenlichts – mit raumhohen Glasfronten im Süden und Westen sowie schmalen Fensterbändern im Norden und Osten. Ein 15 Quadratmeter großer Warmwasserkollektor auf der Südseite liefert einen Teil der Heizenergie.

Der Erdgeschossgrundriss zeigt eine Zweiteilung mit großzügigem Eingangsbereich im Nordosten, einem offenen Treppenraum und einem Fernsehzimmer, das die Raumflucht im Südosten abschließt. Der zweite Teil ist im Wesentlichen ein offener Raum mit Küche, Ess- und Wohnbereich. Im Obergeschoss befinden sich zwei Kinderzimmer, das Elternschlafzimmer mit einem separaten Arbeitsbereich sowie die Sanitärräume. Eine Teilunterkellerung schafft Platz für einen Hausanschlussraum sowie einen Wasch- und einen Abstellraum.

Die Holzelementbauweise, bei der die Außenwände einschließlich der Wetterschale als geschosshohe Fertigteile am Bauplatz angeliefert wurden und der Einbau einer vorgefertigten Brettstapeldecke schafften die Voraussetzungen, den Kostenrahmen zu erfüllen. Im Unterschied zur Holzständerbauweise zeichnet sich die Holzelementbauweise durch einen höheren Grad der Vorfertigung aus. Die Eigenleistung des Bauherrn bestand in der Montage der raumseitigen Gipskartonschale, die auf einer 45 Millimeter dicken Installationslattung aufgeschraubt wurde.

Der hohe Vorfertigungsgrad in der Werkstatt verleiht den Holzfassaden mit ihrer offenen Rhombusschalung aus gehobeltem Lärchenholz eine Präzision, die an den Holzmöbelbau erinnert und sich auch in der ästhetischen Anmutung mitteilt. Die Holzelemente, die mit ihrer beidseitigen Beplankung der Holzständer statisch als Sandwich wirken, sind äußerst stabile Bauelemente und übernehmen sowohl Hüll- als auch Tragfunktionen. Es handelt sich also hier um eine Form des Bauens mit tragenden Wänden. Die tragenden Innenwände haben strukturell den gleichen Aufbau. Im Unterschied zum Massivbau sind die Wandelemente jedoch sehr leicht und vielseitig. Mit der Kerndämmung aus Mineralwolle werden Dämmwerte erreicht, die mit dem Massivbau ohne weiteres konkurrieren können. Variable Dämmstoffdicken ermöglichen zudem eine exakte wärmetechnische Planung.

■ Auf der Südseite bietet die eingezogene Loggia einen geschützten Sitzplatz im Freien. Ein Warmwasserkollektor liefert einen Teil der Heizenergie.

■ Präzision durch Vorfertigung: Die Außenwände dieses Holzelementbaus wurden einschließlich der Schalung aus gehobeltem Lärchenholz als geschosshohe Fertigteile am Bauplatz angeliefert.

■ Durch seine kompakte, kubische Form und die hoch wärmegedämmte Außenhülle erreicht das Holzhaus Niedrigenergiestandard.

▌ Das Bad wird über ein schmales Fensterband belichtet. Der dunkle Bodenbelag aus großformatigen Schieferplatten kontrastiert mit dem hellen Weiß der Wände.

▌ Blick auf den Essplatz, der sich mit raumhohen Verglasungen im Süden und Westen zum Garten hin öffnet.

▌ Vom offenen Wohn-, Ess- und Kochbereich führt eine Treppe zu den Schlafräumen im Obergeschoss

Gebäudedaten

Grundstücksgröße:
655 m²

Wohnfläche:
119 m²

Zusätzliche Nutzfläche:
74 m²

Anzahl der Bewohner:
4

Bauweise:
Holztafelbau

Baujahr:
2001

Baukosten pro m² Wohn- und Nutzfläche:
1.261 Euro

Eigenleistung:
11.000 Euro (Teile des Innenausbaus)

Baukosten gesamt:
254.360 Euro

Dieses Beispiel zeigt überzeugend die vorteilhaften Möglichkeiten der Elementbauweise. Hinter der vorgefertigten Wetterschale aus Lärchenholz verbergen sich Lamellenraffstores als Sonnenschutz für die Glasflächen. Im Inneren können sämtliche Elektroinstallationen hinter der raumseitigen Schale aus Gipskarton geführt werden. Die Kompaktheit des Baukörpers und eine rundum hoch gedämmte Außenhülle sichern den Niedrigenergiestandard des Hauses. Im Bereich der Holzkonstruktionen stellt die Holzelementbauweise im Sinne einer Industrialisierung des Bauens die fortschrittlichste Technik dar und ermöglicht eine weitgehende Reduktion witterungsabhängiger Montageprozesse auf der Baustelle.

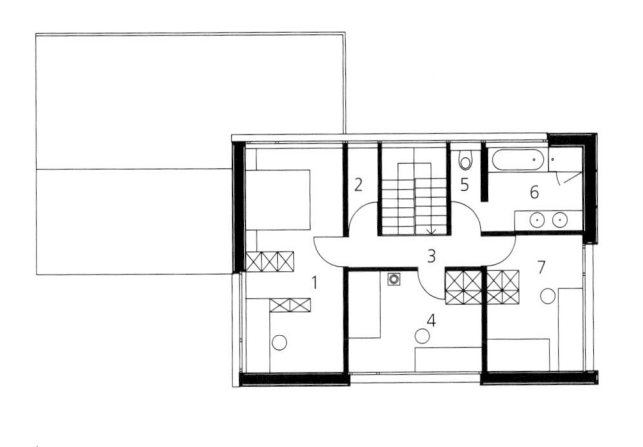

Obergeschoss
M 1:200

1 Eltern
2 Abstellkammer
3 Flur
4 Kind
5 WC
6 Bad
7 Kind

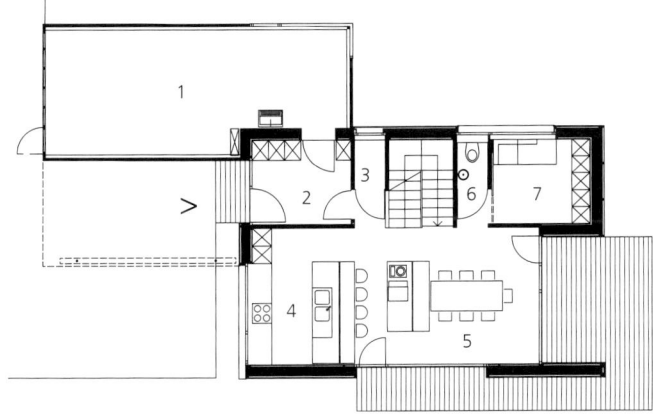

Erdgeschoss
M 1:200

1 Garage
2 Diele
3 Abstellkammer
4 Küche
5 Wohnen
6 WC
7 TV-Raum

Untergeschoss
M 1:200

1 Abstellkammer
2 Hausanschlussraum
3 Waschraum
4 Flur

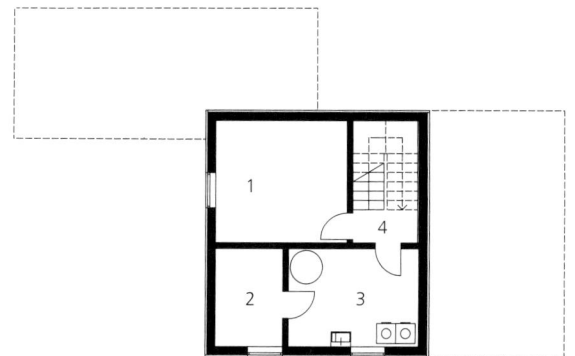

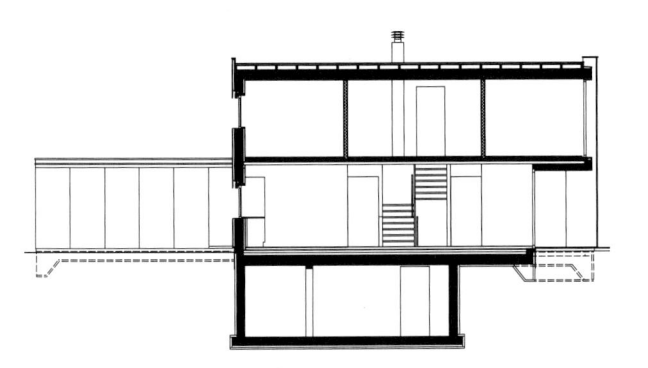

Längsschnitt
M 1:200

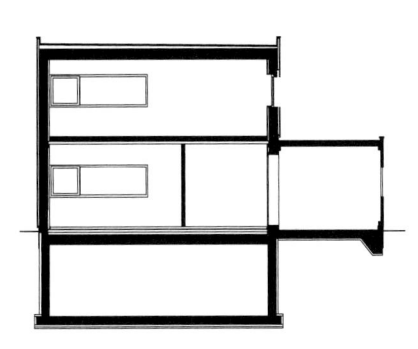

Schnitt
M 1:200

■ **Holzbau in Altenmarkt**
Architekten: LP architekten, Radstadt

Alpenländisch modern

Lageplan

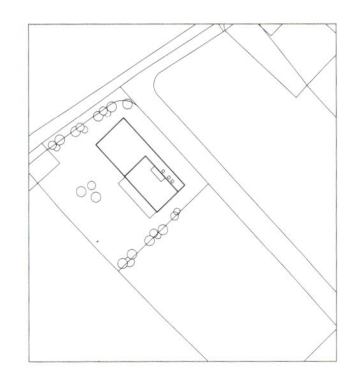

Das große Grundstück ist einer Einfamilienhaussiedlung vorgelagert und bietet einen Rundblick, der lediglich durch das angrenzende Gewerbegebiet Altenmarkts beeinträchtigt wird. Das frei stehende Gebäude antwortet auf diese Situation mit einer weitgehend geschlossenen Straßenseite im Norden und Nordosten. Da, wo Ein- und Ausblicke gewünscht sind, werden sie bewusst inszeniert. Dort, wo sie unerwünscht sind, prallen die Blicke von außen an einer geschlossenen, mit großformatigen Faserzementplatten bekleideten Fassade ab.

Holz ist der vorherrschende Werkstoff des Hauses: Nicht nur Dach- und Außenwandelemente wurden aus Holz vorgefertigt, auch Böden, Decken und Wände im Inneren sind mit edlen Hölzern bekleidet. Ein spannungsvoller Kontrast entsteht durch die großflächige Verglasung der Südwestseite und die Bekleidung des eingeschossigen Vorbaus mit anthrazitfarbenen Faserzementplatten im Nordosten. Dieser Vorbau hat mehrere Funktionen: Er ist als Distanz-element zur Straße gedacht, schirmt das Haus rückwärtig ab, nimmt zwei Pkw-Stellplätze auf, definiert die Eingangssituation und bildet zusammen mit dem Gästepavillon im Nordosten das Rückgrat des gesamten Gebäudes. Zudem ist dieser Gebäudeteil Schnittstelle zwischen innen und außen.

Die Verglasung der Räume des Erdgeschosses nach Südwesten gewährleistet optimale Sonneneinstrahlung. Dem ebenerdigen Wohnraum vorgelagert ist eine Terrasse, die durch ein Vordach aus Stahl und Holz verschattet wird. Ebenfalls nach Südwesten orientiert ist ein überdeckter Freisitz als Bindeglied zwischen Wohnhaus und Gästepavillon, der eine Art Innenhofsituation bildet. Funktional nimmt die eingeschossige Spange im Norden die Nebenräume auf, die teilweise durch Oberlichter mit Tageslicht versorgt werden. Gegenüber diesem Trakt ist der Wohnraum um zwei Stufen abgesenkt.

Da sämtliche Holzelemente in der Werkstatt vorgefertigt wurden, konnte das Gebäude innerhalb einer Woche montiert werden. Die Elementierung der Konstruktion und der Verzicht auf einen Keller ermöglichten niedrige Baukosten für dieses vergleichsweise große Haus. Mit seinen hoch gedämmten Hüllflächen einschließlich der Flachdächer erfüllt es Niedrigenergiestandard. Bei der Belüftung der Wohnräume dient die in der Erde gespeicherte Kühle beziehungsweise Wärme zur Temperierung der Zuluft.

Die Einbindung des Gebäudes in die alpenländische Umgebung erfolgt hier nicht traditionell mit überstehendem

▍ Mit großen Glasflächen öffnet sich das Haus nach Südwesten. Zwischen Gäste- und Wohntrakt entsteht ein geschützter, überdachter Freibereich.

▍ Ein mit Faserzementplatten bekleideter, eingeschossiger Vorbau schafft Distanz zum Straßenraum. Eine großzügige Öffnung dient als Carport und Eingangsbereich.

Satteldach, sondern durch die Betonung der Horizontalen, die dem in der Landschaft einbetteten Haus ein ruhiges Erscheinungsbild verleiht. Um das Motiv des Dachüberstands aufzugreifen, erhielt der zweigeschossige Gebäudetrakt einen umlaufenden Dachrand aus Holz.

▌Von dem großen Wohnraum aus genießt man einen freien Blick in die ländliche Umgebung.

▌Ein Oberlichtband in der Dachfläche versorgt den holzgetäfelten Treppenraum und Flur im Obergeschoss mit reichlich Tageslicht.

▌Als Übergangselement zwischen Haus und offener Landschaft dient die überdachte Terrasse.

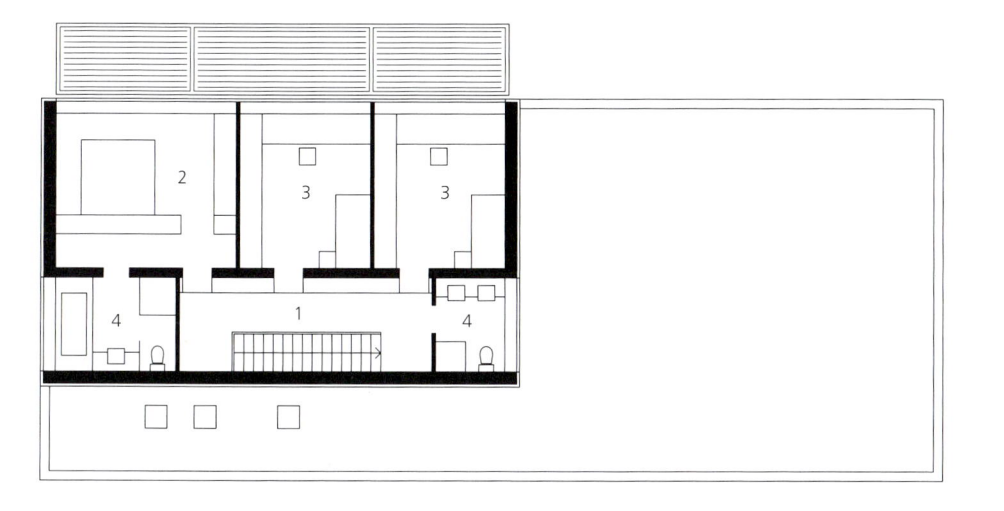

Obergeschoss
M 1:200

1 Flur
2 Eltern
3 Kinder
4 Bad

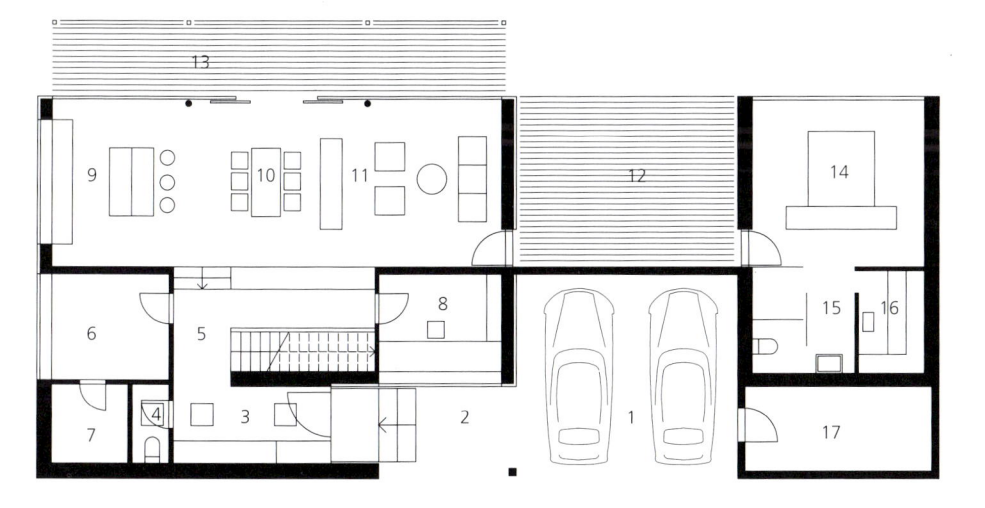

Erdgeschoss
M 1:200

1 Carport
2 Eingang
3 Garderobe
4 WC
5 Flur
6 Hauswirtschaft
7 Haustechnik
8 Büro
9 Küche
10 Essen
11 Wohnen
12 Überdachter Freisitz
13 Terrasse
14 Gast
15 Bad
16 Sauna
17 Geräte

▋Das Geheimnis der Wirtschaftlichkeit beruht in der Vorfertigung von Dach- und Wandelementen in der Werkstatt. Die Außenwände wurden einschließlich der Außenschale aus Holzlamellen vorfabriziert.

Gebäudedaten

Grundstücksgröße:
3.000 m²
Wohnfläche:
195 m²
Zusätzliche Nutzfläche:
9 m²

Anzahl der Bewohner:
3
Bauweise:
Holztafelbau
Baujahr:
2002
Baukosten pro m² Wohn- und Nutzfläche:
1.220 Euro

Eigenleistung:
75.000 Euro
Baukosten gesamt:
248.880 Euro

■ **Wohnhaus in Schlins**
Architekt: k_m architektur Daniel Sauter, Wolfurt und Lindau

Mit der Landschaft verklammert

Lageplan

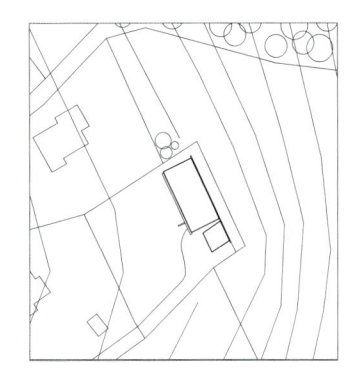

Ein Glücksfall für den Einfamilienhausbau in dieser Region im Dreiländereck Deutschland-Schweiz-Österreich sind die Häuser von Daniel Sauter, die in den letzten Jahren vor allem im österreichischen Vorarlberg entstanden sind. Sie erscheinen wie eine Wiedergeburt der modernen Architektur, die mit kraftvoller Linienführung und ohne jede Verzagtheit Besitz zu ergreifen scheint von einer idealen Landschaft mit dunklen Bergketten am Horizont, Waldrand hinter und Wiesengrün vor dem Haus.

Einerseits entspannt lagernd, andererseits raumgreifend mit dem Gelände verklammert, erinnern diese Landhäuser an Frank Lloyd Wrights Präriehäuser zu Anfang des vergangenen Jahrhunderts. Den Präriehäusern sagte man nach, sie verkörperten die Ideale des amerikanischen Siedlers von Freiheit, Unabhängigkeit, Großzügigkeit und Würde ohne Anlehnung an historische Vorbilder. Auch die Vorarlberger Häuser atmen den Geist einer freien Architektur, die ohne jeden Zwang Funktion, Konstruktion und Material zu einer kraftvollen Komposition vereint und dabei den Bewohnern ein höchst individuelles Wohnerlebnis bietet.

Zu diesen Häusern zählt auch das Haus in Schlins, das in leichter Hanglage inmitten landwirtschaftlicher Nutzflächen und an einen Waldrand angrenzend liegt. Die verschiedenen Funktionselemente werden durch einen gemeinsamen, starken schützenden Rücken – eine seitlich am Wohnteil vorstehende Sichtbetonwand – zusammengehalten. Sie bilden eine abwechslungsreiche Gesamtkomposition, die interessante Außenräume entstehen lässt. Die Rückwand inszeniert durch verschiedene Einschnitte und Öffnungen immer wieder neue Ausblicke auf die dahinter liegende Waldlichtung. Das Gebäude erstreckt sich von Südosten nach Nordwesten über das 1.000 Quadratmeter große Grundstück. Die verglaste Südwestfassade bietet einen unverbaubaren Ausblick über das Tal.

Die Holzrahmenbauweise ermöglichte einen hohen Grad an Vorfertigung und somit eine Gesamtbauzeit von nur fünf Monaten. Die Erd- und Betonarbeiten dauerten etwa sechs Wochen, die Aufstellzeit des elementierten Holzbaus nur zehn Tage, was nicht zuletzt auch am guten Zusammenspiel der Handwerker lag. Das C-förmige Obergeschoss öffnet sich talwärts über große Glasfronten. Es entsteht ein überdachter Balkon Richtung Süden. Ein vorgesetzter, einfassender Kupferbügel und die eingerückte Fassade im Erdgeschoss verleihen dem Obergeschoss einen schwebenden Charakter. Die Küche, der Essbereich

■ Mit großen Glasflächen wendet sich das Haus talwärts zur Aussicht hin. Wie ein überdimensionaler Bilderrahmen fasst ein mit Kupfer bekleideter Ausschnitt die Landschaft ein.

■ Die Rückwand inszeniert durch verschiedene Einschnitte und Öffnungen immer wieder neue Ausblicke auf die dahinter liegende Waldlichtung.

Gebäudedaten

Grundstücksgröße:
1.000 m²
Wohnfläche:
170 m²
Zusätzliche Nutzfläche:
50 m²
Anzahl der Bewohner:
4
Bauweise:
Holztafelbau, Stahlbeton

Baujahr:
2002
Baukosten pro m² Wohn- und Nutzfläche:
keine Angaben
Baukosten gesamt:
unter 250.000 Euro

und der Wohnbereich bilden eine lang gestreckte Raumzeile, die durch einzelne Zwischenwände und einen Kamin unterteilt werden. Dieses Raumgefüge erstreckt sich entlang der großen, offenen Glasfronten. Die Individualräume dagegen liegen zurückgezogen im hinteren, geschützten Teil des Gebäudes, entlang der Rückwand aus Stahlbeton.

Konstruktion, Material und Bautechnik spiegeln die Philosophie des Architekten wider, der die Aufgabe seines Büros darin sieht, „eine der Umwelt und dem Benutzer gegenüber verträgliche Planung mit hohen ethischen Anforderungen" zu realisieren. „Innovative Lösungen stehen dabei im Dienst sozialer Verantwortung der Umwelt und der Schöpfung gegenüber." Für Daniel Sauter bedeutet dies nicht zuletzt auch „den ausschließlichen Einsatz von erneuerbaren, nachwachsenden und umweltverträglichen Baustoffen".

▌Mitte: Wann immer es geht, werden die Mahlzeiten auf der überdachten Südterrasse, die unmittelbar an die Küche angrenzt, eingenommen.

▌Offene Raumteiler trennen die einzelnen Funktionsbereiche voneinander ab. Der Innenraumeindruck wird durch verschiedene Holztöne bestimmt – Fenster und Böden aus Lärchenholz, Schränke und Möbel aus Birken- und Nussholz.

▌Ausladend und einladend gibt sich das Haus von der Südseite. Wenige Materialien – Lärchenholz, Stahlbeton, Glas und Kupfer – unterstreichen die kraftvolle und spannungsreiche Komposition.

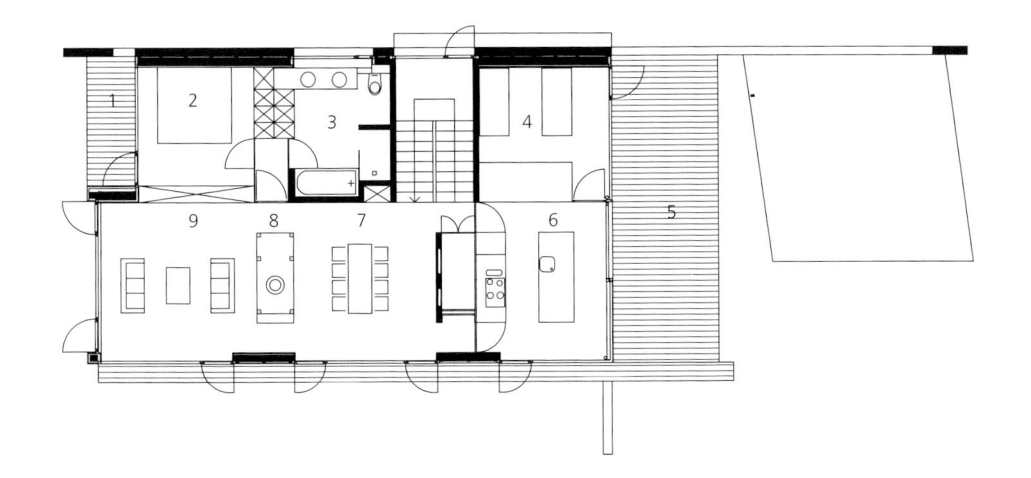

Obergeschoss
M 1:200

1 Balkon
2 Eltern
3 Bad
4 Kinder
5 Terrasse
6 Küche
7 Essen
8 Offener Kamin
9 Wohnen

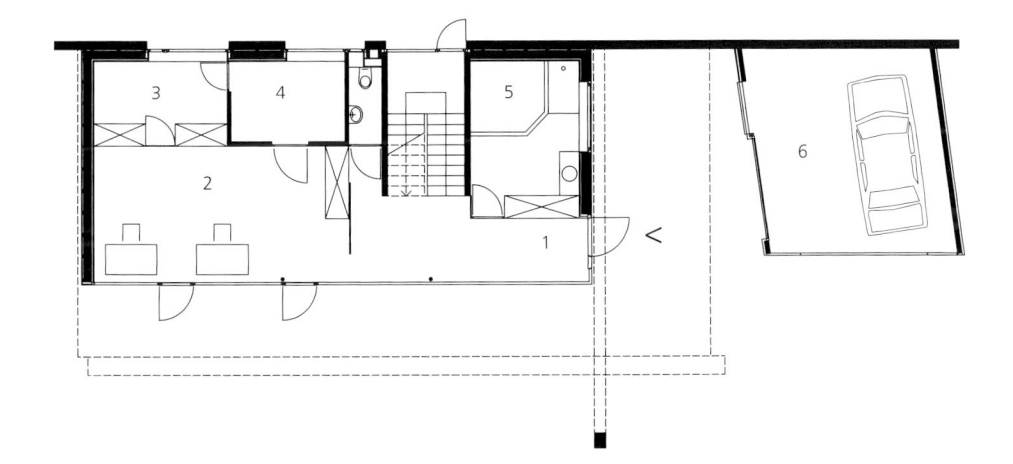

Erdgeschoss
M 1:200

1 Diele
2 Büro
3 Abstellraum
4 Haustechnik
5 Sauna
6 Gerätebox, Garage

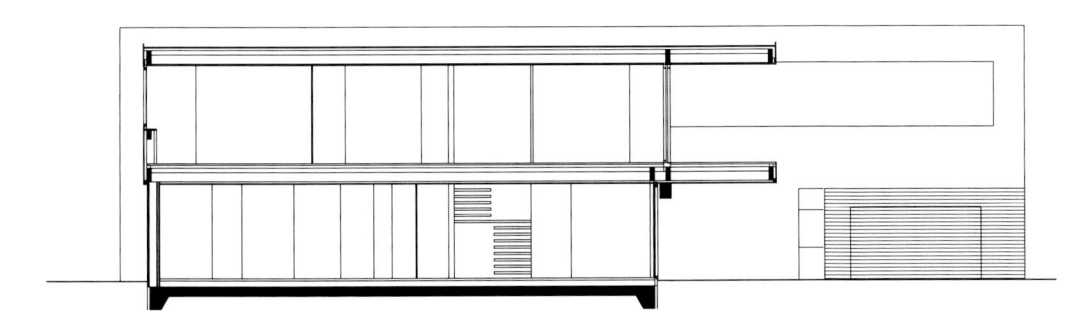

Längsschnitt
M 1:200

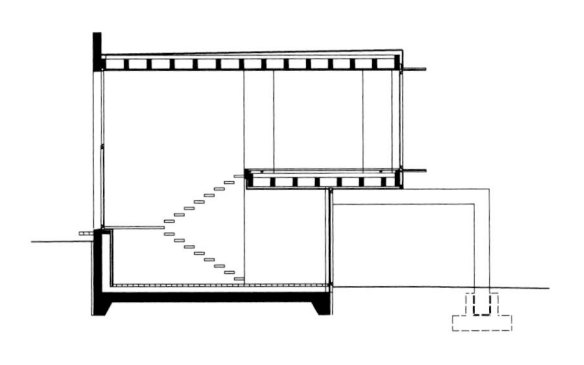

Schnitt
M 1:200

■ Lofthäuser in Volketswil
Architekt: Peter Kunz Architektur, Winterthur

Abgetreppt am Hang

Lageplan

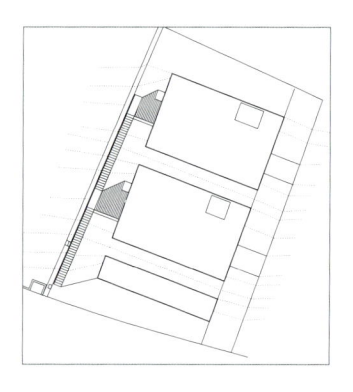

Die steile Hangparzelle mit Sicht auf den Dorfkern von Volketswil liegt in einem mit Einfamilienhäusern bebauten Quartier. Die ungewöhnliche Bauaufgabe, zwei Einpersonenhäuser mit je zirka 100 Quadratmetern Wohnfläche zu planen, ließ eine unkonventionelle Lösung entstehen: Drei flache, eingeschossige Quader gliedern streng geometrisch den Hang. Die ruhige, weitgehend im ursprünglichen Zustand belassene Natur umgibt jedes dieser Gebäude und akzentuiert die einzelnen Kuben. Durch die scharfkantige Ausführung in Sichtbeton, die präzise Begrenzung der Volumen durch die jeweilige Bodenplatte, die Wände und das Flachdach, erinnert das Projekt an eine „Minimal Art Installation" – als würden drei einzelne Skulpturen das natürlich gewachsene Hangterrain durchstoßen.
Das erste Gebäude auf Straßenniveau dient als Garage. In den beiden darüber liegenden Volumen befinden sich die Wohnungen, die über eine seitlich liegende Treppe erschlossen werden. Die lang gestreckte Anordnung zum Hang lässt Wohnraum entstehen, der über die gesamte Parzellenbreite ohne gegenseitige Einblicke und mit optimaler Ausrichtung nach Süden liegt. Die auf wenige Elemente und Materialien reduzierten eingeschossigen Gebäude sind auf der Südseite vollflächig verglast.
Die Wohneinheiten sind jeweils in drei Zonen eingeteilt: Die hangseitige Zone ist wie ein übergroßer Einbauschrank ausgebildet und umfasst die dienenden Räume wie Garderobe, Abstellraum, Bäder, einen begehbaren Schrankraum, Keller und Heizung, sowie alle technischen Installationen. Der Hauptraum wird auf diese Weise zu einem beliebig unterteilbaren Loft. Mittels großer Schiebefenster, die über die gesamte Gebäudelänge verlaufen, lässt sich der Wohnbereich schwellenlos auf die schmale vorgelagerte Terrassenzone erweitern. Das Innere besticht durch die klare Struktur und das außergewöhnliche Raumerlebnis. Die rückseitigen Einbauten, deren bündige Oberflächen einheitlich gestaltet sind, strahlen Ruhe aus. Die gegenüberliegende Glasfront mit den großen Schiebetüren lässt einen Eindruck von Weite entstehen. Beides umschließt den offenen, frei möblierbaren Loftraum, sodass das kleine Haus zu einer großzügigen Wohnoase wird.
Durch die Südausrichtung der kompakten Volumen kann die eingestrahlte Sonnenenergie optimal genutzt werden. Das große Vordach über der Terrasse bildet einen idealen Sonnenschutz, ohne dabei die Aussicht einzuschränken. Eine Stoffmarkise dient zusätzlich zur Steuerung des Licht-

▌Als präzise, flache Quader sind die beiden Wohnhäuser in den Hang eingeschnitten und heben sich nach Süden vom Terrain ab.

▌Der Dachüberstand bildet einen optimalen Sonnenschutz für die Terrasse und die Glasfassade im Süden.

und Energieeinfalls. Im Winter sorgt die tief stehende Sonne für eine gute Ausleuchtung des Wohnraumes. Um den Wärmeverlust möglichst gering zu halten, weisen die übrigen drei Fassaden nur kleine Fensteröffnungen auf. Die Nordfassade ist zum größten Teil ins Erdreich eingegraben, sodass der Energieverlust zusätzlich reduziert wird. Eine kompakte Luft-Wärmepumpe erbringt im Winter die nötige Restwärme. Zudem verringert eine kontrollierte Lüftung den Energieverbrauch der Häuser.

Gebäudedaten

Grundstücksgröße:
861 m²

Wohnfläche:
112 m²

Zusätzliche Nutzfläche:
28 m²

Anzahl der Bewohner:
1

Bauweise:
Massivbau (Sichtbeton mit Innenwärmedämmung)

Baujahr:
2000

Baukosten pro m² Wohn- und Nutzfläche:
1.715 Euro

Baukosten gesamt:
240.000 Euro

▍Der Loftraum ermöglicht ein offenes, großzügiges Wohnen.

▍Eine frei im Raum stehende Feuerstelle mit Kamin unterteilt den Wohnraum, der im Süden durch verglaste Schiebeelemente zu einer niveaugleichen Terrasse geöffnet werden kann.

▍Auf der Westseite, gleich neben dem Eingang, ist die zum Loftraum hin offene Küchenzeile angeordnet.

▍Eine große Oberlichtkuppel sorgt für blendfreies Tageslicht im Badezimmer.

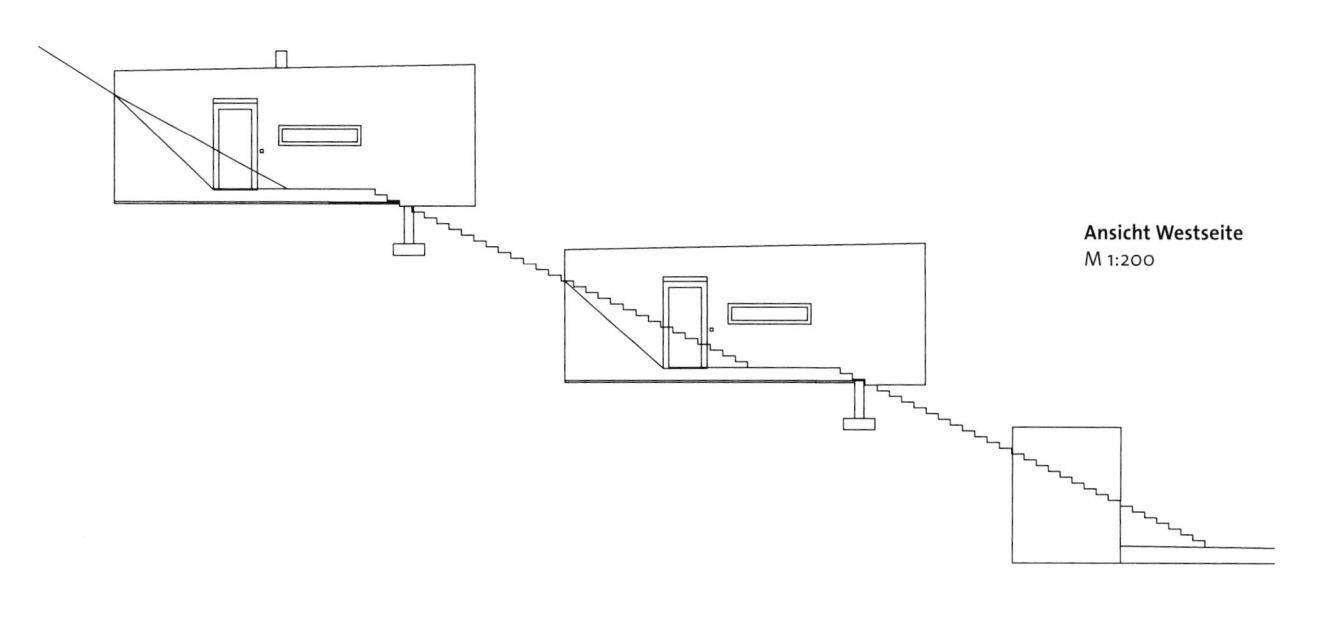

Ansicht Westseite
M 1:200

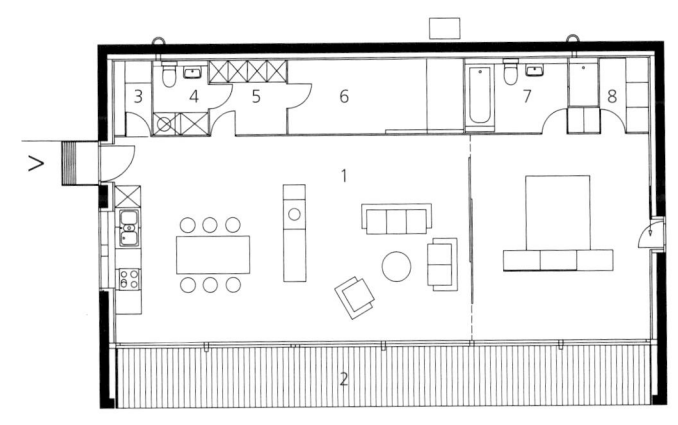

Erdgeschoss
M 1:200

1. Loftraum
   Küche, Essen, Wohnen, Schlafen
2. Terrasse
3. Abstellraum
4. WC
5. Garderobe
6. Haustechnik
7. Bad
8. Begehbarer Schrank

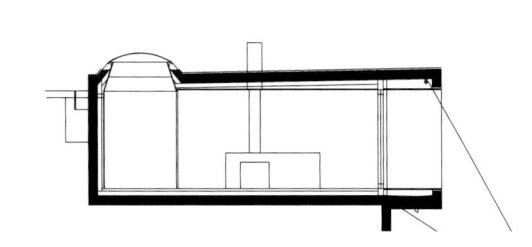

Schnitt
M 1:200

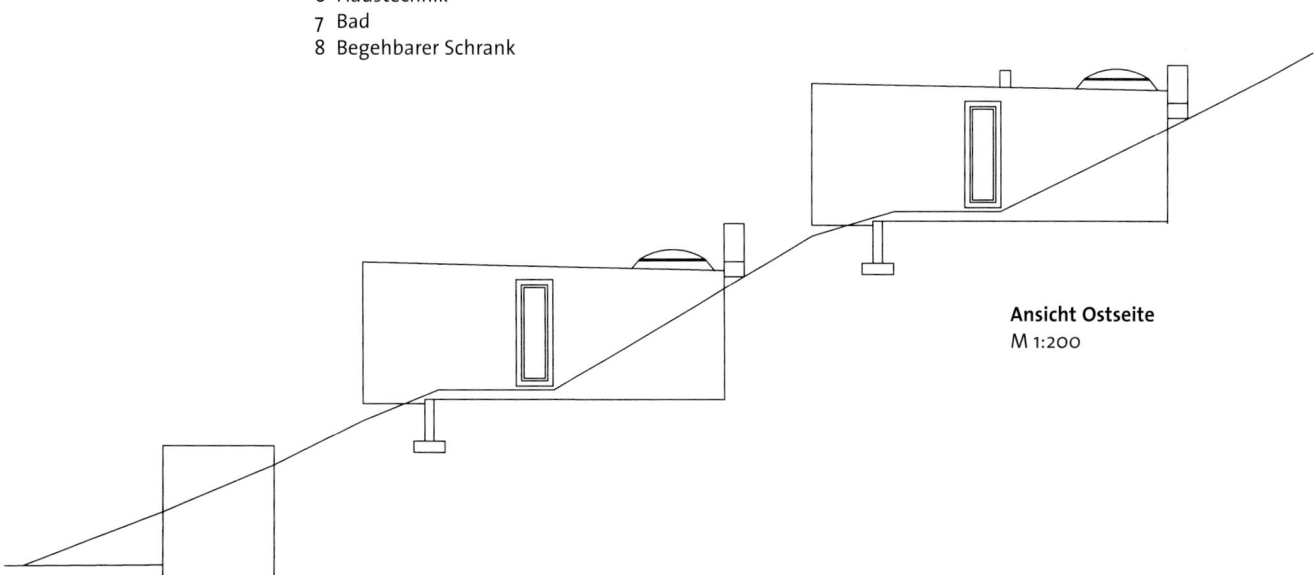

Ansicht Ostseite
M 1:200

Architektenverzeichnis und Bildnachweis

archiguards projects
pastl_zehetner_heizeneder_nieke
Kolschitzkygasse 15/1
A-1040 Wien
www.archiguards.at
Seite 126
Fotos: Gerald Zugmann, Wien

Architekten Linie 4
Freie Architekten,
Freie Stadtplaner, BDA
Maria Kollmann
Oliver Prokop
Bürkstraße 6
D-78054 Villingen-Schwenningen
www.architekten-linie4.com
Projektarchitekten:
Maria Kollmann
Uwe Schlenker
Seite 94 und Seite 98
Fotos Seiten 95, 96: Günther Frank Kobiela, Stuttgart
Fotos Seiten 99–101: Oliver Prokop, Architekten Linie 4

Architektur 109
Mark Arnold + Arne Fentzloff
Freie Architekten BDA
Hohner Straße 23
D-70469 Stuttgart
www.architektur109.de
Seite 48 und Seite 70
Fotos: Fredrik Arnold, Stuttgart

Atelier Ruff Weber
Obere Laube 73
D-78467 Konstanz
www.ruffweber.de
Seite 108
Fotos: Archiv Architekten
Foto Seite 109 oben: Falk von Traubenberg, Hamburg

Augustin und Frank,
Dipl.-Ing. Architekten
Schlesische Straße 29–30
D-10997 Berlin
www.augustinundfrank.de
Seite 24
Fotos: Werner Huthmacher, Berlin

Bäuerle.Lüttin, Architekten BDA
Schützenstaße 16
D-78462 Konstanz
Seite 116
Fotos: Frohwin Lüttin, Konstanz

bauarchitektur
ing. gerold leuprecht gmbh
Dritteläckerweg 9
A-6850 Dornbirn
Seite 156
Fotos: Christine Kees, Dornbirn

bau | werk | stadt
architekten + stadtplaner
Jürgen Gruber, Karl F. Köder
Projektarchitektin: Silke Hänßler
Matthaei und Schotte
Ingenieurgesellschaft mbH
Breitscheidstraße 78
D-70176 Stuttgart
Seite 44
Fotos: Frank Hoppe, Stuttgart

becker architekten
Michael Becker
Oliver Pätzold
Beethovenstraße 7
D-87435 Kempten/Allgäu
www.becker-architekten.net
Seite 118
Fotos: Archiv Architekten

Beyer-Weitbrecht-Stotz
Freie Architekten
Schwabstraße 130
D-70193 Stuttgart
Seite 74
Fotos: Fa. Baufritz, Erkheim

Kai Bodamer Dipl.-Ing. (FH)
Architekt
Hegelstraße 34/3
D-73431 Aalen
Seite 62
Fotos: Ralf Heikaus, Esslingen

Clarke und Kuhn Freie Architekten
Schlesische Straße 29/30
D-10997 Berlin
www.clarkeundkuhn.de
Seite 20 und Seite 28
Fotos: Archiv Architekten

fabi-krakau architekten
Stephan Fabi Architekt BDA
Glockengasse 10
D-93047 Regensburg
www.fabi-krakau.de
Seite 66
Fotos: Herbert Stolz, Regensburg

Dipl.-Ing. (FH) Torsten Gabele
Freier Architekt
Gottlieber Straße 10b
D-78462 Konstanz
Seite 112
Fotos: Andreas Keller, Altdorf

mark gilbert architektur
Schönbrunner Straße 31
A-1050 Wien
www.mgilbert.at
Holodeck.at
architecture & project-
development
Friedrichstraße 6/15
A-1010 Wien
www.holodeck.at
Seite 130
Fotos Seiten 132: Matthew Hranek, New York
Fotos Seiten 131, 132 li. außen: Christian Wachter, Wien

Hertl.Architekten
Arch. DI Gernot Hertl
Arch. DI Josef Steinberger
Zwischenbrücken 4
A-4400 Steyr
www.hertl-architekten.com
Seite 134 und Seite 138
Fotos: Paul Ott, Graz

DI Hermann Kaufmann ZT GmbH
Sportplatzweg 5
A-6858 Schwarzach
www.kaufmann.archbuero.com
Seite 152
Fotos: Ignacio Martinez, Lustenau

k_m architektur
Arch. DI Daniel Sauter
Büro Wolfurt (Österreich):
Bützestraße 18
A-6922 Wolfurt
Büro Lindau (Deutschland):
Hochbucher Weg 58
D-88131 Lindau
www.k-m-architektur.com
Seite 148 und Seite 164
Fotos Seiten 149 – 151: Helbling/ Fa. Oikos
Foto Seite 150 unten: Albrecht I. Schnabel, Götzis
Fotos Seiten 165, 166: Markus Tretter, Lindau

Peter Kunz Architektur
Neuwiesenstraße 69
CH-8400 Winterthur
www.kunz-architektur.ch
Seite 168
Fotos: Jürg Zimmermann, Zürich

Lehmann Architekten
Franz-Ludwig-Mersy-Straße 5
D-77654 Offenburg
www.lehmann-architekten.de
Seite 78
Fotos: Archiv Architekten

LP architekten
Lechner Partner
Matthäus-Lang-Gasse 7
A-5550 Radstadt / Sbg
www.lparchitekten.at
Seite 160
Fotos: Rupert Steiner, Wien

Möller . Gloss . Architekten
Kronprinzstraße 30
D-75177 Pforzheim
Seite 54
Fotos: Bernhard Friese, Pforzheim

Prof. Manfred Morlock
Friedrich-Lau-Straße 18
D-40474 Düsseldorf
Projektleitung:
Christina Müller-Schotte, GMS
Architekten
Seite 106
Fotos: Christina Müller-Schotte,
Freiburg

Florian Nagler Architekten
Marsopstraße 8
D-81245 München
Seite 40
Fotos: Stefan Müller-Naumann,
München

Wolfgang Ott – Architekt BDA
Katharinenstraße 14
D-61476 Kronberg
www.ott-line.de
Seite 36
Fotos: Achim Reissner, Hofheim

**P.ARC Baumschlager Eberle
Gartenmann Raab GmbH**
Peter Raab und
Johannes Kaufmann
Objekt 645
A-1300 Wien Flughafen
www.p-arc.at
Seite 146
Fotos: Peter Raab, Wien

**querkraft architekten
dunkl, erhartt, sapp, zinner**
Mariahilfer Straße 51
A-1060 Wien
Projektarchitekt Haus Seite 142:
Dipl.-Ing. Erwin Stättner
www.querkraft.at
Seite 122 und Seite 142
Fotos: Hertha Hurnaus, Wien

schaudt architekten bda
Andreas Rogg
Helmut Hagmüller
Martin Cleffmann
Roland Sorichter
Herbert Schaudt
Hafenstraße 10
D-78462 Konstanz
www.schaudt-architekten.de
Seite 86 und Seite 90
Fotos: Günther Frank Kobiela,
Stuttgart

Martina Schlude Architekten
Kleine Falterstraße 22
D-70597 Stuttgart
www.schlude-architekten.de
Seite 82
Fotos: Martin Rudau, Leutkirch

Architekt Thomas Schmidt
Hagener Straße 296
D-44225 Dortmund
Seite 32
Fotos: Joachim Schumacher,
Bochum

**Stadtmüller.Burkhardt.
Architekten**
Prinzregentenstraße 7
D-87600 Kaufbeuren
www.stadtmueller-burkhardt.de
Seite 102
Fotos: Archiv Architekten

**Andrea und Markus Stockert
Dipl.-Ing. FH Architekten**
Dornfelderweg 1
D-71364 Winnenden
Seite 58
Fotos: Andrea und Markus
Stockert

Martin Volz Dipl.-Ing. (FH)
Gewerbestraße 9
D-76467 Bietigheim
Seite 52
Fotos: Martin Volz

**Bildnachweis Einleitung,
Aufklapper und Umschlag:**

Einleitung:
Seite 7 und Seite 14 li. oben:
Achim Reissner, Hofheim
Seite 10 und Seite 12:
Hertha Hurnaus, Wien
Seite 11:
Atelier Ruff Weber, Konstanz
Seite 13:
Peter Raab, Wien
Seite 14 re. oben:
Frederik Arnold, Stuttgart
Seite 15:
Stadtmüller.Burkhart. Architekten,
Kaufbeuren
Seite 18:
Martin Volz, Bietigheim

Aufklapper:
Verwendung der Abb.
von Seite 144, Seite 18, Seite 83,
Seite 137, Seite 21, Seite 13, Seite 68,
Seite 155, Seite 125 und Seite 110

Umschlaggestaltung unter
Verwendung des Projekts von S.
112 (Vorderseite) sowie der Abb.
von Seite 37, 67, 161 (Rückseite).

Internet-Informationsdienste und Herstellerverzeichnis

Internet-Informationsdienste

www.bauen.de
(Ratgeberzentrum für Baufamilien)
www.buw.at
(Bauen & Wohnen Plattform)
www.baulinks.de
(das unabhängige Bauportal)
www.bundesarchitektenkammer.de
www.kompetenzzentrum-iemb.de
www.heimwerker-webverzeichnis.de
www.umweltlexikon-online.de
(Rubrik Bauen & Wohnen)

Herstellerverzeichnis

Armaturen

Grohe Deutschland GmbH
www.grohe.de
Hansa Metallwerke AG
www.hansa.de
Hansgrohe Deutschland Vertriebs GmbH
www.hansgrohe.de
Jado AG
www.jado.de
Kludi GmbH & Co. KG
www.kludi.de
Steinberg GmbH
www.steinbergdesign.de

Baustoffe und Werkzeuge

Robert Bosch GmbH
www.bosch-pt.de
Bundesverband der Gipsindustrie e.V.
www.gips.de
IWM-Industrieverband Werkmörtel e.V.
www.iwm-info.de
Koramic Dachprodukte GmbH & Co. KG
www.wiekor.de
Metabowerke GmbH & Co.
www.metabo.de
Osmo Holz und Color GmbH & Co. KG
www.osmo.de
Remmers Baustofftechnik GmbH
www.remmers.de
Sto AG
www.sto.de
Xella Porenbeton GmbH
Xella Kalksandstein GmbH
Xella Dämmsysteme GmbH
www.xella.de

Wandbaustoffe

Bundesverband Porenbetonindustrie e.V.
www.bv-porenbeton.de
Deutsche Poroton GmbH
www.poroton.org
Hebel Haus GmbH
www.hebelhaus.de
KS-Info GmbH
www.kalksandstein.de
Liapor GmbH & Co. KG
www.liapor.com
Neuschwander GmbH
www.neuschwander.de
Unipor-Ziegel Marketing GmbH
www.unipor.de

Dachbaustoffe

Arge Ziegeldach e.V.
www.ziegeldach.de
Jakobi Tonwerke GmbH
www.jakobi-tonwerke.de
KME Europa Metal AG
www.thecopperlink.com
Lafarge Dachsysteme GmbH
www.braas.de
Müller F.v. Dachziegelwerke GmbH & Co. KG
www.von-mueller.com

Holzbausysteme

Glunz AG
www.glunz.de
Induo Systemholztechnik GmbH & Co. KG
www.induo.de
www.induohaus.de
Lignatur AG
www.lignatur.ch
LIGNOTREND AG
www.lignotrend.de
Trus Joist sprl
www.trusjoist.com

Dämmstoffe

Deutsche Heraklith GmbH
www.heraklith.com
Deutsche Rockwool Mineralwoll GmbH & Co.
www.rockwool.de
Saint-Gobain Isover G+H AG
www.isover.de
Steinbacher Dämmstoff GmbH
www.steinbacher.at
Unidek Dämmtechnik GmbH
www.unidek.de
Woolin
www.woolin.at

Fassade und Sonnenschutz

Eternit AG
www.eternit.de
Hüppe Form Sonnenschutzsysteme GmbH
www.hueppeform.de
OBI@OTTO
www.obiatotto.de
Reflexa-Werke Albrecht GmbH
www.reflexa.de
Roma Rolladensysteme GmbH
www.roma.de
Schüco International KG
www.schueco.de
Velux Deutschland GmbH
www.velux.de
Warema Renkhoff GmbH
www.warema.de

Heiztechnik

Buderus Heiztechnik GmbH
www.heiztechnik.buderus.de
DEVI Deutschland GmbH
www.de-vi.de
Vaillant GmbH & Co.
www.vaillant.de
Wieland-Werke AG
www.wieland-cuprotherm.de
Wolf Heiztechnik GmbH
www.wolf-heiztechnik.de
Zehnder-Wärmekörper GmbH
www.zehnder-gmbh.com

Haustechnik

ELV Elektronik AG
www.elv.de
GIRA Giersiepen GmbH & Co. KG
www.gira.de
IWO Institut für wirtschaftliche Ölheizung e.V.
www.iwo.de
Wagner & Co. Solartechnik GmbH
www.wagner-solartechnik.de

Sonnenkollektoren

Deutsche BP AG
BP Solar
www.bpsolar.de
RWE SCHOTT Solar GmbH
www.rweschottsolar.com
Solar-Fabrik AG
www.solarfabrik.de
Solarnova Produktions Vertriebs GmbH
www.solarnova.de
SOLARWATT Solar-Systeme GmbH
www.solarwatt.de
SolarWorld AG
www.solarworld.de
SOLON Photovoltaik GmbH
www.solonag.com
Sunways AG Photovoltaik Technology
www.sunways.de
Würth Solar GmbH & Co. KG
www.wuerth-solar.de

Danksagung, Impressum

Dank

Mein Dank gilt an erster Stelle Herrn Dr. Stefan Granzow vom Callwey Verlag für das mir als Autor entgegengebrachte Vertrauen bei der Realisierung dieses Buches und Frau Bettina Hintze für ihr fachkundiges Lektorat. Bedanken möchte ich mich auch bei den Bauherren, die ihre Zustimmung zur Veröffentlichung ihrer Häuser gegeben haben, und bei den Architekten und Fotografen, die alle notwendigen Unterlagen zur Dokumentation der Einfamilienhäuser zur Verfügung gestellt haben.

Im Sommersemester 2003 konnte ich als Lehrbeauftragter der Universität Stuttgart am Lehrstuhl 2 für Baukonstruktion und Entwerfen bei Professor Stefan Behling ein Seminar zum Thema „Kostengünstige Einfamilienhäuser" durchführen, in dem die meisten der in diesem Buch vorgestellten Häuser analysiert wurden. Für die engagierte Mitarbeit in diesem Seminar bedanke ich mich bei den folgenden Studenten: Nicole Baumbusch, Claudia Binder, Sabrina Grassl, Sonja Heidrich, Oliver Hilt, Christoffer Juelstorp, Beate Knauer, Oliver Krause, Valéry Kreißl-Heyduck, Uwe Lehmkühler, Alexandra Lorenz, Uwe Lorenzen, Jochen Maurer, Christian Moser, André Müller, Wieland Nixdorf, Volker Prokoph, Steffen Schmidt, Simon Schreiber, Christoph Schwerdtfeger, Moritz Spellenberg, Simone Stich, Michael Stradinger, Adrian Suchetzky, Ruth Val Garijo, Moritz Weller, Mirko Welz, Katharina Wüst.

Impressum

© 2004 Verlag Georg D.W. Callwey GmbH & Co. KG,
Streitfeldstraße 35,
81673 München
www.callwey.de
E-Mail: buch@callwey.de

Die Deutsche Bibliothek verzeichnet diese Publikation in der Deutschen Nationalbibliografie; detaillierte bibliografische Daten sind im Internet über http://dnb.ddb.de abrufbar.

ISBN 3-7667-1613-1

Das Werk einschließlich aller seiner Teile ist urheberrechtlich geschützt. Jede Verwertung außerhalb der engen Grenzen des Urheberrechtsgesetzes ist ohne Zustimmung des Verlages unzulässig und strafbar. Das gilt insbesondere für Vervielfältigungen, Übersetzungen, Mikroverfilmungen und die Einspeicherung und Verarbeitung in elektronischen Systemen.

Lektorat: Bettina Hintze
Umschlaggestaltung:
grafikhaus, München
Layout und Satz:
Griesbeckdesign, München
Druck und Bindung:
Druckerei Kösel, Altusried-Krugzell

Printed in Germany 2004

Kosteneinsparung – vom Keller bis zum Dach

1. Keller – Oberirdische Alternativen

Der Verzicht auf eine Unterkellerung führt zu beträchtlichen Kosteneinsparungen. Typische Kellernutzungen, wie Abstellräume, Brennstofflager, Haustechnik- und Hausanschlussraum, Hobbyraum und Gästezimmer kann man auch oberirdisch anordnen. Moderne Heizungen beispielsweise haben einen geringen Flächenbedarf und können daher auch problemlos in einem Technikraum innerhalb des Hauses – entweder im Erdgeschoss oder im Dachgeschoss – untergebracht werden.

Alternativen zum Keller sind:
- ein Abstellraum in Verbindung mit dem Carport oder der Garage,
- ein Container oder eine Gerätebox frei auf dem Grundstück oder mit Verbindung zum Haus,
- ein Schuppen oder Schopf im Garten.

Als **Stauräume innerhalb des Hauses** kommen in Frage:
- Schrankwände,
- Schrankzimmer,
- Dachböden und Abseiten im Dachgeschoss.

2. Gelände – Minimaler Eingriff

Bauen in der Erde ist vergleichsweise teuer. Eine sorgfältige Einbindung des Hauses in den natürlichen Geländeverlauf spart Kosten. Gerade bei Hanggrundstücken lässt sich Aushub sparen, beispielsweise durch
- die Konzeption von Split-Level-Grundrissen,
- die Kombination von Keller- und Nutzräumen, die hangseitig voll belichtet sind und rückseitig als Lager o.Ä. genutzt werden können.

Minimale Fundamente sind unabhängig vom Geländeverlauf Kosten sparend, es empfehlen sich
- eine möglichst einfache Bodenplatte für den Massivbau,
- Punkt- und Streifenfundamente mit aufgeständerter Bodenplatte bei Leichtbauweisen.

3. Orientierung – Mit der Sonne bauen

Grundsätzlich soll das Haus zur Sonne hin ausgerichtet werden. Beim Grundriss unterscheidet man zwischen dem Südtyp – bei dem die Wohnräume nach Süden und die Nebenräume nach Norden ausgerichtet sind – und dem Ost-West-Typ.

Vorteile südorientierter Grundrisse:
- maximaler Strahlungseintrag im Sommer
- optimale Nutzung von Balkonen
- deutliche Reduktion des Heizenergiebedarfs durch Strahlungsgewinne in den Übergangsjahreszeiten
- gute Ausleuchtung der Räume durch die tief stehende Wintersonne
- Nebenräume bilden eine thermische Pufferzone auf der Nordseite

Vorteile Ost-West-orientierter Grundrisse:
- solare Energiegewinne auf zwei Seiten durch Nutzung der Morgen- und der Abendsonne
- Möglichkeit des Durchwohnens mit beidseitig tagesbelichteten Räumen

4. Grundriss – Funktional und individuell

Ein geordneter, möglichst klarer Grundriss ist das Ergebnis einer Planung, die in engem Dialog zwischen Architekt und Bauherr entsteht. Einsparpotenziale liegen vor allem in der Minimierung des Innenausbaus.

Offener Grundriss:
Reduzierung der Anzahl an Innenwänden und -türen. Zur räumlichen Differenzierung können die Nebenräume in einem Kern zusammengefasst werden, der ohne Verbindung zur Außenwand frei im Raum steht. Rund um diesen Kern entstehen dabei Erschließungs- und Funktionsflächen innerhalb eines Raumkontinuums.

Kompakter Grundriss:
Ausbildung einer Nebenraumspange, in der sämtliche installierten Räume (Küche, Bad, WC) zusammengefasst sind.

Sparsame Erschließung:
Eine durchgängige Treppe verbindet alle Geschosse miteinander.

5. Baukörper – Möglichst kompakt

Ein einfacher, kompakter Baukörper weist ein günstiges Verhältnis von Volumen zu Oberfläche auf. Sowohl für die Investitions- als auch für die Heizkosten ist das Verhältnis von Außenwandfläche zu umbautem Raum von Bedeutung.

Negativ sind:
- Erker und Vorbauten,
- Vor- und Rücksprünge in der Außenwand,
- sowie Auskragungen und Gesimse.

Positiv sind:
- Atrien und Wintergärten,
- Veranden und Loggien.

Als variable Öffnungen können sie die Oberfläche des Hauses vergrößern beziehungsweise verkleinern, wobei klimatisch wirksame Pufferräume entstehen.

Der Bauzeitenplan

Der Bauzeitenplan: In 12 Monaten vom Wunsch bis zur Einreichung des Bauantrags ...

Monate	1	2	3	4	5	6	7	8	9	10	11	12
Wünsche formulieren	••••											
Finanzen prüfen		••••										
Zukunft planen	••••											
Haustyp festlegen, Baupartner suchen	••••	••••	••••									
Grundstück suchen				••••	••••							
Hausform festlegen						••••						
Grundriss skizzieren							••••					
Rohbau-Materialien wählen								••••	••••			
Haustechnik aussuchen								••••	••••			
Architekt beauftragen								••••	••••			
Versicherungen abschließen									••••	••••	••	
Bauantrag einreichen											••	••••

... und in weiteren 12 Monaten von der Werkplanung bis zum fertigen Haus

Monate	1	2	3	4	5	6	7	8	9	10	11	12
Werkplanung	••••	••										
Aufträge vergeben, Eigenleistung festlegen		•••• Rohbau	•••• Rohbau		•••• Ausbau	•••• Ausbau	•••• Ausbau	•••• Ausbau	•••• Ausbau			
Baustelle einrichten		••••	••••									
Baugrube ausheben				••••	••							
Außenwände errichten					••	••••						
Dach aufsetzen						•••	••••	••••				
Fenster einbauen								••••				
Haustechnik installieren								••••	••••			
Innenputz aufbringen										••		
Estrich verlegen										••		
Türen, Treppen, Böden, Wände											••	••••

Bauzeitenpläne und Raumgrößenangaben auf dem Grundrisslineal aus:
Beate Bühl / DAS HAUS: start! Wir planen unser Haus / Wir bauen unser Haus, Callwey Verlag 2004

Checkliste Kostenpositionen (als Kopiervorlage für die eigene Planung)

Checkliste Kostenpositionen

Kostenplan		Kosten	
		Kalkuliert	endgültig
I	**Kosten der Baufinanzierung**		
1	**Baugrundstück**		
1.1	**Kaufpreis** gemäß notariellem Kaufvertrag	Euro	Euro
1.2	**Erwerbskosten** (in % des Kaufpreises)	Euro	Euro
	• Grundbuchamts- und Notargebühren (0,8 bis 1,5%)	Euro	Euro
	• Grunderwerbsteuer (3,5%)	Euro	Euro
	• Maklerprovision (ca. 3,5%)	Euro	Euro
	• Vermessungskosten (ca. 0,3%)	Euro	Euro
	• Sonstige Kosten (Bodenuntersuchungen, Grundbuchauszüge, Beglaubigungen usw.)	Euro	Euro
1.3	**Erschließungskosten**		
	• Erschließungskosten oder Anliegerbeiträge	Euro	Euro
	• Kosten der (Haus-)Anschlüsse an das Versorgungsnetz	Euro	Euro
	• Kanalanschluss	Euro	Euro
	• Wasseranschluss	Euro	Euro
	• Stromanschluss	Euro	Euro
	• Gasanschluss, Fernwärme	Euro	Euro
	• Kabelanschluss TV, Rundfunk	Euro	Euro
	• Telefon	Euro	Euro
1.4	**Kosten der Baufreimachung**	Euro	Euro
1.5	**Sonstiges**	Euro	Euro
2	**Reine Baukosten**		
	• Hauptgebäude ... m³ umbauter Raum à Euro ... pro m³ =	Euro	Euro
	• Nebengebäude, Garage	Euro	Euro

Checkliste Kostenpositionen

Kostenplan		Kosten	
		Kalkuliert	endgültig
I	**Kosten der Baufinanzierung**		
3	**Kosten der Außenanlagen**		
	• Wege, Hofbefestigungen, Terrassen ... m² à Euro ... =	Euro	Euro
	• Einfriedungen ... lfd. m à Euro ... =	Euro	Euro
	• Erdbewegungen (Planie), Anpflanzungen	Euro	Euro
4	**Baunebenkosten**		
	• Architektenhonorar (ca. 10% der reinen Bauleistungen)	Euro	Euro
	• Ingenieurleistungen (z.B. Statik)	Euro	Euro
	• Baugenehmigungsgebühren	Euro	Euro
	• Vermessungsgebühren	Euro	Euro
	• Geldbeschaffungskosten	Euro	Euro
	• Bereitstellungs- und Bauzeitzinsen	Euro	Euro
	• Notar- und Grundbuchgebühren für Grundschuld- und Hypothekenbestellung	Euro	Euro
	• Baustrom, Bauwasser	Euro	Euro
	• Material für Eigenleistungen	Euro	Euro
	• Versicherungskosten (Bauwesen, Bauherrnhaftpflicht, Unfall usw.)	Euro	Euro
	• Richtfest, Sonstiges	Euro	Euro
	Gesamtsumme	**Euro**	**Euro**
II	**Kosten außerhalb der Baufinanzierung**		
	• Umzugskosten	Euro	Euro
	• Einbaumöbel, Gardinen u.a.	Euro	Euro
	• Erste Ölfüllung	Euro	Euro
	• Mietkosten während der Bauzeit	Euro	Euro

6. Konstruktion – Maßgeschneidert mit System

Beim Entwerfen entsteht gleichzeitig mit dem Grundriss auch die strukturelle Ordnung des Hauses – Grundriss und Konstruktion sollten daher optimal aufeinander abgestimmt sein.

Günstigen Einfluss auf die Baukosten haben:
- Festlegung der Bauweise bereits in der Vorentwurfsphase,
- Beachtung einer geometrischen Ordnung,
- Verwendung standardisierter Bauelemente,
- regelmäßige Deckenspannweiten.

7. Heizung – Energieeinsparung durch moderne Heiztechniken

Der Leistungsstandard von Heizanlagen wurde in den vergangenen Jahren deutlich verbessert. Dank besserer Energieausnutzung, einfacher Regulierbarkeit und niedriger Heizwassertemperaturen verbrauchen moderne Heizungen mindestens 30 Prozent weniger Energie als alte Modelle. Bei der **Wahl des geeigneten Heizsystems** empfiehlt es sich
- die Anschlussmöglichkeit an ein bestehendes Versorgungsnetz zu prüfen,
- bei einer hausinternen Heizung auf moderne Brennwerttechnik und niedrige Emissionswerte zu achten,
- bei Gasanschluss die Vorteile eines Brennwertkessels zu nutzen,
- Energieeinsparung durch eine optimale Regulierung der Heizanlage zu erreichen,
- sowie die Strahlungswärme von Niedertemperaturstrahlungsheizungen für ein angenehmes Raumklima zu nutzen.

8. Installation – Möglichst alles an einem Strang

Die Verlegung von Zu- und Abwasserleitungen ist kostenintensiv. **Einsparungen bei Bau und Betrieb des Installationsnetzes** werden erreicht durch:
- einen möglichst kurzen Leitungsweg zum öffentlichen Netz,
- Zusammenfassung und vertikale Verknüpfung der Nasszellen,
- Anordnung von Steig- und Abwasserleitungen in einer Installationswand oder einem Installationsschacht,
- öffenbare Elemente für die Zugänglichkeit der Installationsschächte
- Verlegung von Elektroleitungen in Leerrohren,
- Einbau einer Installationsschalung bei mehrschaligen Wandaufbauten,
- Installation wassersparender Armaturen und Spülkästen,
- Sammeln von Regenwasser in einer Zisterne oder Regentonne zur Reduktion des Trinkwasserverbrauchs.

9. Montage – Auf die Baumethode kommt es an

Für steigende Baupreise ist der hohe Anteil an Lohnkosten, der mit dem Bauprozess verbunden ist, mitverantwortlich. Da das Bauen größtenteils handwerklich bestimmt ist, spielt in Zukunft die Vorfertigung eine immer größere Rolle.

Je nach Baumethode sind erhebliche Kosteneinsparungen zu erzielen, beispielsweise durch
- Entscheidung für eine elementierbare Leichtbaukonstruktion,
- Verlagerung des Herstellungsprozesses von der Baustelle in die Werkhalle,
- Entwicklung eines Bausystems aus möglichst wenigen, einfach zu fügenden Bauelementen,
- Reduktion der Montagezeit auf der Baustelle.

10. Dach – So einfach wie möglich

Eine möglichst einfache Form ist die Voraussetzung für ein wirtschaftliches Dach. Die Ableitung der Niederschläge erfolgt beim geneigten Dach durch eine elementierte Dachdeckung mit offenen Fugen, beim Flachdach durch eine Dachabdichtung.

Vermeidbare und kostenintensive Sonderkonstruktionen im geneigten Dach sind:
- Grate und Kehlen,
- Walme und Gauben,
- Dachfenster und Dachbalkone.

Vermeidbare Störungen einer abdichtenden Dachkonstruktion sind:
- Oberlichter und Luken,
- Kamine und Entlüftungsleitungen.